生而為○

人生勝利的17堂必修...

於 專注目標策略、銷售他利影造
為科育變益者的典範設計
論人生「贏」的價值

經典再現，美國發行千萬冊的暢銷榜經典讀物！

訓練意志力、發覺內在潛力、闡明教育意義
——勵志學大師談 如何成功，青少年一生必讀！

目錄

前言 ⋯⋯⋯⋯⋯⋯⋯⋯⋯⋯⋯⋯⋯⋯⋯⋯ 005

Chapter1　熱情 ⋯⋯⋯⋯⋯⋯⋯⋯⋯⋯⋯ 007

Chapter 2　逆境中接受教育 ⋯⋯⋯⋯⋯ 023

Chapter 3　世界的遊戲 ⋯⋯⋯⋯⋯⋯⋯ 051

Chapter 4　錯誤的位置 ⋯⋯⋯⋯⋯⋯⋯ 071

Chapter 5　有始有終 ⋯⋯⋯⋯⋯⋯⋯⋯ 085

Chapter 6　幫助自己融入社會 ⋯⋯⋯⋯ 107

Chapter 7　我願意 ⋯⋯⋯⋯⋯⋯⋯⋯⋯ 129

Chapter 8　良好的舉止 ⋯⋯⋯⋯⋯⋯⋯ 155

Chapter 9　塑造品格 ⋯⋯⋯⋯⋯⋯⋯⋯ 185

Chapter 10　心靈雞湯 ⋯⋯⋯⋯⋯⋯⋯ 197

Chapter 11　我只做了一件事 ⋯⋯⋯⋯ 209

CONTENTS

Chapter 12　我有一個朋友 ……………………………………… 227

Chapter 13　理想 ……………………………………………… 245

前言

    對這樣一本旨在激勵世界各地每個年齡層的人去奮鬥、去努力、去掌握自己的書，寫前言似乎沒什麼必要，但筆者覺得，在本書開始前略微闡述一下各個主題的寫作意圖，還是對讀者在閱讀時多有幫助。

    每個年輕人都想著要有所成就，很多人絞盡腦汁、夜不能寐、手腳並用，只為了成功。無論他們背後是持有怎樣的動機或是目標，也無論他們的目標是高尚還是低俗，是好還是壞，但他們眼中的目標都是一致的，那就是 —— 成功。

    要是沒有外在刺激，很少人能夠真正克服逆境，走向成功的。在這本書裡，筆者想透過許多例子激發讀者們追尋更高的理想與高尚的目標。筆者的目標是盡可能地以有趣具體的例子來闡明這些道理。筆者相信，要想激發讀者閱讀的熱情，就必須首先讓他們對書的內容充滿興趣。單純抽象的理論與空洞的道德說教是不可能再讓讀者感到興趣了，而在書中一昧地埋怨很多人的失敗也是無濟於事的。當然，我們每個人都需要駕馭人生的航向，要是沒有了航向，我們就需要自己去努力找尋。

    其實，很多年輕人之所以缺乏雄心壯志，只是因為他們的潛能沒有被激發出來而已，要是每個人能將潛能的火花激發出來，就肯定能激發出炮彈般的能量。

    現代社會是一個非常現實的社會。今天充滿野心的年輕人都盡可能地多了解一些資訊，了解對他們有所幫助的知識或是經驗 —— 因為這會讓他們在未來獲得財富或是力量，他們不再關心那些天才是如何取得成

PREFACE

功的，他們更喜歡了解那些像他們一樣平常的人是如何贏得生活的獎賞。

筆者的目標就是要滿足年輕讀者這部分閱讀需求。筆者嘗試在書中增加一些暗示性的內容，並以全新的方式來表達一些新鮮與有趣的道理，讓本書能夠激發年輕人的鬥志，成為他們想法的儲備。筆者希望讀者在每一頁裡都能有所感悟，帶給他們一些鼓勵與幫助，希望讀者能夠從本書鮮活的例子有所啟發，讓他們發出這樣的感慨：「為什麼這些比我條件更差的人都能成功呢？難道我就不能成功嗎？」

在貫穿整本書的內容裡，筆者有一個終極的目標，就是希望讀者能夠明白，成為真正的男人與女人，要比財富或是任何名聲都更加重要——個人的品格要比任何事業上的成功都更加重要。

「所有睿智的事情已經被人類思考過了。」德國一位作家這樣說道，「我們要做的，只是再思考一遍。」筆者覺得這句話在很大程度上是正確的，但在寫作方法上，筆者還是做了很大的創新。就書的內容而言，筆者從花園裡摘下最美麗的花朵，從很多人的生活中抽取更為典型的例子。

因此，筆者在此向其他作家表示敬意與感謝，特別要感謝波士頓的亞瑟・W・布朗先生提供的大力幫助。

Chapter1
熱情

「人類歷史上每個讓人激動的偉大成就都是熱情的勝利。沒有熱情，偉大無從談起。」

> 沒有比熱情更具傳染性的東西了。熱情就像是奧菲斯的魯特琴奏出的悠揚樂音 —— 能夠移動巨石，感化野蠻。熱情是真誠的流露。要是沒有熱情，真理將很難有所成就。
>
> —— 萊頓爵士
>
> 歷史的經驗已經說明了一點，那就是成功更需要熱情，而不是能力。勝利者屬於那些全身心投入到工作中去的人。
>
> —— 查理斯・布克頓

「咚咚咚、咚咚咚、咚咚咚」的聲響在阿爾卑斯山脈的峰頂上迴盪，在充滿熱情的鼓聲背後，是一位面容青澀，臉頰紅潤的十歲男孩，他是那麼的陽光，充滿活力，映襯出許多老兵一臉的嚴肅與堅毅。當暴風夾著雪吹到他的臉上，他會大笑一聲，將雪抹去，繼續敲響「咚咚咚」的鼓聲，似乎所有高聳的岩石、冰層及雪峰都在和著他的鼓聲。

「敲得好，小鼓手。」人稱「戰鬥的麥克唐納」—— 這位拿破崙手下最為勇敢的將軍說道。

「咚咚咚、咚咚咚、咚咚咚。」小鼓手敲得更快樂了，用加倍的熱情敲著鼓，空氣中彌漫著一股積極樂觀的氣息，似乎將希望與壯志都傳到了每位士兵身上。

「將軍萬歲！」一個粗獷的聲音喊了起來，士兵們口口相傳，發出震耳欲聾的喊叫聲，似乎整座山都在震動。

但是，聽啊！哪裡出現了一陣低沉的聲音呢？那麼讓人顫抖，伴隨著一股沙沙聲，顯得那麼微弱，卻又那麼壓抑，似乎被什麼絮語壓住後的那種神祕感。這種聲音似乎有無形的翅膀，給人一種凶兆，馬上就要降臨

了？在阿爾卑斯山是不應該這樣大喊的，因為積雪可能會在暴風的吹襲下往下滾，懲罰這些「入侵者」。

但是，回聲還沒有消散，突然響起第二陣聲響，與原先的回音差異巨大 —— 那是一種怪異、可怕的喃喃聲 —— 似乎在悲訴，一直蔓延到山邊。這種聲音越來越近，越來越響，最後空氣都在那股深沉而嘶啞的吼叫中顫抖。

「士兵們，快點趴下！」麥克唐納說，「是雪崩！」

積雪朝他們滾來，像一條瀑布那樣沿著狹窄的小路沖瀉過來，覆蓋了石與沙粒，將樹叢與樹木連根拔起，很多木塊都是白色的積雪。天色一下子黑了，就像是午夜時分。對很多士兵來說，黑暗就預示著墳墓，特別是在這樣雪崩的環境下。

「皮爾到哪裡去了？我們的小鼓手到哪裡去了？」這一聲打破了雪崩後死一般的寂靜。雪崩已經過去了，積雪都滾到了山谷裡，隆隆的聲響已經在山丘間消散了。

皮爾人在哪裡呢？

很多老兵一動不動，看著步槍的槍管在啜泣。

「咚咚咚、咚咚咚、咚咚咚。」山谷下面傳來一陣微弱的鼓聲。

「多大的勇氣啊！多大的熱情啊！」一位身經百戰的士兵雙眼含著淚水說。「我們一定要去救他，否則他肯定會凍死在那裡的，我們一定要救他。」

「一定要救他。」麥克唐納發出深沉的聲音，他脫下外套，走到懸崖邊。

「不行的，將軍，」士兵們大聲地阻攔道。「你不能冒這樣的險，讓我們中的一個人去吧。你的生命要比我們所有人都更為重要。」

「我的士兵就是我的孩子。」麥克唐納平靜地說：「任何父親都會不顧自己生命去救孩子的。」

他們用繩索將麥克唐納慢慢放下，直到他消失在寒冷與黑暗的深處。

「皮爾！」麥克唐納用最大的力氣叫道，「你在哪裡啊？我的孩子！」

「將軍，我在這裡啊！」厚厚的積雪下面，傳來一陣微弱的聲音，正是柔軟的積雪救了他一命。

「我勇敢的孩子，現在沒事了。」麥克唐納說，一邊將被半掩埋的小鼓手拉出來。「把你手放在我的脖子上，抓緊了，我們很快就能離開這裡的。」

但皮爾凍僵的手完全失去了力量，甚至在麥克唐納將他的手搭在自己脖子上，皮爾的手也會立即滑落。

這個鬼地方讓人動彈不得的寒冷很快讓麥克唐納像皮爾那樣無能為力，該怎麼辦呢？

於是，他將自己的腰帶撕開，一頭綁在繩索上，他與皮爾則緊緊地綁在另一頭，向上面的士兵發出信號，他們很快就離開了山谷。士兵們不顧山崩可能帶來的危險，不斷發出熱烈的歡呼，群山迴盪著他們的歡樂，似乎山脈也在分享他們的樂趣。

「我們遭受敵軍的炮火與山崩。」麥克唐納一邊溫柔地撫摸著皮爾的手，一邊說，「只要我們還活著，任何事情都不能讓我們分開。」

一個小時後，皮爾又恢復正常的狀態了。當前進的命令下達後，他敲起「咚咚咚、咚咚咚、咚咚咚」的鼓聲，聲音比之前更加充滿決心與熱

情。在這個讓人生畏的冬天裡，「穿越斯普魯根」的過程，要比拿破崙在夏季翻越阿爾卑斯山脈要更加恐怖，但是，這位小鼓手的熱氣激勵著每位士兵與軍官的鬥志。

當一個男孩全身心投入去做一件事的時候，有什麼是他所做不到的呢？

魯法斯·喬特被觀眾的熱情所感動，他覺得自己有必要待在幕後，養精蓄銳，然後發揮自己的最佳演說水準。

史賓塞在讀完他的詩歌《美麗的女王》後，將這首詩歌帶給南安普頓的公爵看，這位公爵是當天詩歌會的主要贊助人物。當公爵拿到手稿後，他讀了幾行，就吩咐僕人給作者送去 50 英鎊。他接著讀下去，突然失聲哭了起來，大聲說：「給作者再送去 20 英鎊！」接著，他又讀了幾行，情不自禁地說：「再給作者送去 20 英鎊！」最後，他失去了耐心，說：「快去，把這個詩歌作者趕走，要是我繼續讀下去的話，我都要破產了。」

「我願意付出一切去擁有那幢建築的設計師。」克里斯多佛·雷恩在欣賞著巴黎的羅浮宮的時候，感嘆地說，他想從中汲取一些靈感，用於修復倫敦聖保羅大教堂，羅浮宮的設計者的熱情似乎感染到他。在他死後，他的墓誌銘上這樣寫道：

「下面躺著的是這座教堂與這座城市的設計者，克里斯多佛·雷恩，他活了九十多歲，但並不是為了自己，而是為了大眾。路人，如果你想看看他的紀念碑，那麼請抬頭看看四周的建築吧。」

只要隨便看看，就能發現英國最好的建築都是出自克里斯多佛·雷恩之手。

幾乎所有給人類帶來福祉的改進、發明與成就都是熱情的勝利。

Chapter1　熱情

　　所謂熱情，不過是一個高尚與神聖目標的激情而已 —— 對某項崇高事業無私的貢獻而已 —— 堅定心智去實現某個偉大的目標。熱情，不就是為了實現精神層面與興趣方面最高成就的努力嗎？只有力量、活力才能讓個人與國家忍受那麼長的時間，堅信自己最終必然能夠實現心中所想。嘲笑這種無邊的希望或是堅定的信念，鄙視富有遠見之人，嘲笑他們的夢想，這是很容易做到的事情，但是，標榜教義的人並不是造物主眼中的「熱情者」。在國王阿里古巴的眼中，聖保羅不就是一位熱情者嗎？聖保羅總是面帶微笑，聲稱自己「幾乎被說服」成為一名基督徒。西元 1 至 2世紀間，很多聖人與殉道者都在「尋求基督精神」中不為任何恐怖的壓迫所動搖 —— 古羅馬競技場裡的折磨 —— 這些人難道不是熱情者嗎？那些不怕流血，願意犧牲寶貴生命去不斷淨化與提升人類的人，難道不是熱情者嗎？

　　帕里斯在貧窮與失敗的生活裡發現了白色陶瓷的製作方式，並對此充滿了熱情，不管別人怎麼看他。他是一個上帝眼中的「傻子」，心中始終滿懷著希望，高興地承擔所有損失。當他看到櫥窗上展示著很多進口的陶瓷杯時，心馳神往，內心再也無法平靜了，必須要去發現其中的生產祕密。

　　「我的兒子，這些都是怪人嗎？」羅伯特・J・布林德特說，「那麼，這個世界充滿這些怪人。要是沒有這些怪人的話，我們該怎麼辦呢？要不是這些怪人不斷往前衝，我們這個古老的世界前進的速度會多麼緩慢啊！哥倫布是個怪人，他在探索與環球旅行中做出了貢獻，他也享受了身為怪人的許多待遇 —— 他曾被投入監獄，死在貧窮與恥辱之中。現在不是非常受人尊敬嗎？哦，是的。在我們將鐵拉馬庫斯餓死之後，才知道他是多麼的偉大。」

「哈威在研究血液流通方面是個怪人；伽利略是天文學上的怪人；富爾頓是汽船導航的怪人；莫斯是電信方面的怪人；所有的廢奴主義者都是怪人；很多人都將約翰·班揚視為怪人，我的兒子，你可知道嗎？」

「但是，人們時常鄙視的『怪人』卻口口相傳下來了。紀念這些人的紀念碑在很多城市已經倒塌了，但在你生活的圈子之外，誰也不知道你的存在。我的孩子，善待那些怪人，不要輕易地嘲笑他們，因為他們知道某樣東西，而你對他又缺乏了解。很多時候，這些怪人能夠改變一些事情，讓歷史的車輪不斷轉動，讓我們得以進步。事實上，這些怪人一直在轉動著車輪，除此之外，他們沒有別的成就，但他們的確讓人類的足跡不斷得到拓展。」

「那些不斷改變，想要追求全面的人，每天改變數百次立場的人，根本不是怪人，而只是牆頭草。我的兒子，你明白嗎？你可能會感激上帝沒有讓你成為一名怪人吧？兒子，千萬別這樣想！也許，即便你想成為怪人，你也做不到呢。當上帝想要那些牆頭草式的人物，他並不會特別注意這些事情，幾乎每個人都能做到這點，但當他想要一個怪人的時候，我的兒子，那麼他就要從人類中挑選那些最為優秀的人。在你感謝上帝沒有把你變成怪人之前，仔細地審視自己，看看自己身上的缺點是否阻礙著你成為這樣的人。」

正是對自身任務的堅定信念 —— 深信自己的存在就是要為某項事業獻身的念頭和熱情，讓阿加西從阿爾卑斯山脈到亞馬遜叢林，讓普林尼去探索火山，最後獻出了生命，讓福內特在面對暴風雨的時候，依然描繪出浪花的翻滾，甚至在風雨可能將他吞噬的時候，也巋然不動 —— 正是這種熱情讓人擁有一種英勇的精神。

Chapter1　熱情

　　瓦特全身心地投入到他的引擎的開發中。「我無法去想其他事情,」他說,「但我不能讓自己的家人挨餓。」

　　拉斐爾的熱情感染著義大利每位藝術家。

　　特恩納始終不願意售出一幅自己喜歡的畫作,這些畫就是他個人的一部分,要是賣出這些畫,就像是將他心靈的某些部分割去了。每次在做完交易後,他內心都感到極為痛苦與憂鬱。「這週,我失去了我的一個孩子。」他總是悲傷地說,眼裡含著眼淚。

　　從一個為家庭做麵包的人到為國家制定法律的政治家,這其中必然有某些激發個人潛能的東西在發揮作用。一旦這種激情消失後,無論我們過去取得多麼輝煌的成就,都是逐漸走向下坡路,最後肯定埋葬了更大的成就。

　　「我應該把自己視為一個犯人,」查理斯·杜德勒·華爾納說,「如果我說了任何讓年輕學者感到心灰意冷的話,或是讓他們對未來與希望產生懷疑的話,我就覺得自己犯罪了。」他選擇了最為高級的東西。他對信念的堅持與未來美好的嚮往一直都是生活的燈塔。要是沒有這麼熾熱的激情,沒有他對學習、藝術、文化的全身心投入,這個世界將會顯得多麼單調啊!

　　「在他身上總能感覺到一種充滿希望的激情,雖然會對人生充滿疑惑,也會在人生的旅途中遭遇失敗,但他始終深信自己能夠最終獲勝。他屬於一支偉大與無畏的軍隊中的一員,讓他不要受一些事情的影響,即便生活似乎都已經沒有希望了。沒有人能夠一窺人生這場戰役的全貌,這需要我們不斷地訓練,抱著高昂的鬥志去戰鬥,勇於衝鋒陷陣,不懼犧牲。這場戰役一個一個地吞噬了他們,但敵人卻始終無法擊敗,但充滿力量的

鼓聲仍在不斷地激勵著人們向前。這些人最終不會一無所有的，因為終有一天，總會有人發出這樣的吶喊：『敵人逃跑了，敵人逃跑了。』那麼，軍隊就開始前進，旗幟插在之前從未被攻陷的城堡上。即便你從未見過這樣的場景，也要比落敗時倉皇出逃更加體面，將你們的旗幟插在敵人的營地，雖然在下個時刻你可能失足掉到斜堤上。」

紐約麥迪森的一間擦鞋店的主管總能給顧客帶來驚喜，他的工作證明了他無愧於顧客的信任。他是所有員工中最為刻苦的。在人手不足的時候，總是從手下那裡拿來刷子幫顧客擦鞋，他只有在自己對工作感到滿意之後，才會讓顧客拿走鞋子。他總是充滿熱情，在忙了一天後，始終能保持一天開始時的熱情。他始終保持幽默的性情，他的肌肉也似乎不知道疲倦。

「這是關於熱情的一門課。看看那個傢伙，」一位旁觀者說，「他是我看到的唯一一位真正熱愛自己工作的人。」

在擦鞋這門手藝裡，每個人的水準也是參差不齊的，也有一些人有能力讓原先粗糙、褶皺的皮鞋變成最後充滿光澤的皮鞋。我看見過衣著寒磣、面容削瘦的阿拉伯孩童在街上滿懷熱情與自豪地擦鞋，正是這種熱情讓很多人免於平庸的一生。

一間大型商店的許多員工都在嘲笑一位年輕的同事，該同事從辦公室的小職員做起，做了很多自己工作之外的事情。很多員工嘲笑他的熱情與對工作的認真，說這樣做根本毫無意義，不可能獲得任何薪水的。不久後，他從這些同事中脫穎而出，成為該公司的合夥人，一時成為這個國家最大型企業的經理。

年輕人最難以讓人抵擋的魅力就是他的熱情。年輕人看不到前面的黑暗 —— 任何狹路都會有出口的 —— 他忘記了世界還有失敗這回事，深信

之前的人類已經為自己今天擁有的一切奮鬥了許久，所以他也要成為真理、能量與美感的釋放者。

　　卡諾在法國大革命時期擔任公共安全委員會主席，負責指揮 14 支軍隊，擊潰了來自阿爾卑斯山脈與庇里牛斯山脈的敵人。一個例子可以解釋他所具有的軍事才華。據說，他小時候來戲院看戲的時候看見一場戰役的場景，在戲劇演到進攻的一方對敵人進行大規模的襲擊時，他大聲地對著臺上的指揮官喊叫，要求他改變戰地位置，否則他的士兵會被射殺的，讓在場的觀眾大吃一驚。

　　充滿熱情的年輕人會面向陽光，那麼影子就必然落在他們身後。充滿熱情的心控制著年輕人的大腦與品格。拿破崙在 25 歲時征服義大利，亨利·懷特在 21 歲時去世，但他留下了多麼偉大的紀錄啊！拜倫與拉斐爾都是在 37 歲這樣一個充滿活力的年齡去世。羅穆盧斯在 20 歲的時候建立了羅馬帝國，格萊斯頓在早年就進入了英國的國會。

　　正是年輕人的熱情才讓他們斬斷了所有難以解開的結。

　　約翰·雅各·阿斯特在他的房間裡裡掛著一張精緻的毯子，其他人一般都會選擇掛圖畫，他時常滿懷熱情地讚美這張毯子的魅力，聲稱要是在市場賣的話，至少也值 500 美元。

　　淳樸與無邪的貞德手持神聖的寶劍與旗幟，對自己肩負的偉大使命深信不疑，讓法國的士兵們感受到一種國王或是任何將領所無法給予的熱情。她的熱情征服了一切，讓英國士兵在聽到她的名字就感到頭痛。查理斯七世在聽到了這位勇敢的姑娘向萊茵河前進的時候，深受鼓舞，走上前線。因為貞德告訴他，國王可以在那裡加冕，雖然當時這部分領土是在英國的控制中，在貞德率領軍隊前進的時候，所有城門都紛紛敞開。結果，

加冕禮如期在那裡舉行。

正是熱情讓菲爾・夏麗丹朝著雪蘭多亞河進攻，擊潰了那裡的反叛軍。正是同樣的熱情讓古巴人推翻了專制殘暴的統治，最終得到了來之不易的自由。

勇氣能讓人面對危險，並且能以冷靜的心態去應對。對自身力量的自信，想到可以贏取的獎賞，對榮耀與聲譽的渴望，對自身能力的了解與熱情，對財富的信念，這些都能增強我們的勇氣。要是我們能合理地分配能量，並以熱情加以引導，那麼我們前進路上那些隨時的侵襲和恐懼就會像驚弓之鳥那樣散開。

正是熱情這種具有巨大力量讓我們取得任何富有價值的成就。難道在聽到一位演說者激動人心的演講後，不會讓你脫離原先的自我，完全深信他所說的話嗎？可以肯定，這是因為演說者對他所堅持的信念充滿信心，根本不容許任何疑惑與猶豫的存在。任何一項發明、傑出的畫作或是雕塑，每首優秀詩歌的創作、每篇文章或是小說都能讓世人以崇敬的心態去欣賞。

熱情是一種精神上的力量，它在更為高級的能量中存在。你永遠無法在低俗之人中感受到真正的熱情，熱情，就其本質而言，具有催人振奮的作用。

亨利・克雷是一個認真、實踐與具有愛國心的人，所以，他不需要書本教會他該怎麼去說話。當他在國會上發表演說時，他完全忘記了自己，就像一位父親對著自己的孩子在說話一樣。一次，他向國會議長陳述的時候，忘記了身邊的其他議員，沉浸在自己的演說裡。結果，他離開了自己的座位，慢慢走到副總統的位置上，他站在副總統身邊說話，似乎這個世界只有副總統與他才是真正存在的，讓他的同事都深感驚訝。每位議員都

凝神靜聽他的演說，感到無比的神奇。

　　正是熱情讓派翠克・亨利說出了讓每個男孩女孩都耳熟能詳的話。也正是熱情讓韋伯斯特去為正義辯護，而不是因為個人的欲望而妥協。

　　洛恩特根教授是一位對知識汲汲追求的人，最終讓他成為每一片文明土地上家喻戶曉的人物。喚醒沉睡的心靈，不要再那樣迷茫了，不要整天做著白日夢了。因為，這對夜晚來說是一個不好的習慣，在太陽升起後，沉溺於美夢更是會對人生造成毀滅性的打擊。不要成為依靠別人的人，而要成為一名充滿熱情的向上者。

　　不要害怕自己散發出來的熱情，讓別人把你稱為熱情者吧，即便他們說這話的口氣顯得那麼憐憫或是帶著點鄙視的語氣。如果一件事在你看來是值得為之奮鬥的，如果這種挑戰需要你為之去做出努力，那麼你就將所有的熱情都激發出來吧，不管別人怎麼說，怎麼看。俗話說，笑到最後的人才是笑得最燦爛，最陽光的。那些三心兩意、毒舌刻薄、自我懷疑或是充滿恐懼的人，是不可能有什麼大的成就的。

　　熱情會讓我們的心變得更加沉穩，讓意志更有韌性。熱情會讓我們的思想充滿力量，讓手變得勤快，直到我們將原先的可能性變成現實。

　　「你覺得懷特腓先生怎樣呢？」一位剛剛聽過懷特腓這位著名牧師演說的人這樣問道。「他這個人？」一位造船者說，「先生，我告訴你吧。每個週六我都要去教區的教堂，每當聽完布道演說，我會更有熱情去造船。要是沒有懷特腓先生去拯救我的靈魂，我連一塊船板都做不了。」

　　一塊熾熱的鋼鐵雖然很鈍，但要比冷卻鋒利的鋼鐵更能穿透船板。

　　「最好的辦法都只有認真才能實現的。」薩爾維尼說，「如果你能讓人深信一點，即你對自己所說的話感同身受，別人也會原諒你的很多其他缺

點的。最重要的是，要不斷地學習，學習，再學習！世界上所有的天才都不可能幫你去掌握任何藝術，除非你本身是一位勤奮的人。對我而言，要掌握一門藝術，也要花費數年的時間。」

一位主教曾對著名演員加里克說：「加里克先生，你是如何在短短一個小時的表演裡將一個虛構的故事演繹得如此真實的？而我則很難讓教眾相信我所說的話。」「主教」加里克說，「難道不是因為你在布道演說的時候，連自己都不相信自己所說的話，而我則完全相信自己所扮演的角色所造成的嗎？」

米開朗基羅所創作的「摩西」是為尤里烏斯二世的陵墓創作的最大一尊人物塑像。現在，這座塑像安放在羅馬聖彼得鎖鍊教堂。為了雕刻這座雕像，米開朗基羅耗費了 40 年的時間。據說，他在創作過程中過於投入，將人物雕刻得栩栩如生，以至於他竟然認為這就是真人。他曾衝動地拿著錘子朝著雕像砸過去（讓人物的一條腿上出現了一道裂痕）大聲地說：「說話啊！」因此，這個缺陷就是他一生心血之作的唯一遺憾。

莫札特在他臨終的病榻前說：「看看音樂能夠做什麼。」

特達爾教授在研究的過程中，想要努力找尋如何將光和熱分開來。他做了一個非常大膽的實驗，即便是很多具有科學精神的人都不敢去嘗試。他知道要是把碘酒塗在眼睛上，就能攔截進入視線的一部分光線。於是，他決定用自己的雙眼做實驗，去看看能否發現這些強大的無形射線。他深知，要是這樣做的話，那麼黑色的射線就會高度融入他的眼睛，那麼眼睛的蛋白就可能會凝固，讓他的視力受損。另一方面，要是眼睛無法大量吸收黑色射線，那麼射線就會直接對視網膜進行破壞，足以損害視網膜。當他第一次在雙眼毫無防備的情況進行實驗的時候，雙眼接近黑色的聚焦，

旁邊圍觀的學生都非常緊張，整個場面讓人窒息。因此，他在一塊鐵板上鑿出一個洞，逐漸接近無形視線的聚合處。一開始，瞳孔與視網膜都沒有受到嚴重的損傷，而在將一塊鉑箔放在那個位置上，視網膜馬上變得非常灼熱。

「人一無是處，」蒙田說，「除非他興奮起來。」就像是初涉愛河的年輕男女會將最為醜陋的物體都描繪成天堂一樣。因此，熱情會賜予很多無趣或是空洞的事物或是工作全新的意義。正如陷入愛河的情侶的感知能力會變得敏銳，對事物的看法更具洞察力，要比其他人更能看到事物的優點。所以，充滿熱情的人擁有一種提升後的洞察力，他的視野也會開闊起來，看到別人無法看到的美感與魅力，替代了原先所有的負累、匱乏、艱苦或是逆境。狄更斯曾說，他的大腦曾被小說故事的情節與人物個性等方面纏繞，心裡只能想到這個問題，情不自禁地陷入進去，這讓他無法睡覺與休息，只想著馬上將腦海裡的構思寫下來。為了一次手稿，他曾把自己關了一個月，但他出來之後，他形容枯槁。他對人物個性的思考讓他日夜魂牽夢繞。

奧雷‧布爾從小就展示出對音樂的巨大熱情。據一本他的生平傳記，任何事情都無法壓抑這位少年的熱情，音樂讓他如痴如醉。在他家附近的維拉斯特蘭島上，現在仍有一個年輕的奧雷‧布爾練習小提琴的洞穴，他曾在這裡度過很多日夜，忘情地練習。從洞穴裡傳出的聲響顯得那麼神奇，讓這荒野之地彌漫著一股讓人驚訝與震驚的氣息。很多人都以為是仙子在這裡開舞會呢。布爾就是在這個寂靜的地方練就了神奇的小提琴技藝，讓他足以勝任每個公共場合的演出。布爾無疑有著異乎常人的音樂才華，但正是他的熱情，他的魅力與他的勤奮，讓他克服了前進路上所有的困難。在他 20 歲的時候，他只與小提琴為伍，就隻身前往巴黎了。他希

望能夠聆聽世界著名藝術家的演奏，希望不斷提高自己的水準。他與很多著名音樂家都成為好友，這些都為後人津津樂道。巴黎這座友好的城市認可了他的天才，他在法國所掀起的熱情是無與倫比的。

奧雷‧布爾接受過神學方面的教育，後來，他又去學習法律，進入了律師公會，但任何的學習與自律都無法壓制他對小提琴的熱愛。

與很多天才一樣，布爾的成名也要歸功於一次意外的機會。他來到波洛格納，感到非常壓抑，想要努力去創作一首樂曲，羅西尼女士碰巧經過他所住的公寓，被悠揚的音樂所吸引。交響樂團最近正因為一批著名的演奏家的有失水準而受到批評，她馬上找到了奧雷‧布爾，結果獲得了極大的成功，布爾從此踏上了一條享譽全球的道路。他與小提琴間的「情感交流」讓觀眾如痴如醉，他喜歡與它交談，非常愛護它，透過它表現自己的靈魂。小提琴也對他的愛護有所回報。正是他們之間的配合，讓布爾成為一名可以打動聽眾的演奏家，如森林被暴風雨吹過一樣。他在演奏時，世間似乎什麼都不存在了，只有他在演奏著小提琴，枕在他的頸部，似乎害怕小提琴會離自己遠去。無論他要奏出怎樣的樂音，小提琴都會滿足他。因此，他所展現出的音樂熱情讓人難以抵擋。

挪威人對布爾所展現出的情感是無與倫比的。在挪威，他是一位流行的偶像，有點類似於家家戶戶的守護神。他的肖像掛在挪威的大街小巷，被印在茶杯、酒杯還有很多生活用品上。挪威賜給他很多榮譽，而布爾也非常慷慨地捐贈自己的財富，他的臉，紅潤得像耶誕節時的教堂窗戶，無論到哪裡，都能帶給人快樂。

據說在拉斐爾完成了《神學》與《拉‧迪斯蒲塔》的畫作時，教皇跪在地上，遞上雙手，說：「偉大的上帝，我讚美祢，祢派給我這麼偉大的一名畫家。」

　　拉斐爾的《西斯廷聖母》被德國薩科尼的諸侯以高達四萬美元的價格購買。薩科尼的國王人選給這位創造奇蹟的天才一個家。當科勒喬看到這幅畫的時候，他大聲地喊道：「我也是一名畫家。」

　　那些對自己工作評價很高的人（並且非常虔誠地工作），似乎不怎麼關心這個世界到底怎麼看他們，但是，世界最終會給予他們非常高的評價。

　　「勞動最美好的產品，」賀拉斯‧格里利說，「就是具有良好心智並對工作充滿熱情之人所創造出來的。」

　　「真正讓他的脈搏為之跳動的，」赫胥黎說，「是對知識的熱愛，發現古老詩人所讚美的東西所具有真正含義時的樂趣，到達一種極樂的境界，讓人可以在法律與秩序的條件下，去追求無限偉大或無限渺小的東西。在兩者之間，人類在其中奔波。科學上任何偉大的發現都不可能由人去發現，無論他們多麼有才能，真正需要的是，那些汲汲追求真理的人所激發出的靈感。」

　　很多觀眾在觀看奧賽羅在苔絲狄蒙娜即將被謀殺的床邊說些交織著悲傷與悔恨的話語最高潮一幕時 —— 在他即將把匕首插進自己的胸口時 —— 一位身穿樸素衣服的男子走到臺前，原來他是該市的市長，手裡拿著一張紙，大聲說：「女士們，先生們，李將軍已經投降了！」在這種愛國熱情的激發下，誰還會關心苔絲狄蒙娜或是奧賽羅的命運呢？

　　德斯萊利將熱情視為一種不可替代的能力，一種神性的天賦，讓政治家可以去治理全世界。

　　格萊斯頓的專注與熱情時刻激勵著與他共事的人。

　　菲力浦斯‧布魯克斯的力量，就在於他那忘我的專注。

Chapter 2
逆境中接受教育

當充滿決心的年輕人學習了字母表之後，你怎麼可能抑制他
對知識的渴望與提升自己的欲望呢？

> 我必須要往上爬，因為我生在地窖裡。
>
> —— 威廉・康格里夫
>
> 我知道，任何一本具有深度的書、文學傑作或是各行業裡傑出的藝術作品，抑或是它們的作者享有永恆聲譽的作品，無不是他們在漫長的時間裡，憑藉著忍耐完成的。
>
> —— 比徹
>
> 任何偉大，都與逆境並存。
>
> —— 奧維德

「我人窮，不出名，也沒什麼朋友，」一個貧窮的年輕人心想，「要到京城還需走 1,932 公里的路。一個月後，京城就要舉行科舉考試了。對一個身體健康，懷抱要為官一任、造福一方的心願的年輕人來說，1,932 公里的路算得了什麼呢？誰聽過貧窮或是沒有地位是阻擋實現個人價值、展現學識或是伸張正義的障礙的了？

「我從小就發奮讀書，抓住每個機會去提高自己的知識。我覺得自己已經準備好了，誰說我不可能成為狀元或是榜眼呢？有時，我覺得自己不能期望太高，或者探花就很好了。那樣，我可以進入翰林院，或是成為狀元 —— 這最高的榮譽。我一定會盡最大的努力。即便是『富二代』也不占什麼優勢。」

這一路的旅程太長了，太讓人疲憊了，但這位貧窮的年輕人，忍著饑餓，忍著腳疼，終於來到了京城，獲得了與許多含著金鑰匙出生的考生一樣公平的待遇。最後，他終於將考卷交上去了，但已經身無分文了，不得不在放榜前離開。在他窮困潦倒之時，也曾懷疑自己這般的奮鬥與艱辛到

底有沒有意義，是否只是浪費時間，他感到極度沮喪，甚至想過自殺。

「發生什麼事了？」一家酒館心善的店員問他，因為這個年輕人已經在他的酒館裡待了幾分鐘了。「你臉上的神色很適合參加葬禮，可以增添幾分悲傷。」

「唉！」他嘆道，「多年來，我一直寒窗苦讀，為了功名，忍受了無盡的苦難，卻發現自己不得不在放榜前就離開，因為我已經沒錢了。也許，我根本就會名落孫山了。我都這般落魄了，怎麼還想著去伸張正義呢？」

「沒關係的，」店員說，「我去跟老闆說說，他是一個善良的人，他可能會幫你的。」

「原來這樣啊。」店老闆在聽到小二說完後說：「你可以在我的店裡打雜，直到你賺到了錢，到時候就可以有路費了。振作起來吧。眼前的局面有點困難，但也沒有那麼壞了。」

「這是最為奇怪的一件事，」這個年輕人在數年後聽人說到這個故事。「一個月前，科舉考試已經放榜了，但狀元依然還沒有找到。於是，皇上就派特使去找這個人，但也找不到。皇上對狀元的安危感到擔憂。」

「狀元叫什麼名字呢？」另一位小二驚訝地問道，口氣吸引了所有人的注意。

另一位客人說到這位新科狀元的名字，語氣要比之前幾位客人更加客氣。「你有幸認識狀元嗎？」

那位年輕的小二恭敬地退回去，沒有回來。他花光了身上的錢，盡量整好自己的形象，離開店鋪，馬上向禮部寄去一封信。

「你不能進去。」守衛說。

「但我有很重要的事情。」年輕人說說,「必須要馬上朝見皇上。」

「快走!」守衛大聲吼道,說著就把這位衣著破爛的陌生人趕走,「這裡不能任由乞丐進入。」

這格年輕人很快回來了,重新提出自己的要求,但卻被當成危險人物抓起來投入監獄。他不知道此時整個國家都在找尋那位陌生的「狀元」—— 在科舉考試後的一個月裡,消失不見了。

「將軍!」監獄守衛大聲喊道。「我要求你釋放這位冒犯的陌生者,讓他安靜地離開。」將軍接著說,「我肯定,他沒有犯罪,不應該關在這裡。我拿自己的生命發誓,他不會做壞事的。」

監獄長在仔細審訊後說:「我願意釋放他,但他首先必須要接受體罰,因為他犯了大不敬罪與擾亂治安。」

「難道我遭的罪還不夠嗎?」年輕人聽到監獄長這番話大哭起來。「告訴你們,我,被關在這裡,我要求他馬上過來,親自幫我解開這些枷鎖。」

「哦,我的媽呀。」那位善良的監獄守衛馬上跪在這位狀元腳下,乞求寬恕。就在此時,監獄的大門打開了,只聽到禮部侍郎開心地大笑,原來他剛從找尋狀元的任務中回來,看到眼前監獄守衛跪在犯人的一幕非常震驚,就驚訝地問道:「這是怎麼回事?」當他了解了真相後,馬上從座位上跪下來。

「狀元受苦了!!」禮部侍郎恭敬地問候。

「想像一下這個情景!」《哈帕》雜誌的專欄作者驚嘆道,「一位被關押的犯人,那些下跪的官員,那群驚恐的圍觀者,陰溼的牢房死一般的寂靜!難道還有比這更好向知識與教育致敬的方式嗎?這個國家對知識份子如此敬重,讓人印象深刻。雖然這句話有點被用爛了,但『知識就是力

量』這句話還是很有道理的。」

「我可以將他們無恥地加在你身上的鎖鏈解開嗎？」最後，一位禮部官員謹慎地問道。

「不行！」年輕人以驕傲與堅定的語氣說，「只有那個把我鎖起來的人才能將鎖解開。」

監獄守衛跪在地上解開了枷鎖，懇求狀元的寬恕。

「站起來。」他語氣堅定地說，「在執行任務時，不要這麼著急地處理事情，也不能因為別人貧窮或是看上去無助而不願意給予幫助，你們不是專門為那些富人與有權勢的人服務。那些無助與受壓迫的人的眼淚在天堂上已經累積得太多了，一定會對壓迫者發動報復的。他們的淚水是不會原諒那些沒有信仰的祈禱者，退下吧。」

後來，這個年輕人成為皇上的得力助手，證明自己有能力輔助國事。

維克多·雨果說過：「那些真正生活過的人，都是那些奮鬥過的人，是那些有堅定勇氣去實現心靈與視野都能想像到的事情，他們感覺到未來光明的前景在不斷催促著他們前進。」

「我曾認識一位黑人的孩子，父母在他只有六歲的時候去世了。」費德里克·道格拉斯在他去世前在一所黑人孩子的學校發表演說時說道，「他是一名奴隸，沒有人管他的死活，他睡在家畜小屋裡骯髒的地板上。冬天的時候，他蜷縮在一個麻袋裡，把雙腳放在燒過的灰燼裡取暖。他經常要靠燒一串玉米來充饑，很多時候，他都要爬到倉房或是牲畜欄裡找尋雞蛋，然後就生火烤來吃。」

「這個男孩沒有褲子穿，也沒有整潔的外套。他從未上過學，只是從一本老舊的《韋伯字典》裡認字，經常只能閱讀地窖或是倉房裡張貼的文

字，並撕下來練字，當然其他孩子也會幫助他。他後來成為總統選舉團成員，成為美國元帥，美國的記錄者、美國的外交家，並且累積了一定的財富。他穿著麻布，不再需要與桌子下面的小狗來爭吃麵包屑了。這個男孩就是費德里克・道格拉斯。」

「我能做到的，你們也能做到。不要認為你們是黑人孩子就一事無成。認真努力學習知識。只要你依然處在無知的狀態，你就會落後於你的同胞。」

「在我還是一等兵的時候，每天要花費六分錢去學習語法知識。」威廉・科波特說，「我所睡覺的床鋪既是我的小床，也是我學習的地方，我的背包就是我的書箱，我在大腿上放一張木板，這就是我的寫字的桌子。我花了一年的時間就把語法知識學會了，我沒有錢去買蠟燭或是油。冬天的時候，我根本沒有辦法去買這些，只能生一堆火，並且在我值夜班的時候才能這樣做。為了買支筆或是一張紙，我不得不放棄部分食物，這讓我時常處於半饑餓的狀態，我幾乎沒有什麼屬於自己的時間。我必須要在那些沒有想法的人在高談闊論、大笑、歌唱、吹口哨或是放聲痛哭的時候認真閱讀與寫作。我還記得，在某個時候，好像是星期五，在所有必需的花費過後，我的口袋只剩下半分錢了，我決定第二天去買一條熏青魚來吃，但在晚上的時候，我感到極度饑餓，甚至不願意忍受這樣的生活了：我發現我丟掉了那半分錢。我痛苦地把頭埋在床單與被子裡，像個小孩那樣哭了。」

「如果我，」他說，「在這樣的情景下，能夠面對困難並且加以克服的話，那麼，這個世界還有什麼困難是當今青年不能克服的呢？他們怎樣去為自己的忙碌無為找藉口呢？」

還有比威廉‧科波特這個在逆境中求學的例子更加勵志的嗎？

「父親，沒關係的。失明不能阻擋我的人生取得成功。」年輕的法學專業學生亨利‧法維克特在他的父親為無意中導致兒子失明，從而讓兒子失去了美好的未來而自責的時候，這樣安慰父親。

1853 年晴朗的一天，父子兩人一起去打獵。一群鷓鴣飛到了一個柵欄上，他的父親本來是沒有權力拿槍射擊的，但他的父親衝上前的時候，這群鷓鴣飛到了他兒子身邊。這位父親當時只想著快點將鷓鴣打下來，沒有想到兒子可能面臨的危險，他的幾顆子彈射進了兒子的胸膛，其中一顆子彈擊碎了法維克特的眼睛，在那瞬間，法維克特失明了。

但在這場讓他永遠失明的事故的十分鐘後，這位有著鋼鐵般神經的男孩下定決心，一定不能讓失明動搖他的目標。

「你可以讀報紙給我聽嗎？」這是他回家後對妹妹說的第一句話。

他不得不放棄法律專業的學習，開始學習政治經濟方面的知識。他以一種特有的熱情去堅持學習，讓他的朋友在他空閒的時候讀書給他聽，其中包括米爾頓、布林克、華茲渥斯的作品，還有喬治‧艾略特的全部小說，還有許多文學作品。因為他已經下定決心，不能讓失明影響他的文化程度。

他後來成為劍橋大學的政治經濟學教授，國會議員，後來又成為英國的郵政大臣，並且是幾本優秀著作的作者。

海倫‧凱勒，在蘇利文這位朋友兼老師的幫助下，在老師開始教她學習的九年裡，智力得到了驚人的發展，參加了專門為年輕女士準備的劍橋學校的入學考試。在私人輔導的教育裡，她的朋友與老師在洞察事物與表達方面已經做到了最好。劍橋學校的教學官亞瑟‧吉爾曼先生第一次見到

海倫時，就發現海倫對很多方面的知識都有深入的了解。因此，他讓海倫參加了哈佛大學的預備考試——這些試卷都是為那些申請進入哈佛大學與拉德克利夫學院的學生準備的。雖然海倫對大學入學考試沒有什麼準備，事實上，她對任何考試都沒有什麼準備，但還是以優良的成績通過了。海倫的考試時間與其他正常考生的時間是一樣的，但是問題必須要讀給她聽，這留給她答題的時間反而更短一些，海倫在考卷上的回答是非常標準的英文，無論是在語法、拼寫或是主題方面，都沒有出現什麼錯誤。哈佛大學的考官一致同意，按照評判其他考生的標準來評價海倫，海倫的成績是絕對可以通過的。考試的科目包括英文、法文、德文與歷史。因此，海倫通過了拉德克利夫學院的預備考試，這對 16 歲的海倫來說，在經過短短九年的學習，已經有這樣的成就，是非常不容易的。在劍橋學校，海倫在一般的課堂上學習了拉丁文、歷史與算術，蘇利文老師一直陪伴著海倫上學，這兩位好朋友住在康科特大街的霍維斯的房子，其中一幢家庭建築與學校是相連的。海倫，這位高個子、一臉陽光的 16 歲女生，總是懷著愉悅的心情對來訪者說自己為到拉德克利夫學院而準備。貝爾教授幽默地說，海倫要比這個國家所有的沉默之人都說得更好。即便是到拉德克利夫學院學習，她的這個年齡依然很小，即便是再過兩到三年，與其他入學的學生相比，也並不顯得很大，雖然她在洞察事物與智趣上要比同齡人成熟許多。海倫在她的那些聰明的朋友中非常受歡迎，所有人都對她充滿好感。

　　海倫對身邊的人的心理狀態非常敏感，能夠在接觸某人後，就知道此人是開心還是不高興。她會在引薦認識一位陌生人時突然說話，她顯然是希望能從別人的個性中吸取一些有用的東西，與此同時，她對別人的提問總是回答得很得體。

1880 年 6 月 27 日，海倫‧凱勒出生在阿拉巴馬州，她的父親曾是聯盟軍的軍官，後來成為美國的一名將軍。在海倫 7 歲之前，任何努力都似乎無法挽救她無望的人生。在她 18 個月大的時候，除了觸覺之外，她失去了其他的感覺功能。1887 年，安妮‧M 蘇利文老師來到阿拉巴馬州，成為海倫的私人老師。從那時起，蘇利文老師的人生就投入到幫助海倫接受教育中去了。有一段時間，蘇利文老師曾到南部波士頓的珀金斯學院學習。

在海倫學習數學後的三年裡，她取得了驚人的進步，與那些同齡的孩子幾乎擁有一樣的智力。1894 年，她來到了紐約的萊特‧胡馬森學校，繼續到一所以自己命名的學校讀書。沒過多久，她就學會透過感覺別人的嘴唇來知道別人說什麼了，並且用五個手指就能知道別人說什麼話。

海倫‧凱勒將手指放在她朋友的唇邊，就能讓她在看不到與聽不到的情況下，了解外部世界的資訊，充實她的心靈。這十根手指讓她與外部的有趣的世界連繫起來。她能透過手指來觸摸盲文，去閱讀德文、法文與英文，她的手指似乎擁有一種與大腦一樣的功能。

一位聾啞盲的女孩能夠在接受知識方面取得如此迅速的進步，在她 16 歲的時候就準備通過哈佛大學的考試。那些身體健康、心智健全的男孩女孩，即便只擁有尋常的能力，要是能發揮自身的天賦，而不是隨便揮霍時間，等待某些天才去幫助他們的話，也肯定能有所作為。

幾年前，一位英國女士在早上看報的時候，讀到美國一位名叫亞歷山大‧格拉漢姆‧貝爾的教授發明了一套適用於聾啞人使用的有形拚寫系統，她就跟丈夫說希望讓她到美國去學習這套系統，好回來教自己天生聾啞的女兒。丈夫嘲笑她這樣做是非常愚蠢的，因為他們家很窮，根本沒有

這樣的財力。除此之外，她又能如何運用那套複雜的系統去幫助自己的女兒呢？但是，眼前任何的「不可能」都無法動搖她對目標的追求。她來到了美國，找到了貝爾教授，學會了那套拚寫系統，回到英國後，不僅教會了自己的女兒說話，讓她從安靜沉悶的世界裡解脫出來了，更去教其他同樣聾啞的孩子學會拚寫，為很多原先生活在無世界裡的人帶來了快樂、知識與美好。

　　詹姆斯・瓦特的人生充滿了浪漫色彩。羅伯特・凱恩曾說：「一個年輕人想到倫敦賣眼鏡，屢次向機構發出請求，希望能讓他在免稅的情況下開店，該機構拒絕了他這個要求。於是，瓦特來到格拉斯哥，那裡的機構也同樣拒絕了他的請求。後來，他在大學裡認識了一些人，這些人發現他非常有能力，就允許他在大學裡開店。他並沒有讓賣眼鏡與有趣的燈飾占據大部分的時間，而是在閒置時間裡潛心鑽研機械方面的知識。他發現很多關於機械方面的書籍都是用外文寫的，於是他就借來字典，在業餘時間學習這些語言，然後閱讀這些書。大學裡的教授與很多學生都對他非常感興趣，時常到他的店裡看看，告訴他他們平時做的事情，順便看看他所建造的古怪模型。大學的一臺機器需要維修，找到瓦特，結果他做出了一臺全新的機器。後來，瓦特改良了蒸汽機，他那巨人般的心智顯現在世人面前 —— 他成為大英帝國工業發展的領軍人物，也成為推動人類文明的先鋒，但是，瓦特是接受過教育的！那他是在哪裡接受教育的呢？在他自己開店的時候，全靠自學。瓦特在自己需要學習專業知識時，學會了拉丁文，學會了法語與德語，但這些語言都只是工具，而不是目的，他利用這些工具去改進機械方面的建造，正如他使用車床與槓桿之類的東西。

　　「要是以對社會產生的功用來說，最近這段時間的發明與改進相比於

應用蒸汽機這一方面，根本都不足一談。就個人而言，瓦特的豐功偉績，他的個人價值與榮耀得到了極大的拓展。」

詹姆斯・弗格森，這位農民出身的男孩，後來成為天文學家，他是靠著自學，在草原上成長，最後在人類歷史上留下難以磨滅的印記。

詹姆斯・弗格森自傳的作者在書中寫道，弗格森小時候沒有接受過教育。想到這位鄉村的男孩坐在草原上，睜大雙眼，聆聽著許多他當時難以理解的事情，聽起來就像是他父親那低沉的嗓音，或是他的弟弟無意中發出的聲音。最後，他通過種種努力終於敞開了知識的大門。這種情景真的非常有趣。

小孩用寫出來的字來認識人，這種方式是相當奇怪的，但多格波利說的比很多人對，那就是閱讀與寫作都是需要一些天賦的，其實他還可以加上一點「魔力」的東西。

「不敢讓我的父親教我，」他寫道，「當父親與哥哥到外面的時候，我時常拿起問答集，學習父親教我哥哥的內容。在遇到什麼問題時，我總是跑到鄰居找一位老女人，她會給我一些幫助，讓我可以讀下去，從而不需要去請父親指教。」這位小男孩很害羞，不敢去問自己的父親，因為他當時只有 6 歲。

正是這樣的學習讓他了解到槓桿的神奇作用，在他學習了字母表之後，就走上了科學這條道路。

「不久後，」他接著說，「父親驚訝地發現我可以獨自閱讀了，在他教我寫字後，我接下來所學到的知識基礎，都離不開我在凱思語法學校的學習。」也許，這樣接受的教育不是很差，但對於日後一位皇家科學院的院士來說，則是非常不簡單的。

　　瓦特因病躺在床上無法工作的時候，根據自己所知的模型，做了一個鐘——這是一架木制的鐘，將破碎的瓶頸插進鐘錶裡，用來報時。他每天都在思考應該如何去做其他類型的鐘錶，想著如何將表放在口袋裡，而不是那麼重或是像老式的擺鐘那樣。

　　一天，一個人騎車過來，瓦特認為這人應該有手錶，就問他是什麼時間。「那人拿出手錶，」瓦特說，「非常有耐心地告訴我時間，然後我懇求他讓我看看鐘錶內部的結構。雖然我們之前完全不認識，但他還是馬上打開手錶，放在我的手上。」

　　想像一下當時瓦特在看到了鐘錶內部的結構時，會是多麼的激動、興奮與震驚！是一條鋼制的彈簧，難道不是嗎？但是，瓦特之前除了在父親的氣槍裡看到了彈簧，就再也沒有見過了。這位陌生人耐心地向瓦特解釋了他所知道的一切，然後將手錶放在口袋裡，微笑著向這位喜歡提問的鄉村男孩說再見，騎車走了，同時也對自己很好了回答了問題而感到高興。

　　詹姆斯馬上躲在一個角落裡，找到夾子，然後開始製作鐘錶。他忠實地按照之前那位陌生人所描述的內容去製造，用鯨須製品與木製品做主發條，用一個木制的箱子去做鐘錶的顯示面，「大小只比早餐的杯子還大一些」——這個大小的尺寸剛剛好，也許不大適合放在口袋裡，但是，也非常不錯了！一位笨拙的鄉居在欣賞這位「小神童」的作品時，不小心撞倒在地上，然後撿起來。瓦特的父親對此非常憤怒，「準備動手去打那個傢伙」，但瓦特還是心平氣和地接受了這個結果。

　　在瓦特很小的時候，就對觀察星星產生了濃厚的興趣：

　　「每天晚上，當我做完了工作後，就會帶著一張毯子到田野去，將毯子鋪在地上，然後躺在下來，用一根線將小小的珠子串起來，長度有一手臂

那麼長，放在我的雙眼與星星之間，然後移動珠子，直到這些星星從我的視線中消失。為了測量兩顆星星的距離，我會將線的長度記錄在紙上，然後按照星星各自的位置，再按照珠子所處的位置選取參照物進行計算。」

林肯的父親不識字，也不會寫字，他家裡只有《聖經》與《天路歷程》。後來，他們搬到伊利諾州，年輕的林肯為了生計，砍過樹，綁過鐵軌。當他擁有了莎士比亞的作品、《魯濱遜漂流記》、《華盛頓的人生》等書時，他覺得自己非常富有。今天美國的年輕人所擁有的機會都要比亞伯拉罕·林肯更多，即便是很多像林肯那樣出身的年輕人，也擁有比林肯更多的機會。

林肯後來想做郵差，因為這樣就有機會到城鎮閱讀一些書了。凡是拿到他手上的書，他都要看一下，其中包括《聖經》、《天路歷程》、《華盛頓的人生》、《富蘭克林的人生》、《亨利·克雷的人生》及《伊索寓言》等。他反覆閱讀這些書，直到幾乎能在心中倒背如流，但他有個特點，就是從來不看小說。他所接受的教育，都是從報紙或是與人事打交道學會的。每當他讀完一本書，都會寫一下自己的感想。這位身材高大、面容削瘦的鄉村年輕人在木屋的火爐邊，躺著看書，屋裡沒有地板也沒有窗戶，在每個人都入睡的時候，如饑似渴地閱讀著他走了很多路、穿越荒野借來的書，因為他沒錢去買，這樣的情景是多麼讓人動容啊！

湯瑪斯·艾斯恩，這位被坎貝爾爵士稱為最偉大的律師與最有口才的人，經歷了重重困難才開始自己的律師生涯。雖然他擁有難以動搖的自信──這一成功的必備素質，但他還是經歷了多年的艱苦歲月，才取得了今天的成就。他父親的收入要培養他的兩個哥哥已經很費力了，所以，他從小幾乎沒讀過什麼書，只是看過幾本書而已。他在學習法律時感到非

常困難，加上當時的生活非常拮据，但他還是堅持下來了。他有好幾年都過著節儉的生活。傑瑞米‧本塔姆曾這樣描述他：「寒磣的衣著讓人印象深刻。」即便如此，他深知自己有能力在更大的舞臺上展示自己，所以，他懷著堅定的信心勇敢地與逆境抗爭。一次偶然的談話機會，讓他擔任一件重要案子的辯護律師，他展現了無與倫比的辯論口才，為客戶贏得了官司。彷彿在一瞬間，他的人生軌跡發生了變化，從原先的一無所有，到擁有豐富的物質，從絕望的深谷到達了希望的原野。那天早上進入韋斯特敏特法院的時候，他依然是個窮光蛋，但走出來的時候，已經差不多是一位富人了。在法官站起來宣布案件結束時，很多律師都拿著檔案走到他跟前，希望他能幫助打官司。從那時起，他的人生發生了轉變，他的客戶越來越多，現在，他的年收入達到 1.2 萬美元。

莫札特的父親發現他創作一些稱為是「大鍵琴的協奏曲」的東西，嘲笑自己只有 6 歲的兒子。

但是，莫札特堅稱自己所創作的就是一首真正意義上的協奏曲，讓父親仔細檢查一下。後來證明，莫札特創作的這首協奏曲非常嚴謹，雖然有些曲調在當時難以演奏。

莫札特學會了小提琴，他的才華不僅讓父親感到驚訝，更是震驚了當時的音樂評論家與著名音樂人。在 13 歲那年，他已經加入了當時世界上最著名的音樂團體 —— 波洛格納的交響樂團 —— 承認他是「和諧的騎士」。威廉‧馬修斯在他那本《音樂入門》的書中講述了莫札特成功通過考試的有趣故事。

年輕的莫札特申請加入音樂協會，這個協會的會長是馬蒂尼神父 —— 一位非常著名的對位法作曲家，當時的副會長則是法里內利 ——

著名的歌手與作曲家。他們與其他會員都認可莫札特身為表演者所具有的天賦，但並不相信這位只有 13 歲的男孩能夠通過嚴格的作曲考試 —— 這是入會的必需條件。

馬蒂尼神父非常喜歡莫札特，但還是覺得協會不應該將莫札特招進來，因為他覺得莫札特只是「音樂神童」而已。因此，他給莫札特出了最大的難題 —— 為羅馬的讚美詩中的每段頌歌編寫四種不同的唱法，其他考試條件包括待在一間只有筆墨與紙張的緊閉的房間裡去創作。

這是一場非常嚴格的考試，因為馬蒂尼神父對莫札特的才華抱有很高的期望，親自給他出了考題。在不到半個小時裡，教區執事就宣布莫札特已經準備交卷了，說他已經完成了考試。

「不可能！」馬蒂尼神父驚呼道。

「在音樂協會成立的一百年裡，這樣的情況從來沒有出現過。」其他會員紛紛這樣說。

考官來到那間緊閉的房子，看見莫札特的手稿非常工整。他們花了一個小時檢查莫札特的作品，然後宣布結果：「完美！絕對完美！」之後，莫札特走到其他等候他的會員，接受他們由衷的讚美，他的音樂才華得到了會員們的一致認可。

「我聾了，」貝多芬說，「在其他職業裡，這可能還是可以忍受的，但在我的職業裡，這簡直難以承受。」正是他內心崇高的道德勇氣讓他堅持了下來，而且他用音樂來讓人生得到了最大的釋放。與巴哈一樣，海德爾也為音樂犧牲了自己的雙眼，雙目失明。「我可以真誠地說，我的人生過得非常悲慘。」貝多芬說。

堅定的目標所帶來的力量，在英國劍橋大學希伯來語教授李博士身上

得到了完美的體現。李博士從小是在慈善學校接受教育的，那時他顯得非常笨，他的老師甚至連看都不想看他一眼。後來，他到一個木匠那裡當學徒，抓住閒暇時刻去閱讀，他對書本中出現的很多拉丁文的引言非常感興趣，於是，就買了一本拉丁文語法書，他每天很早就起來，坐下學習語言。

　　一次在教堂工作的時候，他注意到一本用希臘文寫的《聖經舊約》，他對此非常感興趣，於是，就把那本拉丁文的語法書賣了，買了一本希臘語的語法書與辭典。在他掌握希臘文之後，他又賣掉了希臘文的語法書與辭典，買了希伯來語的語法書。在他掌握了希伯來語後，又把希伯來語的語法書賣掉了，購買了占星術與古敘利亞語等書，但是，過度的工作差點毀掉了他的健康與雙眼。他在做木匠時的工具都賣掉了，而且家人都過著拮据的生活，他賣掉了很多書，拿這些錢去買麵包。後來，他實在是沒錢買更多的木匠工具，於是他就開始教別人的孩子認字賺點錢，但他對小孩所學的內容不是很了解，所以他不得不邊教邊學。

　　他身為一名非常具有才學的木匠的名聲很快引起別人的注意。後來，他成為一所慈善學校的校長，他的人生道路才開始平順起來，任何挫折都無法再讓他畏懼，任何阻攔都無法讓他停下腳步。他當選為劍橋大學的希伯來語教授與女王學院的阿拉伯語教授，也成為一名非常著名的學者，將《聖經》翻譯成好幾種亞洲語言。

　　甫威爾‧布克頓心想，自己能做的跟別人一樣好，假如他肯付出比別人兩倍的努力與時間，一般的家庭背景與非凡的努力讓他為這個世界做出了巨大的貢獻。

　　半個世紀前，在羅威爾磨坊工作的一群女孩子為「簡單的生活，高尚的思想」做出了完美的榜樣。其中一個女生將詹姆斯‧瓦特的《心靈的修

養》一書翻爛了，因為她每天都將這本書放在工作服的口袋，有空就拿來看。一些女生在晚上學習德語，雖然她們的工作時間從白天一直到晚上七點半，但她們還是組成了一個互助提升的小組，並出版了一兩本雜誌。這些女生都具有高尚心靈，舉止得體，不畏懼工作的辛勞，決心要闖出一番天地。很多女生都很愛美，喜歡到集市上逛一圈，喜歡欣賞在工廠窗戶外那艘藍色的「梅裡馬克」號軍艦，但在這些女生在家是非常節約的，家庭的氣氛都顯得那麼的和睦與真誠。

對一位不得不工作的女生，任何物質上的幫助都無法帶來這樣的人生目標。工廠裡多數的女生都成功實現了她們的夢想，她們為自己的教育賺足了學費，有些人後來成為教師、作家、藝術家，一些嫁給了有錢、有地位的老公，還有很多女生在社會上擔任重要的職位。

路西·拉爾康女士所創作的《新英格蘭淑女》是每位女生都應該閱讀的。路西在這本書中講述了她在羅威爾棉花工廠裡工作的故事。當時，她只有十三四歲，工作內容是固定棉花機，站在窗戶前面，可以看到美麗的梅裡馬克河，她在窗戶旁邊做了一張「小凳」放她的一些書 —— 其中有不少是新聞剪報。這樣，她就可以一邊工作，一邊學習了。

一個世紀前，一位貧窮男孩為牛津大學的學生擦鞋。他憑藉著永不疲倦的毅力，克服了重重困難，最後成為世界上最偉大的牧師之一 —— 他就是喬治·懷特菲爾德。

亞當·克拉克博士曾是一位貧窮到沒有鞋子穿的愛爾蘭男孩，但他對知識充滿著渴盼，他經常要步行幾裡路去閱讀一本他非常喜歡但又沒錢購買的書。

雖然哈裡亞特·馬丁內烏是一位出身貧窮的女孩，但她抓住每一分鐘

的閒暇時間。她說：「我的口袋裡裝著一本書，我的枕頭下放在一本書。在我吃飯時，我的大腿會放著一本書。我坐在腳凳上，靠著木材點燃的火光看完了《莎士比亞全集》。我在做襯衫的時候，我的大腿上放著戈德史密斯、湯姆森或是漢彌爾頓等人的作品，有時，我會把書隱藏在桌子下，這樣我就能一邊工作，一邊用心去閱讀每一章每一節了。」

　　裡頓豪斯博士曾是一名木匠，他對知識的渴望非常強烈。他利用晚上時間學習，努力記住他手上僅有的幾本書的內容，他在柵欄、倉庫門口或是沙粒上寫字。他曾為窮人修理過鐘錶，為鎮上一些人修理弄壞的機械，他透過自學成為一名專業的測量師。經過不懈的努力，他後來成為世界上著名的數學家。

　　加菲爾德曾為別人砍樹來支付一個學期的學費，後來為了有機會到海勒姆學院就讀，他做過打鈴人與清道夫。他用三年的時間完成了大學六年的學業，可想他是多麼的用功。

　　愛德華·艾弗萊特曾說自己非常仰慕與尊敬那位名叫艾利胡·巴里特的年輕人所表現出來的堅定目標與不可動搖的決心，因為他覺得，正是這些特質才讓巴里特克服了逆境，取得了成功。他說：「對那些有很好機會接受大學教育，但卻不去爭取的人來說，這是一種恥辱。」

　　蘇格蘭格拉斯哥的一位手套製造商手下有一名學徒非常貧窮，甚至買不起一支蠟燭與火柴。晚上的時候，他在街上商店的櫥窗旁看書，當商店關門後，他就會爬到路燈杆上，一手拿著書，一手牢牢抓住路燈杆。這位貧窮的男孩擁有的機會要比絕大多數的美國同齡人少的多，他所歷經的貧窮與艱苦會讓絕大多數的男孩放棄奮鬥，但他最後成為蘇格蘭最為著名的學者之一。

「那個男孩遲早會超越我。」一位老畫家在看到一位名叫米開朗基羅的小夥子在畫室裡所畫的盤子、灌木叢、畫架、凳子及其他畫作後，這樣說道。後來，這位赤腳的男孩克服了前進路上的所有困難，成為世界上最為著名的藝術家。

雖然米開朗基羅在三個不同的領域裡名垂不朽 —— 他的名聲主要還是集中在他身為建築師所設計的聖彼得教堂的圓頂，身為雕塑家的他創作的《摩西》，還有身為畫家創作的《最後的審判》，但是，當我們從大英帝國博物館裡找到有關他的信件時，發現他在為尤里烏斯二世創作那尊巨大的青銅雕像的時候，已經窮得身無分文了，他甚至不敢讓自己的弟弟來到波洛格納探望他，因為他只有一張床，而且與三位助手睡在一起。

雷諾德在羅馬學習藝術的時候，有一個同學名叫阿斯特里。一次，他們一起外出郊遊，因為天氣比較悶熱，其他人都脫下外套，只有阿斯特里不脫。在幾個同學的勸說下，他終於脫下了，結果發現他的背心上畫著一條翻滾的瀑布。為了免於衣服上出現的破洞所帶來的尷尬，阿斯特里在自己這件背心上畫下這樣的風景。

穆里洛的母親希望他日後成為一名牧師，但穆里洛的天性並不適合當牧師，而是另有所為。一天，母親從教堂回家後發現兒子拿下那幅家庭的神聖畫像《耶穌與羔羊》，並在耶穌的頭上畫了一頂帽子，將那只羔羊畫成一隻小狗，感到極度震驚。

一位窮人孩子的家庭破碎了，他不得不徒步到外面找尋屬於自己的財富，他所擁有的就是勇氣與出人頭地的決心。後來，他不僅成為著名藝術家，而且還成為一位非常具有人格魅力的人。他不太在意自己的職業所招惹的嫉妒或是羨慕，而總是充當窮人與不幸者的朋友。

　　1874 年，一位有著蘇格蘭口音的貧窮少年在南波士頓的一家機械廠裡工作。在他掌握了更多的美式英文與領悟美國機構所具有的精神後，他開始追求知識，但他這樣隻身一人來到異鄉，身無分文，甚至連周圍人說什麼都不是很明白的人，有什麼希望呢？他又怎能妄想接受大學教育呢？

　　這位蘇格蘭少年努力地找尋方法，甚至想著為自己創造機會。他去找長老教會的一名牧師，告訴他自己是多麼地渴望知識，但他不知道該怎麼去做。他說自己非常想上大學，但照目前自己的狀況，似乎是不可能做到的。這位心善的牧師告訴他，雖然自己的薪水也不高，但他願意盡自己最大的努力去幫助他接受教育。

　　很多與他一起在機械廠工作的男孩一直都沒有想過要擺脫自己無知的狀況，對他們來說，要接受大學教育，這是非常不現實的，努力實現這個夢想的念頭也是愚蠢的，但這位蘇格蘭少年並不這樣認為，他內心有某種聲音在催促著他，激勵著他不斷發揮自身的潛能。在那位善心牧師的幫助下，他最終上了大學，並且以優良的成績從哈佛大學畢業，後來在新英格蘭最大的一個公理教會當牧師了。也許，我們可以說，高登博士是新英格蘭最有影響力的公理教會牧師。

　　他的奮鬥在同事看來是多麼的愚蠢啊！無論是晚上或是假日，他都克制自己不像朋友那樣去玩樂，這在同事看來是多麼的無知啊！但現在他的很多同事依然在那家機械廠做著普通的工作。

　　賀拉斯‧曼，麻塞諸塞州公立小學系統的創始人，就是憑藉一顆勇敢的心不斷克服困難，最終取勝的光輝榜樣。上大學，這是他年輕時候的夢想，為了賺取上學費用，他曾編制過稻草帽，每年只上 8 ～ 10 週的課程，但他對知識的渴望讓他克服了所有的困難。最後，他進了布朗大學。

他曾經非常貧窮，絕大多數的男孩都不願意過那種拮据的生活，也沒有像他這樣的決心。「工作」他說，「對我來說就好像魚遇到了水一樣。」他這樣給家人的信裡寫到 「如果以色列的孩子都能像我一半那樣吃苦的話，那我就不奇怪為什麼他們會崇拜上帝的章節了。我上次的那九分錢已經離開我的口袋很久了，我相信努力能夠讓人成長。事實上，它的確讓我成長了。」賀拉斯在國會裡替代約翰‧昆西‧亞當斯成為議員。亨利‧威廉曾這樣評價他：「從他的口中，說出了這個國家與其他國家關於自由最為重要的篇章。」後來，他被提名擔任麻塞諸塞州州長，但在同一天，他當選為安蒂奧克學院的校長，並以極大的熱忱去履行自己的職責，直到人生最後一刻。

　　年輕的德國男孩傑‧保羅‧里奇特覺得，要是自己能夠從心善的牧師那裡將這些書全部抄寫下來，那是非常好的事情，因為他沒錢去買這些書。一有時間，他就抄下這些書，在長達四年的時間裡，他已經抄下了很多本書，可以說擁有了一個屬於自己的圖書館。對於這樣一位有毅力的男孩來說，世界上還有什麼障礙能夠阻擋他呢？

　　保羅下定決心到萊比錫城上大學。他身無分文，在那裡也沒有任何朋友，但他還是希望能有機會去學習。落魄時依然懷揣的大志，看起來真是最為寒磣的，很多窮孩子都是懷著相同的目的來這裡的。保羅不僅身無分文，而且穿得很破爛，為人很羞澀，根本不知道該怎麼做。他在給母親寫信時，這樣寫到：「我全身不禁發抖，但沒有錢，叫我從那裡買來木頭呢？」這位孩子的母親也是深陷債務，但身為一位母親，她還是會時常給孩子一些幫助。他寫信給母親說，希望母親能再給他寄來 8 美元，以後他再也不會問了。年輕的保羅一直在堅持創作一本書《愚蠢的贊詞》，他將這本書寄給出版商，但等了幾個月都沒有音訊。最終，這本書被退回來

了，可憐的保羅感到深深的絕望，就想著再找其他出版商。

他花了半年的時間寫了另一本書《綠地》。他越挫越勇，親自拿著寶貴的手稿到萊比錫找各個出版商，但所有出版商無一例外都拒絕了他。他將手稿寄到柏林的諸侯。一天，在他饑腸轆轆與因為沒有火取暖而冷的發抖之時，從諸侯那裡寄來了一封信，願意為他的書稿出 70 美元的價格。這對一位深陷貧窮、苦苦掙扎的 19 歲少年來說，是美好的一天，但他的第二卷與第三卷都被退回來了。他要馬放棄大學學業，要麼就要挨餓了，他發現追求名聲的道路是多麼的坎坷。他只剩下一點錢，要是支付了房租，就沒錢填飽肚子了。於是，他半夜回家，回到了母親身邊，但他在萊比錫的房東跟著他來到了他的老家。最後，他找到了一位朋友為他做擔保，才免於被討債。家裡的其他弟弟妹妹都擠在一起，母親正在一張桌子上做著針線活，每天都做到深夜，為子女賺取買麵包的錢 —— 因為她的孩子也處於饑餓的狀態。

但里奇特這樣寫道：「人們在貧窮時到底有什麼可抱怨的呢？貧窮就像女人在穿耳時所感到的疼痛，然後在傷口處掛漂亮的珠寶。」最後，這位雖然有點沮喪，但始終保持積極心態的年輕人終於以小說《無形的小屋》一炮打響。這本小說讓他得到了 226 美元，他拿到錢後，馬上給母親送去 70 美元，每個人都在討論這本偉大的小說與那位終於出名的窮小子的艱辛歷程。

很多名人都給他寄來祝賀的信件，一位崇拜者送給他一些普魯士的紙幣，折合為 50 美元。他受邀到皇宮與歌德、席勒這樣的大人物見面。此時的他已 34 歲，他在給母親寫信時說：「再過幾天，我就在魏瑪住了超過 20 年了。我感到很開心，真的非常開心。我獲得東西不僅超過了預期，簡

直讓我無法用言語來形容。」在他母親去世後，他在家裡找到一張紙，這是母親用來記錄她半夜編織毛衣所賺到的微薄薪水，從此，他一直將這張紙留在身上，直到去世。他的代表作《提坦》像風暴一樣席捲世界文壇，取得了空前的成功。他一生留給世界一百多卷的作品，還有一個高尚與富於美德的人生。

「我有錢上大學嗎？」很多身無分文的美國青年都會這樣自問。他們深知，要是上大學的話，就意味著多年的犧牲與奮鬥。

誠然，對那些心懷大志想要有所作為的年輕人來說，不得不要為自己上學與大學教育而奮鬥，這是相當不容易的事，但歷史已經證明了，那些引領時代潮流的人一般都是那些自學成才與自立自強的人。下面就是幾位自學成才的傑出人物：班傑明‧富蘭克林、喬治‧華盛頓、詹姆斯‧瓦特、史蒂文森、莎士比亞、拜倫、惠蒂爾、加里波底、林肯、格里利、狄更斯與愛迪生。

下面是幾位上過大學的優秀人物：丁尼生、羅威爾、霍姆斯、愛默生、朗費羅、比砌、韋伯斯特、查爾斯‧金斯萊、羅斯金、俾斯麥、達爾文、托馬斯‧阿諾德、雪萊、福祿貝爾、吉本、傑弗遜、漢彌爾頓與牛頓。

林肯到華盛頓參加第一次總統就職典禮前，路過羅格斯大學，有人介紹了這所學校。林肯感嘆地說：「唉！這是我一輩子的遺憾 —— 沒有接受過大學教育。那些接受過大學教育的人都應該感謝上帝。」

今天那些想要接受大學教育的年輕人，你們的機會要比丹尼爾‧韋伯斯特或是詹姆斯‧加菲爾德多上幾百倍。正讀著這段文字的年輕人，只要你們身體健康，都可以肯定一點，那就是如果你們真的有志向去上大學的

話，就一定有機會上。美國與其他國家一樣，肯定有年輕人接受教育的機會，只要你有堅定的意志、不可動搖的目標，就肯定能夠成功，就是在這個小時，這個時刻，你都可以做到。

如果你父母還有一定的經濟能力，能夠供你讀四年大學，能夠給予你一些經濟上的支持，如果你的身體足夠健康能夠吃苦耐勞，如果你之前接受的教育足以讓你通過大學的考試，那麼，你就欠自己及那些未來依靠你的人一次接受大學教育的機會。如果你不斷提升自己接受教育與賺錢的能力，那麼你肯定可以以優異的成績畢業。

環境並沒有青睞那些偉人，出身卑微也不是我們取得偉大成就的阻礙。那些為了上大學而不斷努力的貧窮孩子，肯定要經歷一段艱苦的歲月，但他會學到如何戰勝生活的挫折，通常能在學校裡有更好的表現，要比那些百萬富翁的子女有更加優異的成績。正是那些農民、機械工人與操作工人及這個國家的許多平民子女，雖然面臨金錢的困境與少得可憐的機會，但他們正是我們這個國家未來所需要的棟樑之才。在缺乏金錢與時間緊迫的情況下，依然能夠解決上大學這個問題，這對每位從貧窮家庭出來的孩子與整個國家都具有重要意義。很多聰明的年輕人所取得的成績給我們帶來了鼓勵與積極的榜樣，證明了他們為之奮鬥的大學夢是非常具有價值的。

「如果一個人能讓錢包去豐富大腦，」富蘭克林說，「那麼誰也無法將他的這些『金錢』搶走。對知識的投資永遠都能收穫最大的回報。」

文森特博士說：「如果我想讓兒子做一名擦鞋匠，我也要首先讓他接受大學教育。」

「我進大學的時候，口袋裡只有 8.42 美元。」阿默斯特學院一位畢業

生說，「在大學第一年，我賺了 60 美元，獲得了學校的獎學金 60 美元，還有另外 20 美元的生活津貼，向人借了 190 美元。我大學第一年每週的生活費是 4.5 美元。除此之外，我花費了 10.55 美元去買書，23.45 美元去買衣服，10.57 美元用於訂閱報刊，15 美元用於鐵路車票，8.24 美元用於其他生活用品。」

「在第二個夏天，我賺了 100 美元。大二的時候，住宿費是 4 美元，租出原先的宿舍，租金每週是 1 美元，第二年的花費是 394.5 美元。在這一年，包括住宿賺到了 87. 2 美元，獲得了獎學金 70 美元，學校的津貼是 12.5 美元，向人借了 150 美元。這些錢剛好夠我的花費。」

「大三的時候，我租了一間裝修過的房子，一年的租金是 60 美元，我同意為房東做事來償還。我到教堂做過一些事情，賺了 37 美元，而且還包吃。我獲得了學校的獎學金 70 美元，生活津貼是 55 美元，向人借了 70 美元，除了還有 40 美元的學費，數目就剛剛好。這一年所花費的費用，當然包括住宿、吃飯與學費等，一共是 478.76 美元。」

「在大三結束的那個夏天，我賺了 40 美元。在整個大四，我都是住在原先那個房間，其他情況與往年一樣。我在外打工，包吃包住。透過到教會做事，去做家教，賺了 40 美元，借了 40 美元，獲得學校獎學金 70 美元，贏得了 25 美元的優秀獎，還有 35 美元的生活津貼。大四這一年的生活費用是 496.64 美元，花費明顯要比前幾年更多，但我在畢業後已經找好了一份教師的工作，我也可以借一些錢來暫時緩解一下經濟壓力。所以，我在沒有出現經濟拮据的情況下完成了大學學業，順利地畢業。」

「大學四年的總花費是 1,708 美元，其中還包括獎學金的費用，我賺了 1,157 美元。」

　　理查‧威爾在大學四年裡，以每年都能獲得哥倫比亞大學的獎學金而著名，他將時間、精力與注意力都投入到任何能夠帶來回報的事情上。他非常誠實地去工作賺錢。在大學四年裡，只要他沒有睡覺，他都會將每分鐘投入到學習或是賺錢上，保證自己有經濟實力去接受教育。

　　哥倫比亞大學 1896 屆的學生會主席透過銷售農業用具來賺取學費。他的一個同學透過在暑假期間到農場工作兩年節省下來的錢交學費，還經常在學習之餘利用閒置時間去輔導別人學習、寫作或是幫人抄寫來賺錢，他不僅半工半讀，而且還幫助年邁的父母。他相信自己一定能夠接受大學教育，於是他就為此奮鬥了。

　　耶魯大學 1896 屆有 25 名學生是完全靠自己來賺取大學學費的。這些學生似乎從沒有放棄任何能夠供他們上大學的賺錢機會。他們做過輔導老師、抄寫、新聞出版或是類似於牧師助理等職位，有些做過業餘畫家、鼓手、機械工、自行車經紀人與郵遞員，等等。

　　哈佛大學 1896 屆畢業的一位學生被稱為「整個班級最厲害的人物」，他靠著各種方式支撐著自己讀完大學。一位名叫牛頓‧亨利‧布萊克的學生不僅半工半讀，而且還在三年的時間內完成了大學四年的課程，順利畢業。

　　威廉斯學院 1896 屆畢業的 64 名學生中，有 34 名學生完全憑藉自身努力，這幾年不斷努力賺錢來完成學業。當然，他們都獲得學校提供的獎學金。

　　很多學生能從波士頓大學畢業，因為他們在大學期間做過很多工作，比如在暑假期間做推銷員、做火車的剎車手、到夜校做私人的指導老師或是講課，到辦公室裡做兼職小職員，為各個企業在晚上算帳，到夏日酒店裡做侍者，或是到農場工作等等。

在我上大學那時，一位貧窮的黑人學生沒有任何人的幫助，憑藉自身努力完成了法學的學業。他實在是太窮了，甚至沒錢租房子，他經常睡在法學院圖書館的長凳上。很多窮人的孩子都比富二代更加勤奮，因為對這些富二代而言，上個大學只不過是例行公事而已。

上面所說的這些接受過良好教育的年輕人都順利從學院或是大學畢業了，他們都是 1896 屆的畢業生，因為他們相信大學是他們必須要上的。他們是否有足夠的金錢上大學，這個問題似乎不大可能動搖他們的決心，顯然，他們一刻也沒有讓金錢阻擋他們上大學的願望。

實際上，上大學的費用並不像人們時常想的那麼多。還有，很多著名大學都會提供豐厚的獎學金。一般而言，大學四年的學費為 1,500 ～ 2,000 美元或是略微多一點，但是 1896 年畢業的大學生證明他們是有能力賺到這筆錢的。事實上，很多畢業生在他們剛上大學的時候，都不知道未來半年的花費該從哪裡來，但他們照樣賺來了。

在耶魯大學 1896 年畢業的學生中，一位學生的最低花費是每年 100 美元。據另一位學生的準確計算，在大學四年裡，他的總共花費是 641 美元。

普林斯頓大學 1896 年畢業的每位學生平均每年的花費是 698.78 美元，其中一位學生最低的花費是 195 美元。其中，有 17 名學生在大學期間是完全半工半讀的，46 位學生還需要父母一點的支援。

每位年輕的男女都應該認真審視這點，而不要覺得根本無力支撐自己上大學的費用。

Chapter 2　逆境中接受教育

Chapter 3
世界的遊戲

很多人之所以失敗，是因為他們低估了金錢的作用，而非高
估了金錢的威力。

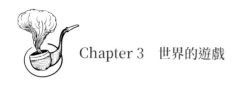

Chapter 3　世界的遊戲

> 崇拜黃金有兩個主要特點：在沒有聖堂的地方無不崇拜，在充滿
> 虛偽的地方無不崇拜。
> —— 科爾頓
>
> 這個世界上，沒有比貧窮製造更多的罪孽了。
> —— 戈德史密斯
>
> 得到你想要的，就是富有之人，但在一無所有的情況下依然能獲
> 得自己想要的，這需要能力。
> —— 喬治・麥克唐納

「林肯先生，這兩個孩子怎麼了？」一位鄰居看見林肯經過兩位大哭的男孩時，驚訝地問道。

「你應該問，為什麼這個世界會變成這樣子？」林肯回答說，「我有三個核桃，他們每人都想要兩個。」

「人們所追求的玩物，」愛默生說，「土地、金錢、享受、權力與名聲 —— 這些其實都是相類似的東西，只不過上面鍍了一層金，讓人產生迷惑而已。」

一天，一位貧窮的士兵躺在醫院的病床上，翻來覆去，然後轉身對問旁邊的朋友，是否可以借他 25 美分。那位朋友說，他想要的一切，包括任何舒適的東西都沒有。這位貧窮士兵回答說：「我想要的東西，我都有了。」但最後，他不得不承認一個事實，就說：「一個人口袋裡要是沒有錢的話，自然會變得吝嗇。」

一位貧窮婦女第一次來到海邊，長時間盯著無邊無際的大海，然後說自己感到非常開心，因為這是她人生中一次感到充盈，但誰見過一個說自

己已經擁有足夠金錢的男人呢？

羅斯柴爾德在聽到艾格尼絲家族的掌門人去世後，問：「他留下了多少錢？」「2,000 萬美元。」「你的意思是 8,000 萬美元？」「不是，是 2,000 萬。」「我的天啊，我一直覺得他生活得不錯啊！」一位相當有錢的富翁說道。

古希臘人喜歡住在鄉村，認為鄉村的生活要比城市的生活更加優越。在中世紀，擁有財富被視為一直犯罪，受人鄙視。希臘人與羅馬人都會嘲笑那些只有財富的人。在但丁的《神曲》裡，脖子上懸著一個錢包會招來別人的譴責。即便是北美印第安人也覺得那些靠偷竊發家的人是非常可恥的，他們都以自己的貧窮為光榮。在湯瑪斯・摩爾所著的《烏托邦》一書裡，黃金是受人鄙視的。罪犯要被套上黃金做的鎖鏈，耳朵要穿上黃金做的耳環，那裡的人都對財富不屑一顧。品格不良的人必須要佩戴黃金做的弓形環。鑽石與珠寶都被當作嬰兒的首飾，年輕人更是對這些東西非常鄙視，毫不在乎。

但是，今天沒有幾個人會再去崇拜貧窮。狂熱之人可能會攻擊那些累積財富的人，牧師可能會譴責財富所帶來的傷害，但即便是讚美貧窮最為流利的布道演說，也只能招致聽眾們的微微一笑。「貧窮這種狀態是沒有人願意選擇的，除非是迫不得已，或是不願意為了富貴而出賣自身品格。那些大聲疾呼說要反對這個世界美好東西追求的人 —— 其實就是在反對金錢 —— 這樣的反對不過是在浪費口舌。」

無論一些人怎麼說，金錢都是推動商業世界不斷發展的重要力量，也牽動了千萬人的神經。要是沒有錢，世界就陷入停頓了，任何事情都只能停滯不前。追求財富，是提升道德的一個重要方面。

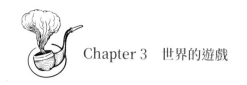

　　我希望能讓閱讀這本書的年輕人知道一點，就是貧窮所帶來的匱乏與恐懼。我希望讓讀者感受到一點，貧窮是一種恥辱，讓人無法動彈，帶給人無盡的痛苦，直到你發誓一定要擺脫它。

　　大自然存在「優勝劣汰」的法則，不斷財富、追求金錢的人才能存活，即便他們過分地喜歡金錢，甚至到了一種扭曲的病態，危及到社會的安定，那麼，自然的法則也會讓我們對金錢、力量與成就的過分激情走向毀滅。每個人都是自私，都想滿足自己的欲望，但金錢卻是在默默地推動著人類的進步；每個人都在努力實現自己的夢想，但自然卻是公平的，她想讓每個人都有屬於自己的份額；每個人都想超越鄰居，想要做到最好，想要最大化地發揮自身的潛能。要是沒有這種對力量、影響力的巨大激情，要是沒有金錢帶來的便利，那麼自然又怎麼可能將人的潛力發揮到極致呢？沒有這個明確的願望，那勤奮、堅持、圓滑、睿智與節約等方面的自律又怎能做到呢？那激發我們偉大品格的高尚目標、自我犧牲或是忍辱負重又怎麼可能出現呢？

　　為了滿足自身狂熱的激情，有什麼是人不願意做的呢？為了金錢，很多人都願意鋌而走險，從事最危險的職業，去做一些扼殺心靈與身體的事情，去做一些讓他們慢性自殺的工作。要是沒有了這種對金錢的渴望，那麼讓文明世界轉動的力量就會失去，你我生活的世界就會陷入混亂之中。推動世界前進的槓桿就會被折斷，文明就會倒退。無論我們如何譴責這種說法，最高級的文明只有在我們渴望最為強烈的追求時才有可能出現。

　　正如愛默生所說的：「正是那些低俗、卑鄙的交易，推動著這個世界的發展，提升了人類的文明。」我們很難說那些富人是自私的，因為無論他們怎麼做，窮人都能有所受益。當這些富人建造豪華的房子或是購買品

質上乘的馬車，聘請馬車夫，或是他們舉辦高端的宴會或是購買華麗的衣服、昂貴的珠寶或是寶石，花費鉅資建造教堂、購買豪華的遊艇、建造夏日別墅或是城市宮殿等，無論他們怎麼花錢，其他人都會受益，都能看到金錢所具有的真實價值。

「一些人天生就有賺錢的天賦。」馬修斯說，「他們有一種累積財富的本能。他們有一種將美元變成達布隆金幣的天賦，透過不斷的交易與精明的投資，擁有了巨大的財富，並能很好地管理這些財富，他們在商業上的表現就像莎士比亞創作出《哈姆雷特》與《奧賽羅》、拉斐爾創作畫作、貝多芬譜寫交響樂或是莫斯發明電報一樣。要是後面這些人放棄了原先的職業，而一心想著去賺錢的話，那麼對他們來說就是漠視自身才華的表現，也是對自身天賦的嚴重侮辱。那麼，諸如羅斯柴爾德、阿斯特或是皮博迪這樣的人，要是違背了他們經商賺錢的本能，想著去從事文學創作的話，同樣違背了他們的本性，對他們的才華也是一種侮辱。」

每個人都想在這個世界上獲得美好的東西。很多人都在爭論一點，那就是如果某些東西不適合自己，那還不如放棄，免得浪費。事實上，美國社會一直崇尚金錢至上。社會地位也是根據我們銀行的存款來決定的。列車乘務員遇到富人招待都會熱情些，酒店職員見到富人都會主動安排房間，那些做乾貨生意的人見到富人都會點頭哈腰。即便是教堂司事都會為富人提前預留好位置。

尊敬富人的歷史與《聖經》的歷史一樣悠久。有句話說得好：「如果一個人戴著金戒指、穿著名貴的衣服與你會面，然後又過來了一位穿著破爛的窮人，你肯定會特別重視那位衣著得體的人，並對他說：『坐在這個好位置吧。』而對那個窮人說：『站在那裡，這裡沒位置了。』」

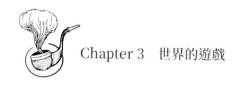

很多人可能會自我安慰，以讓內心處於處在一種平衡的狀態。他們覺得那些擠奶女士要比伯爵夫人更加快樂，一些人覺得自己父親要比那些將世界踩在腳下的人更加厲害，但這完全是某些人膚淺與庸俗的想法。事實上，我們都知道，那些所謂具有美德的農民只不過是比那些知道如何避免負累的富人多做了一些累活而已。那些富人在人生道路上可能要比那些白手起家的人犯更少的錯誤。

很多人之所以失敗，是因為他們低估了金錢的作用，而非高估了金錢的威力。

那就讓我們摒棄那種鄙視金錢的觀念吧，坦然承認金錢的價值。讓我們承認一點，那就是更多人之所以失敗，是因為我們過分低估了金錢的價值，而不是高估了金錢所能帶來的作用。即便是在我們的大城市，生活的節奏是那麼的快，人的心智整天處在緊張的狀態，一心想著如何賺錢。要是說有 20 個人需要什麼刺激他們為人勤奮或是節約的話，那麼只有一個人是需要預防過分狂熱地追求金錢的。

在亨利八世時期的法律，貧窮被當成一種犯罪，而那些一無所有的人則會被社會所摒棄，難以生存。

那個關於是否在「隱居山林」或是哲學家所說的生活在農村，愛就能滿足的時代，已經過去了。無論是選擇哪一種生活方式，大家都希望在城市有一座房子或是在靠海的地方有一處落腳的地方，這才是愛的哲學與哲學的愛共同提高的表現。

一位頗具洞察力的觀察者說，如果你無法得到你想要的東西，那麼你最好先得到金錢。金錢本身不能買來幸福，但能買來許多東西，盡可能給你帶來快樂。絕大部分的人都是這樣生活的。

在人類歷史上，從未有哪個時代要比現在讓人覺得貧窮是那麼難以忍受的。因為物質變得這麼豐富，每個人都能獲得這麼多的機會。雖然我們還不能像卡萊爾那樣偏激地說：「貧窮是很多英國人最害怕的地獄。」或是如亨利‧喬治那樣說的：「貧窮就像是張開嘴的地獄，正在人類文明下面打著哈欠。」在這個充滿機會的國度，我們要教育那些年輕人，向他們灌輸這樣一個觀點，那就是長久生活在貧窮中是一種恥辱。

「在貧窮的時候，人的活力受到限制，生活品位會降低，身體會出現更多毛病，人會覺得更加軟弱，當然，壽命也會更短。」

要是不能自立，誰也無法成為真正意義上的人。要是一個人總是感覺到背後有人在絆著你的腳步，讓你永遠受制於環境的影響，無法真正發揮能力，或是讓你不得不依靠別人，那麼你又怎能將自己最好的東西發揮出來呢？對於年輕人來說，還有比感覺好不容易挨過了今天，明天又是貧窮的一天更讓人覺得恥辱的嗎？

要是一個年輕人有能力擺脫貧窮的話，那麼他就沒有權利繼續沉淪其中，因為他肯定會日漸消沉，最後無力掙扎。他的自尊需要他勇敢地與貧窮抗爭，他有責任讓自己身處在一個具有尊嚴與獨立的位置。在遭遇疾病或是出現其他緊急情況時，保證不會成為自己朋友的負擔。

人類對財富的渴望讓混亂變得有序，讓森林變成花園。

無論其他人怎麼說，對財富的追求不僅是合情合理的，更是我們的一種責任。如果一個人要想成為獨立的人，並且他的財富也是憑藉合法手段得來的，那麼追求財富的過程會擴大他的影響力，增強他的能力。要是他能避免陷入狹隘、墮落或是不良的影響，那麼他對財富的追求就會激發他的潛能，增強他的判斷力，提升他的實用知識，讓他的道德與智力能力上

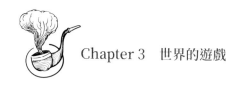

一個臺階。「靈魂不僅可以透過微積分的研究得到提升，也能透過算帳的方式得到鍛鍊，在日常的買賣能夠鍛鍊我們的算術能力，就像我們在數星星一樣。」一個商人要是做事有條理的話，就會注意培養自己做事的全面性，讓自己的潛能不斷得到發揮，他會集中自身力量去攻擊對方的弱點，正如拿破崙在戰場一貫使用的招數。要是他是一個優秀的商人，就會從早工作到晚上。他的能力自然會透過衣著與個人形象展現出來。

　　優秀的商人做事必須要有條理、有條不紊、雷厲風行、帳目清楚、待人有禮、為人周到，無論對他的上司或是下屬都一視同仁。他會不斷提升自身的修養，每天都會將帳目算清楚，提升自己數學的運算能力；他會每時每刻保持良好的舉止。要是他想成為一名有學識的商人，為人大度的話，就不能讓工作把自己的視野變得狹隘。他一定要不時提升自身品格，讓自己的洞察力更加深刻，更富有憐憫心，更多地參與慈善事業。

　　林肯來到紐約，遇到一位老朋友，就問他是如何變得富裕。那位朋友回答說，自己之前賺了 10 美元，但全部都沒了，並問林肯是怎麼取得成功的。「哦，我沒有成功啊。」林肯回答說，「我在斯普林菲爾德那裡有一間房子，市值大約在 3,000 美元吧。如果他們讓我跟斯華德搭檔競選副總統的話，我肯定希望能將自己的財富增加到 2 萬美元，我想這也是每個人都想擁有的數目吧。」

　　加菲爾德將軍在獲得總統提名後的幾天裡，獲得的金錢要比他之前的人生賺的錢還多。他從芝加哥的代表大會回到克里夫蘭的時候，口袋只有 30 美元。除了他在蒙特爾那已經被抵押的房子外，這就是他身價的全部了。克里夫蘭州著名的銀行家西爾維斯特・埃弗雷特知道了加菲爾德的窘境，一天早上，他準備好 10 張支票，每張支票都有 1,000 美元，全部附上了他的簽名。他將這些支票裝在一個信封裡，在見到加菲爾德時遞給

他，並稱這筆費用是他在競選總統期間的個人費用，並解釋稱，這些錢一分都不能用於政治方面的競選。

當加菲爾德將軍得到了這筆錢及知道這些錢的用途時，他趴在艾弗萊特的肩膀上像個小孩那樣哭了。他說自己身上最大的負擔已經卸下了，之前他為了生活費用已經失眠了無數個夜晚，不知道自己該如何籌措在競選期間的費用。他說，自己之前從來沒見過這麼大的一筆錢。

在追求知識的道路上，缺乏金錢是我們創作精品的一大障礙。

就我個人的觀點，我以為最痛苦的事情，就是在你對繪畫、雕塑、音樂、壯美的日落或是無垠的藍色天際有一種衝動的時候，卻發現自己沒有錢去看宗教劇，去買一幅畫，或是沒錢乘車到鄉村走走看看日落與廣闊的天宇。雖然這些人都非常具有天賦，對藝術擁有強烈的激情，但他們卻不能完全享受其中 —— 他們多麼想買巨幅的圖畫，多麼想到畫室那裡展現一下自己 —— 很多具有藝術細胞的年輕女士原本可以成為藝術領域的「女王」，但卻因無法接觸到圖畫或是樂器而失去機會。

不知有多少年輕人因為貧窮而未老先衰 —— 這可能是他們自身愚蠢的結果吧！不知有多少人因為沒錢而變得沉悶、自傲或是不善社交呢？

窮人只能受制於環境。他們無法自立，無法掌控自己的時間，也無法住在環境優美的地方或是擁有一間美麗的房子。他們就是環境的傀儡。

在歐洲，每當麵包的價格上漲，犯罪率就會上升。當一個人肚子饑餓的時候，很難讓他保持為人品格、美德或是真誠。他們對未知的恐懼，害怕狼群會把他們吞噬的臆想會讓他們無視法律，做出犯法的事情。

無論一些人怎麼說，貧窮無疑具有一種讓人變得狹隘、輕視自己與猥瑣的傾向。貧窮讓人看不到希望，看不到未來，更沒有什麼樂趣可言。貧

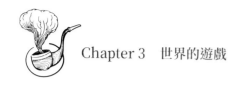

窮會壓抑我們的天性，通常讓那些原本可以過的快樂的人感到痛苦，每個年輕人都有責任去遠離貧窮，獲得自由，找尋人生的財富，自由地飛翔。

我們到處都可見貧窮帶來的苦難，可見貧窮讓人變得狹隘。我們看到很多人未老先衰，年輕的臉龐因為焦慮刻上了過多的皺紋。在每座城市，總有一些人陷入匱乏的境地，貧窮與匱乏帶來的惡劣影響到處可見。我們看到貧窮讓孩子失去了該有的童年，看到很多人的社交能力受到壓抑，很多原本陽光燦爛的年輕人變得陰鬱。我們看到貧窮讓很多才華橫溢的人感到悲催，貧窮通常讓那些身懷高遠志向的人感到絕望，讓很多完美的計畫落空，讓那些擁有堅定決心的人無法克服眼前的障礙。

不要讚美貧窮了。貧窮就是一種詛咒，根本沒有任何救贖人的東西存在，那些讚美貧窮的人其實是最不願面對貧窮的人。倘若身處極端的貧窮中，任何男女都無法成為真正意義上的人，也根本無法掌控自身的命運。要是深陷債務、被迫寄人籬下，不得不要為原本價值一美元的工作拿著一分錢的報酬，這絕對是無法將我們的自尊與尊嚴激發出來的，也根本無法讓我們成為真正意義上的人，無法以正確的視野去看待這個世界。

金錢意味著那些赤腳的人有鞋穿，意味著那些全身發抖的人有溫暖的衣服穿，意味著有煤炭可以生活，意味著儲藏室裡有食物。金錢意味著舒適、高雅、教育、圖畫、書籍、音樂、旅行。金錢意味著漂亮的房子、富於營養的食物，還意味著獨立，做好事的機會，更是我們最好的醫療保障。不知有多少窮人因為沒錢去看那些醫術精湛的內科醫生而喪命！在我們疲憊的時候，金錢意味著休息；在我們身體生病時，意味著吃藥；在旅行時，金錢意味著可以舒適地坐在普爾曼汽車裡，意味著你可以坐在馬車上代步，意味著你不需要在各種惡劣天氣狀況下依然要去工作，意味著你可以免除很多因為貧窮而讓你感到的負累。

我們第一次賺到的錢看上去似乎總是那麼龐大，威爾遜副總統曾談到自己賺的第一筆錢在他看來似乎能買一輛二輪運貨車了。

「在我 18 歲那年，」林肯說，「我屬於別人稱呼的南部的人，是個不中用的傢伙。那裡的人們覺得要是你沒有一個奴隸的話，你根本就沒有地位可言。一天，我划著一隻小木板船運送兩個人及一堆樹幹過河，在我將樹幹放到汽船時，那兩個人各給了我一枚銀幣，這突如其來的財富讓我簡直難以相信。這讓我的世界一下子拓展了許多。從那時起，我就更加自信與充滿希望了。」

「我賺的第一分錢，」傑‧高爾德說，「要比我日後賺到 1,000 美元還要讓我高興。」

金錢能夠彰顯有錢人的特質。金錢就是我們自身特質的指示器，會展現出我們的品位、野心，將我們內心的祕密都暴露出來。「在獲取金錢、儲存金錢、消費金錢、贈與金錢、借錢、還錢等方面做到有節有度的人，堪稱是完美的人。」

我經常想到一個問題，就是如果我真的有錢了，我肯定會向在街上遇到的 100 個人每個人發放 1,000 美元，看看他們如何使用這些錢。我希望能發現他們是如何花掉這 1,000 美元的。

對那些為了接受教育而奮鬥的貧窮孩子來說，這筆錢意味著書本與可能的大學之夢；對那些注重潮流的年輕人來說，這意味著時髦的衣服、賓士的駿馬與奢華的生活；對一位還要養活殘疾母親的貧窮女孩而言，這意味著姐妹們的衣服與教育費用。對其他人來說，可能意味著可以娶到老婆或是一座房子。1,000 人肯定會有 1,000 種不同的花錢方式。

看到很多老人在大街上乞討麵包，這真是讓人感到悲哀的事情，但更

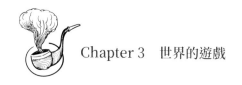

讓人感到悲哀的是，看到那些年邁的百萬富翁在即將走向墳墓之時，依然為了守住錢包而讓自己的心靈挨餓，他們對金子的貪婪已經將他們人生中最美好、最高貴的東西都抹殺了，他們對美好事物的盼望消失了，感受不到真善美了。還有比看到這樣一個只想荷包鼓起來，卻任由心靈萎縮的人更讓人覺得可憐的嗎？這些都不是真正意義上的人，而是「行屍走肉，只想著如何賺錢。」

成為富人，這根本不是一種罪惡，有想要變成富有的念頭也不是罪惡。真正的錯誤在於我們過分追求財富了。

「在不傷害你的靈魂、身體及鄰居的前提下，盡可能多賺點錢，」約翰·衛斯理說。「盡可能地節省金錢，減少不必要的花銷，盡可能地施捨給別人。」

你要小心一點，不能在賺取財富的這個過程讓你失去太多，因為「一個人要是失去了自己的靈魂，即便贏得了全世界，那又怎樣呢？」我們一定不能讓財富把我們困住，而要成為財富的主人。真正能在贏得財富，同時又不損害自身某些特質的人，是極其罕見的。對於國家而言，這樣的道理同樣適用。西班牙從南美洲大肆搜刮黃金，最終讓西班牙墮落了，讓西班牙的商業一蹶不振。

傑·高爾德說他每天從早工作到晚，自己都快成了金錢的奴隸。

一旦財富讓我們失去了提升自我的力量，那麼它就變成一種詛咒了。很多「富二代」繼承的財富反而讓他們的人生變得失敗，最後鬱鬱而終，但是，金錢也是很有愛的，雖然很多人將它稱為罪惡之源。

「約在一年前，」一位吝嗇的財主說，「我偶然間掉進了一個水井。當時的狀況非常緊急，要是在幾分鐘內沒人救我的話，我肯定就死了。在我

意識尚存時，我大聲喊叫，一位勞工剛好聽到我的喊叫，但他說明把我救出來要花一美元。那個傢伙一定要堅持至少一美元才救我。當時，我很氣憤，要不是覺得快要死了的話，我肯定是不會向他這樣的敲詐屈服的。」

貪婪之人的準則是非常清晰與堅定的，這與他們的其他準則不一樣，因為他們會一如既往地堅持這些理念。「人生的目的就是最大程度地擁有黃金，並且長久地享受黃金帶來的榮耀。生命的時間就是用來賺錢的，死亡不過是投機生涯的終結而已，天堂也不過是到處販賣黃金的步行街，地獄就屬於那些身無分文的人遭受懲罰的地方。

雖然邁達斯（傳說中弗裡吉亞的國王）的願望成真了，他觸碰的任何東西都會成為黃金，但他驢子般的耳朵讓他非常鬱悶，因為他無法掩飾自己這麼醜陋的耳朵，所以，他也無法開心享受黃金帶來的樂趣。人可以將自己的靈魂與品格都用於賺錢，然後再用錢去掩蓋自己的醜陋，但是，世人最終還是會嘲笑他們那「驢子」般的耳朵，而不是羨慕他們的黃金。這位國王在地上挖了一個洞，將自己所有的祕密都向這個洞訴說，他已經將這些祕密隱藏得太久了，靈魂再也無法承受了，他也不敢向任何人傾訴，只能在說完後就將祕密掩埋掉，但是，隨風飄蕩的蘆葦會聽到他的祕密，再跟所有路人說出這個祕密：「邁達斯國王有驢子般的耳朵。」

據說，在一些人祝賀約翰‧阿斯特所擁有的財富時，他指出了自己所擁有的債券與財富，同時向祝賀者反問：「你願意只是為了一個落腳地方及衣服而煩惱嗎？」那人表示不願意。「先生，」阿斯特接著說，「這就是我所能得到的全部。」

「我要向你們提醒一點，那就是財富並不能必然帶來幸福，貧窮也並不一定就是不幸。」比砌說，「在踏入人生的旅途時，不要抱著這樣的想

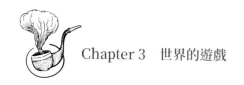

法，即只要口袋鼓起來了，靈魂自然也就豐滿了。一個人的幸福首先取決於他的性情：如果他擁有良好的性情，財富會給他帶來愉悅；如果他為人躁動，那麼財富只能帶給他邪惡。將錢揮霍在毫無意義的表面形象上，把自己塑造成一個偶像，讓那些愚蠢之人去崇拜，或是住在遠遠超過我們需求的豪宅裡，一心只想向別人展示自己的財富而不是真正地利用金錢，在漫不經心與人進行各種毫無意義的娛樂活動，瞎聊、打哈欠或是假裝咯咯的大笑地時候 —— 財富能讓這麼虛榮的人獲得快樂嗎？」

那些自私之人是不可能真正富有的。金錢就像是高山流下來的清泉，若能按照水往低處流的原則，那麼水最終都會彙聚到山谷的河流上。當水從高山上流下來的時候，會讓河岸兩邊的青草變得更加翠綠，讓河邊能感受水帶來的財富。美麗的花朵在河岸邊生長，在流光溢彩的河邊微笑著搖擺。一旦這奔騰的水流被阻隔了，那麼山谷就會乾涸，那裡的花朵與植物都會枯萎。水也失去了其活力，曾經一度充滿歡樂與生機的山谷，現在都充斥著有害物質與細菌。原先美麗的清泉變成了一潭死水，小鹿再也不敢到之前那個美麗的小溪邊喝水解渴了 —— 原先的祝福變成了一種詛咒。金錢也是如此：要是在自由流通的時候，就有助於人類的發展，一旦這種正常的流通因為某些人囤積、浪費或是肆意揮霍金錢的話，就變成了一種詛咒，讓心靈變得僵硬，讓憐憫心耗盡，讓靈魂變成沙漠。

金錢本身並不能增加那些金錢擁有者的價值。這並不是我們真正價值的衡量標準。金錢本身隱藏著追求美德或是邪惡的機會與途徑，會根據金錢的擁有者的品格來決定，金錢到底是有益還是有害。

比砌說過，貪婪者只想追求金錢，目的並不是要去建造或是去買什麼，也不是要買好衣服或是吃好的，更不是更好地發揮自身智慧、能力、友情或是宗教等方面的作用。貪婪者只想著堆積財富，只想著能時刻貪婪

地注視著這些財富，視之如寶，直到人生最後一刻，依然守住這些財富，似乎金錢就是他們的一切。

- **驕傲者追求金錢**：因為金錢能帶給他們力量、地位與頭銜，讓他們從同輩人脫穎而出。他們不願意做普通的針線，被人用飛梭來回地穿插，然後緊緊地挨在其他「針線」的身旁 —— 這對他們來說是一種恥辱，無法帶來驕傲。

- **虛榮者追求金錢**：因為金錢能讓他們購買華麗的衣服、寶貴的飾物、富麗堂皇的住宅、豪華的馬車，以光鮮亮麗的珠寶去贏得他人的目光。

- **追求品位之人需要金錢**：因為這讓他們獲得任何美好、高貴與富於教義的東西。對窮人來說，哪有什麼休閒的心態去學習呢？如果沒有錢，又談何收集書籍、手稿、圖畫、雕像、硬幣及其他奇趣的東西呢？

- **愛需要金錢**：營造一個充滿愛意的家，讓父親、母親與孩子都能健康地成長，這是最為明智的。

- **宗教信仰需要金錢**：讓金錢成為使者，傳遞愛意，救濟那些匱乏、遭受痛苦的人，拯救那些無知的人。

在當今這個時代，金錢就是成功的阿拉丁神燈，擁有很多合理的使用，但金錢應該為人們所用，而不是用來囤積。有人甚至說過，金錢是主權中的主權。

不容否認的是，金錢具有一種讓人墮落的傾向，讓人失去前進的動力，讓人沉淪其中。「金錢與腐敗，奢侈與邪惡，這些都具有某種緊密的關聯性。」

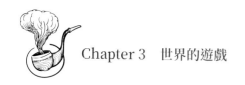

　　在賺取金錢的過程中讓心靈變得貧瘠，讓生活之源乾涸起來，毀滅了我們對美感的感知，讓我們對大自然與藝術變得冷漠，模糊我們的道德觀感，分辨不清錯與對、美德與邪惡，扼殺我們的宗教衝動，將上帝貯存在我們心靈中的所有思想都扼殺掉，那麼這種賺錢的行為肯定是不健康的。

　　一天，某位租客在租到了房子後，對房東說：「布雷克先生，現在我給你一先令，讓我看你所擁有的金銀好嗎？」「沒問題，」房東說，「這個價格足夠了。」於是，租客支付了一先令，房東也兌現了諾言，向這位租客展示了自己所擁有的裝著金銀的幾個鐵箱。租客說「其實，我與你一樣富有。」「此話怎講？」房東說。「因為我看見了這些錢，而你根本沒有想著去花這些錢。」

　　什麼是貧窮，這才是真正的貧窮啊！世界上沒有比你擁有良田千頃，心中卻沒有一絲愛意；雖有萬貫家財，但卻不值一文更加貧窮的了！

　　真正衡量你的財富的，不在於你所擁有的財產，而在於你仍未實現的願望，不在於你的年薪，而在於你年終時是處於負債還是略有存款。

　　幾個月前，一位百萬富翁去世了。有人問的第一個問題是：「他留下了多少錢？」有人回答說：「他留下了全部身家，只是壽衣上沒有可以裝錢的口袋。」

　　豪依先生說，「在現在這個時代，對財富的崇拜對我來說意味著，用金錢來獲得名不副實的名譽來掩蓋自身的低能，讓那些不具備美德的人披上成功的外衣，這讓世人完全漠視了那些為了氣節而甘守清貧的人。當然，這還意味著調動人類所有的潛能，包括物質與才智方面的，讓我們可以充分地展現出來。那出《金子的原野》戲劇依然清晰地說明，對金子發自原始的狂熱仍在我們的心頭，而且這種狂熱讓我們不惜發動戰爭，活的

像一隻野獸。這意味著，以後諸如西班牙這樣從美洲獲取金銀的國家，讓他們的士兵與名流徹底墮落，而法國在路易十四與路易十五時也經歷相似的情況。我並不是預言家，最多也只能算是一個預言邪惡的人，但我們該從哪裡找尋治療黃金這種金屬帶來的病毒呢？也許，我們應該採取順勢療法的原則。當金錢的奇蹟被吹得神乎其神，當邁達斯這樣的國王能點石成金時，人類就會為此不惜兵戎相見，絞盡腦汁。其實，人應讓自己處於優越的地位，而讓金錢處於受我們掌控的地位。

高尚的目標、真誠的奉獻、心智最高層次的發展，教養所帶來的開化，這些都是很多天才取得的結果 —— 他們憑藉簡樸、真誠 —— 靈魂散發出的氣息在舉止上展露無疑，讓我們的聲音更有力量，讓我們的動作更加優雅。這就是一個更為良性社會的出路。

愚蠢之人所擁有的財富，就像是一個骨架，他累積的金錢越多，那麼他所處的位置就越高，他的缺陷就為更多人所熟知。這些難以掩蓋的事實是很難不被別人知道的，鍍金後的庸俗之人可能會覺得自己就是金子。

貝克特主教宣稱自己是英國最富有的人，因為他已經養成了一種將所有能帶給自己快樂的事情視為屬於自己的財富。當代，很多隻追求財富的人都蹲進了監獄。

伊薩克・沃爾頓曾說：「金錢帶來好處的同時，也帶來了許多煩惱。」詹森博士說：「如果一個人一年收入有 600 英鎊，就能過得很好，那麼如果他一年能賺 6,000 英鎊的話，肯定就能比之前快樂 10 倍啊。」但是，現實世界裡富翁們的故事並未遵循這個道理。那些富人們從來都沒有擺脫過內心不滿的心情，這種心情吞噬著他們的快樂與純粹的樂趣 —— 自私與嫉妒、不滿與恐懼、不安、貪婪、操縱一切的欲望，那種「永遠都不夠」

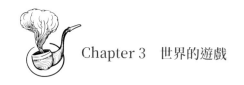

的心態，在他們內心越發膨脹，讓他們的渴望越加強烈，只想著更好地累積財富，放棄了享受人生。

巨大的財富通常帶給我們更多的痛苦，而非樂趣，更多的焦慮，而非平和，更多的不滿，而非知足，更多的紛爭，而非和諧。

「在我極為努力地賺到了第一個 100 美元時，」科莫多爾‧范德比爾特說：「我感覺要比我賺到第一個 100 萬美元還更加快樂與感到富足。那時候，這 100 塊美元能讓我擺脫債務，每一分錢都是靠誠實努力賺來的，我看到了通往成功的道路。」

這個國家裡幾乎每個百萬富翁都會告訴你，他們最滿足最開心的日子是在他們剛剛擺脫貧窮，進入小康生活的那段日子，在他們手頭的錢一點點地累積成一筆財富的時候，在他們第一次感覺到貧窮不再像以前那樣阻礙自己前進的步伐了，看到未來可以有休閒的時光或是自我提升、自我修養的空間，也許還有閒置時間可以去學習與旅行，在他第一次感覺到自己從貧窮中獲得了提升，過上舒適的日子，不再需要像之前那樣勒緊褲袋過日子了，在他第一次意識到自己成為世界上有影響力的人物，他可以買一些圖畫、音樂製品來裝飾自己的家，他的小孩不需要像他過去那樣為了接受教育遭受那麼多的苦，讓孩子們可以更好地活在這個世界上，在他們第一次感覺到自己的圈子在慢慢地拓展與擴大。

「倫敦還有諸如神聖化的財富這樣的東西，」德懷特‧穆迪說，「這對美國來說是非常罕見的。這主要是因為倫敦的大部分家庭都已經習慣了擁有財富的感覺，所以他們能夠臉不紅、氣不喘地擁有財富，財富並不能讓他們的人生產生太大的變化，而只是他們生活中非常平常的事情而已。他們很多人都是出生在中產家庭，他們知道如何使用金錢，就像對待他們所

擁有的其他禮物一樣，但在美國，情況就不一樣了。現在很多富人當年都是非常貧窮的，他們會習慣性地囤積財富。結果，他們擁有過多的財富，這與倫敦這座城市擁有很多富有的男女是有本質上的區別，因為倫敦那些富人會在閒暇時間信奉上帝，為眾人服務。一天，某位繼承了巨大財富的年輕人（他的名字我不願公布），在我們會面的時候，一直抓住馬車夫的馬匹，只為讓馬車夫可以與他一道進行宗教儀式。」

遺憾的是，不是每個人都能那麼富有的。歌德說過：「只有那些懂得財富意義的人才值得富有。」

「一些人天生就擁有一些東西，就能利用他們所得到的東西，而一些人則無法得到。然而，這些擁有的人並不光彩，對他們的品格也是一種打擊，因為他們似乎偷竊了屬於別人的東西。」

幸運的是，人的一生並不在於他所擁有物質的多少來衡量其價值。有人這樣問比亞斯，在你不得不要逃離這個國家的時候，為什麼還不放下你所擁有的財物呢？他回答說：「我要帶上所有的寶物。」雖然他不得不要自己去背。那些自身沒有「財富」的人，並不是真正的富人。

一次，查理斯一世在本·強生生病時，派人送去一筆小錢。強生對前來的信使說：「我猜想，國王派你過來，是因為覺得我可能住在小巷裡，回去告訴他，他的靈魂才住在小巷裡。」

很多人雖住在宮殿裡，但他的靈魂卻住在小巷裡。美國很多富人都到蘇格蘭買地，希望擁有「有鹿奔跑的森林」，這些人將之前生活在此的貧窮人家都趕走了，讓他們失去了土地，只為滿足自己對狩獵的欲望，這些人不是真正的富人。

真正的財富不會讓別人更加貧窮。那些最為富有的人都能在沒有這些

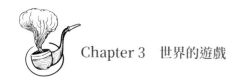

財富的時候，樂見別人取得成功。他們不認為一間農場最好的部分在於什麼名稱，能在不擁有山川的情況下享受大自然，能夠「從溪水中看到書本，從石頭上看到布道，從任何事情上看到美好的事情」。

　　那些最富有的人，能夠融入到這個世界最美好的事情中去，願意為別人服務。那些最富有的人就是讓別人也覺得非常富有的人。要想富有，你必須要有強壯的體魄，學習藝術、科學與文學等方面的知識，認識傑出的人物，擁有一個不會讓你感到羞愧的過去，溫和地對待生活，保持平和的心態。

　　虛榮者的座右銘是「贏得金子，再穿起來」；慷慨大度之人的座右銘是「贏得金子，與人分享」；吝嗇者的座右銘是「贏得金子，囤積起來」；高利貸者的座右銘是「贏得金子，高利貸出」；賭徒或是傻子的座右銘是「贏得金子，把它輸掉」，但是智者的座右銘是「贏得金子，好好使用」，這些話說得多好啊

> 流通的財富就像社會的血液那樣重要，
> 從富人到窮人，從宮殿到茅茨之屋。
> 就像生命之源，緩緩地流動，
> 而一旦因阻滯而停止流動，
> 或是存放在商人的保險箱裡，就會生病
> 疾病會潛伏在血管，融入血液裡，
> 直到最後放棄所有的金錢，
> 那顆貪念過多的心臟，
> 停止了跳動。

Chapter 4
錯誤的位置

如果你找到了自己的位置，你會感到很快樂。你身體的所有
功能都會為你的選擇而歡呼。

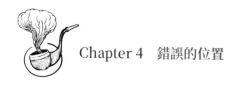

> 我經常重複一點，就是一個人不可能永遠違背自身的天賦與品性。
>
> —— H‧L‧布林維爾
>
> 不要以為不可扭轉的過去，
>
> 就是完全被浪費掉的，或是毫無意義的，
>
> 站在過去的廢墟裡，我們最終可以獲得更為高尚的東西。
>
> —— 朗費羅

「我父親想讓我成為一名牧師，」奧雷‧布爾說「當時我想自己必須要按照父親的意願去做，但在我 8 歲的那年，他給我買了一把小提琴，並安排一名老師教我，因為他說牧師應該要懂點音樂。」

「那天晚上，我無法入睡。躺在床上的我起來了，悄悄窺視那把珍貴的小提琴，那是紅色的小提琴。」數年後，他談到這個故事時說。「那把有著珍珠狀螺絲紋的小提琴像是向我微笑。我用手指輕輕撥弄著，它越發向我微笑。我向它微微鞠躬長時間凝視著它，它似乎在跟我說話，只要輕輕撥弄著琴弦，它會更加高興。所以，我只是再輕輕撥弄了一下，小提琴發出非常悅耳的聲音。一開始，我輕輕地拉，我忘記了這是半夜時分，每個人都已經睡覺了。沒過多久，我感覺父親的手放在我的肩膀上，我紅色的小提琴掉落在地上，砸碎了。為此，我流了不少淚，但這也於事無補。第二天，我找人去修理一下，但依然無法恢復到原先的狀況。」

父親已下了一個堅定的想法，那就是讓奧雷去學習神學，以後去做牧師，於是他聘請了一位非常認真的老師，這位老師經常在責備奧雷前都會虔誠地跪下，祈禱一番。一天早上凌晨四點半，當這位老師將奧雷從床上

拉起來的時候，奧雷終於發怒了，狠狠地揍了他一頓。他的弟弟鼓勵他說：「哥哥，不要放棄，永遠不要放棄自己追求的東西。」

最終，父親終於相信一點，牧師這個職位並不適合奧勒，於是在奧雷18歲那年送他上大學。在奧雷即將上大學的時候，父親苦口婆心地勸告他，不要去學習音樂了，而且禁止他去參加演奏之類的事情，但奧雷根本無法抵抗內心對音樂的激情，他經常幾天裡茶飯不思。最後，父親對他非常不滿，奧雷離開了這個家成為流浪漢。在巴黎的時候，奧雷不幸遭遇了一位假裝是他朋友的人的搶劫。

後來，他來到了威尼斯，整天整夜地在閣樓裡練習演奏，創作協奏曲，晚上對著窗戶拉起了小提琴。

一天晚上，瑪麗布蘭女士原本要去參加演唱，但在獲悉她喜愛的歌手德·貝利奧特 —— 這位與她合唱的歌手，得到的報酬比她少的時候，她拒絕演出。奧雷·布爾從床上爬起來，獨自拉著小提琴。他在窗邊的演奏贏得了一些人的認可，於是，有人向戲院報告了這件事。

這是他人生的一個機會，當劇院派人來找他去演奏的時候，他一夜之間成名了。戲院裡的觀眾在他演奏第一首曲目的時候就紛紛站起來，大聲鼓掌。正是他在年輕時不經意的練習，讓他獲得了這次機會，也讓他能夠成功地把握住這次機會。在面臨機會時，他沒有讓自己出醜，而是理所當然地牢牢抓住。

你的才華就是你人生的呼喚。「我能做什麼呢？」這是我們所處世紀的拷問。最好努力地發揮自己的才華，也不要去裝飾別人。

一位製造掃帚的年輕人覺得自己應該去做一名牧師，於是他向長老會發出一份申請。官方在經過審查之後，覺得最好還是拒絕他。

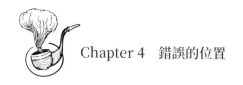

　　做出這個決定的是一位資深的牧師，他經過深思熟慮後說：「我年輕的朋友，每個人都需要從事某項特別的事業去讓他感到榮耀，一些人從事某項職業，而另一些人則從事另一項職業，這是根據主賜予每個人不同的職責去做的。長老教會的人覺得，主希望你透過製造掃帚去讓他感到榮耀。」

　　據說，P・T・巴爾南在找到真正適合自己的工作前，曾做過 14 份完全不同的工作，終於找到了適合自己的工作 —— 馬戲團的老闆。

　　席巴女王曾送給所羅門兩個花環，一個是真實的，另一個則顯得非常真實，即便是智者都無法分清楚兩者的區別，但是，蜜蜂就能立即辨別出來，知道哪一朵花才是真正的花朵，昆蟲的本能比所羅門的智慧還要強大。小孩子的天性通常能讓他們去從事自己想做的職業，違背父母對他們未來的期望。

　　美國有兩位非常著名的外科醫生，他們之所以能成為醫生，是因為他們早年經常的失敗。當不幸來臨的時候，這可能為未來更大的成功鋪平了道路。我們的失敗可能正是因為我們的優勢。米爾頓當小學教師是失敗的，馬里安・西姆斯當商店的小職員是失敗的。

　　伽利略在 17 歲時，進入比薩的大學就讀，當時父母就命令他不能因為對哲學或是文學的喜愛而忽視醫學方面的學習，但在他 18 歲的時候，他透過觀察教堂上搖擺的燈發現了鐘擺原理。

　　威尼斯共和國任命他為帕多瓦大學的數學教授，他在這個位置上做了18 年。他的課非常受歡迎，時常讓學生如痴如醉，因為課堂的空間太小了，經常要到露天的地方講課。想像一下，一節數學課能具有如此魅力！這就好比格萊斯頓這樣的人，擁有一種極其流暢的語言能力，但是如果伽利略去做醫生的話，那對這個世界將是多麼大的損失啊！

約翰‧亞當斯的父親是一位鞋匠，也想努力教兒子這門手藝，他教給兒子一些「訣竅」，讓他在鞋上打三個小洞，然後用一條線串起來，這位日後的大政治家跟著父親有模有樣地學了起來。有一個傳說是這樣的，丁尼生的第一首詩是受到父親的馬車夫的鼓勵而發表的。他的祖父曾給他10 先令，讓他為祖母寫一首哀歌。當祖父將這 10 先令交給年輕的丁尼生時，他說：「拿著。這是你的詩歌賺到的第一筆錢，相信我，這也將是你以詩歌賺到的最後一筆錢。」

當埃斯科因最終發現了自己的位置，便義無反顧地投身到律師行業。要是他依然留在海軍，他可能永遠不為世人所知。在他當選為議員時，他高遠的目標被皮特的冷嘲熱諷與輕蔑的漠視所打擊，他原本想著皮特會給予他鼓勵，但他良好的口才最終還是未能發揮魔力，因為他意識到自己處在一個不適合自身的位置上。

「你是怎麼找到適合自己的位置呢？」著名銀行家喬治‧皮博迪的一位朋友這樣問他。「我並沒有找到它，是它找到我。」

事實上也是如此，即便這個位置選擇了年輕的皮博迪，但要是他沒有準備好，也是不可能勝任的。

在利蘭‧史丹佛還是個孩子的時候，他父親告訴他可以擁有這片土地上的所有木材。他與決定購買木材的鐵路公司達成協議，聘請伐木工，砍掉了價值 2,500 美元的木材。他的天性是從商的，但他無視這種天性，選擇了法學，到威斯康辛州的華盛頓一處偏僻的地方執業。其實，他並不適合法律的學習，幸運的是，一場大火讓他一無所有，所以，他不得不回到加州的兄弟那裡。之後，他開始了商業之旅 —— 他早年的選擇 —— 最終創造了巨大的財富，為人類做出了貢獻。

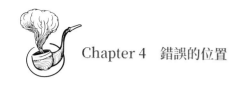

一位擁有期望的父親或母親可能會壓制孩子想要成為機械工的夢想，送他上大學，照著塑造一位誠實、高效的工匠那樣的方式，去教育他。很多孩子的心靈都渴盼更為高級的有趣生活，因為自然已經賜予他們這樣的天賦，最後卻被他們不明事理的父母所扼殺，弄得這些孩子厭惡大學，最終在商店的櫃檯或是會計室裡過著無聊的生活。

富蘭克林覺得為父親裁剪燈芯的工作非常無聊，因為父親在波士頓販賣蠟燭，並且還要負責煮皂。於是，富蘭克林決定像他的一位哥哥那樣出海，他終於離開了費城，後來的事情，全世界人都知道了。

狄更斯是英國最為知名的作家之一，但正是他做演員的失敗，才讓他最終將精力專注於文學創作。

皮特·庫珀在購買一座膠水工廠時，只有 35 歲，之前他已經經商了 9 年，換了六份工作。他製造過馬車，剪過羊毛、當過發明家、做過櫥櫃，後來又開過雜貨店，每次工作都在提升他的能力，直到他最後在膠水工廠裡找到適合自己的位置。他在這個位置上所創造的財富要比之前所有的工作都多。

大衛·李文斯頓專門花了三年時間來學習中文，一心只想著到中國當傳教士，後來因為中國爆發了鴉片戰爭，所以他的希望落空了，中國之行變得不現實了。於是，他想到了前往非洲，將基督交易與文明傳播到當時的文化荒漠。

洛裡的人生並不成功，但他的英勇行為與高尚的品格是這個世界不會忘懷的。克洛斯的人生並不成功，但誰能說他極大的耐心、高尚的精神、卓越的口才與始終如一的品性是毫無意義的呢？奧·科內爾的人生是不成功的，但他身為出色的演說家與著名的愛國者與解放者的名聲是世界人民

不會忘懷的。

　　萊特島上曾有一名男孩，他的心完全專注於大海的風景與海浪的聲音，心靈充溢著浪漫與冒險的東西。他的父母堅持讓他日後做一名裁縫師，並讓他到尼頓這個村子裡一位有名望的商人那裡做學徒。一天，當他聽到軍隊已經登上海島了，這位少年馬上放下手中的針線，走到櫃檯前，與一大群人看著士兵們整齊的軍容。他內心潛藏已久的共鳴感被激發出來了。他跳上一艘船，自己划船到海軍上將的那艘戰艦上，主動申請加入海軍並被接納了。這個男孩就是後來的霍伯森上將，曾在維果戰役裡取得勝利。

　　羅伯特·克萊夫從小就性情狂野，非常愛玩，誰也無法控制或是馴服他，他讓鎮上許多商店老闆都感到頭疼。父親將他看作是流氓，於是就用船將他送到當時正爆發流感的馬德拉斯。羅伯特將手中的筆換成了劍，成為著名的政治家，幫助英國控制了印度。在大英帝國為他的威名喝彩的時候，他的父親簡直不敢相信「波比·克萊夫」這位當年註定要被送上絞架臺上的人竟然會有如此巨大的成就。

　　身為畫家的海頓，是多麼的失敗，多麼的難以抬頭啊！他覺得自己之所以失敗，是因為這個世界沒人賞識與不公。而事實上，他的失敗完全是因為自己選擇了錯誤的位置，他對自己的半途而廢深感失望，因為他對色彩根本沒有一點感覺，但卻始終幻想自己能夠成功一名藝術家。

　　格蘭特在中尉這個位置上失敗了，但身為最高司令，他卻成功了。

　　高爾德身為商店職員、測量員與工程師都是失敗的，之後，他進入鐵路部門，終於找到了自己的長處。當詹姆斯·羅素爾·羅威爾在就讀哈佛大學時寫的詩歌節選被他在羅馬的父親知道後，父親並沒有對此高興，而

是說：「在我離家的時候，詹姆斯向我發誓，他會放棄詩歌，專心學業的。我真希望他不會變得那麼心浮氣躁。」

世界上有一半人都沒有找到適合自己的位置，忍受著無法實現夢想所帶來的痛苦。當每個人都找到屬於自己的位置並且很好地填補這些位置的話，人類的文明就將處於最高潮。

一位非常著名的牧師曾在軍隊擔任過多年的軍官。我的另一位朋友在牧師這個職位上則做得非常糟糕，但卻在醫生這個職業上做得非常出色。

藝術喜好者無法想像假如特恩納一輩子在梅頓做理髮的工作，克勞德·羅蘭繼續做著麵包的工作或是米開朗基羅不違背父母之命，毅然選擇藝術領域的話，那麼藝術世界到底會出現怎樣的現象。

在世界這個人性的大舞臺上，超過一半的年輕人都希望自己能迅速前進，而他們其實應該透過從事農業勞動或是乘坐馬車前進的 —— 當然，違背了天性的他們必然是失敗的。為了追求速度而扭曲自身的天性，這不會讓他們原先的農場逐漸荒廢，讓馬鞍與運貨馬車生銹。

一個沒有身處恰當位置的人，在出海時會被稱為「旱鴨子」，在鄉村會被稱為「倫敦佬」，在商業裡會被稱為「笨蛋」，在娛樂的時候會被稱為「懦夫」。要是他做違背天性的工作，那麼他就是一個「置身霧中的人」、「隨波逐流者」或是被人視為無知與無能的代名詞。

不知有多少屬於「圓形」的男女始終被人誤解、放逐、誹謗或是在平凡中默默地奮鬥，最終因為環境所迫或是父母的不理解最終都無法身處「圓洞」裡！那些找到真正屬於自己的位置的人，是有福的！這些人不應該希求更多的祝福了。

一個身處錯誤位置的人可能勉強糊口，但他會失去所有的活力、能量

與熱情 —— 這些對他就如呼吸那般自然的東西。他可能非常勤奮，但他的工作非常機械，毫不用心。他之所以工作，只是因為他不得不要養家糊口，並不是因為他真的喜歡這份工作。一個身處錯誤位置的人經常看著時鐘，想著自己的薪水。在晚餐時間到來前的兩個小時，他就想著吃飯了。

如果一個人身處適合自己的位置，那麼他會感到快樂、愉悅、充滿力量。每天的日子對他來說都是那麼短暫，所有的能量都在對他的工作表示滿意，對他的工作說聲「好樣的」。那麼，他才是一個真正的人，他尊敬自己，感到非常快樂，因為他所有的力量都是非常自然地展現出來的。他的工作不需要扭曲自身的品格，不需要為農場的發展而違背意願，不需要在鞋匠的板凳上壓抑自身的雄辯的口才，更不需要壓制身體能量的釋放，想像著秋天沉甸甸的收穫，想到受傷的牲畜需要治療，不需要像牧師那樣，讓無趣的布道使教眾紛紛入睡，相反，他可以安靜地享受恬淡的田園生活。

生長在溼地裡的樹木的枝幹顯得碩大，而長在山丘上的同一種類的樹木則更加結實與挺拔。世界上最偉大的人基本上成長在地球的溫帶，因為那裡的氣溫既不太熱也不太冷，氣溫極端的地方很難培養偉人。人類最為優秀的大腦神經與肌肉都是在溫帶上成長的。最優質的木材也基本上是在這一區域上生長的。

人類、動物與植被都與土壤、氣候與環境緊密連繫。同一種類的橡子放在世界不同的地方上栽種，雖然仍會有類似的形態，但其外形會有極大的變化。某些種類的樹種是不適合到另一個地方種植的，因為別處的氣候會影響樹木的生長。人也一樣，他的成長也深受他的出生與環境影響。高山、山谷、小溪、寒冷、酷熱的氣溫這些都對人的性情有所影響，最終會

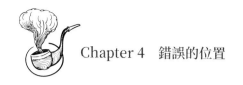

潛移默化地產生改變，這是意志力也無法抵抗的。事實上，人的意志力本身也是受制於環境的影響。

　　無論怎麼努力，人在很大程度上依然是環境的產物，因為人是無法脫離環境生存的。人所處的環境就像一把鑿子，慢慢地雕琢出每個人的人生畫像，留下深刻的印記，每個細節都會改變整個形象。環境會在不知不覺中對我們進行「雕琢」，改變我們的意願與目標。人是社會化的，從內心激發出向外拓展的力量，但必須要受到外在環境的制約。

　　我們可以看到世界上很多人處在錯誤的位置上 —— 一位原本可以做一名成功的醫生卻做了牧師，一位原本可做一名出色的工程師卻做了商店的職員 —— 我們都知道，個人的選擇通常都是這種選擇錯誤的主要原因，每個人都有自己的夢想。當一個人完全依靠自己的判斷進行了錯誤的選擇，在堅持了幾年，他終於發現自己的錯誤，但有時再進行修正已經為時已晚，他可能會心灰意冷，為自己失去了人生成功的機會而感到痛苦。如果一個人知道自己只適合做某項工作，他就會產生一股自信心，去將這件事做的非常成功。現在的問題在於，我該怎麼知道什麼才是屬於自己的呢？其實，這個問題的答案非常簡單，了解自己。

　　富爾勒在伊利諾州的皮奧里亞發表演說時，注意到一位在飯店裡做搬運工的年輕人，覺得此人的能力不只是做搬運工。他將這位年輕人叫到自己的房間，測試後對年輕人說，要是他能接受法學教育，肯定能成為一名優秀的律師。這位年輕人聽從了他的建議，開始學習法律，後來成為芝加哥著名的刑辯律師。

　　這個世界並不要求你成為一名律師、牧師、醫生、農民、科學家或是商人，這個世界不會指定你必須要從事某項工作，但它要求你精通你所做

的工作。如果你在自己的領域內做到最好，那麼世人對你發出讚美，所有的大門都會為你敞開，但世界都會譴責所有敷衍了事、半途而廢與沉淪失敗的人。

每個人對別人來說，都是謎一樣的 —— 一個無法解答的謎團，就像是造物主派來的媒介，身上背負著造物主帶給他的尚未揭祕的使命，讓人為之奮鬥。

當一個人找到了屬於自己的位置，他會感到自如、充滿熱情與心滿意足。當他覺得自在自如的時候，就可以本能地發揮自身的力量。魚兒不會嘗試在陸地上游泳，但在水中的時候，必然會張開魚鰭。那些表情焦慮、一臉沮喪的人無不清楚地告訴我們，他們對所處的位置感到不滿，努力與自身的天性抗爭，希望能實現夢想。

一位農民的孩子錯誤地將自己喜歡談話的熱情視為自己適合當牧師，到現在依然在講臺上做得非常糟糕，一位原本適合做鞋匠的人現在在立法會上依然無所作為，一位原本技術精湛的機械工因為聽到某些演講人說的「有志者事竟成」後，就對原先自己卑微的人生感到不滿意，認為「勤奮能改變所有事情」、「任何事情只要有志向，就能成功」及其他半真半假的話語，放棄了原先的手藝去學習法律，結果卻證明並不適合。

學生在學校裡沒有學會到底自己應該做什麼，這真的很不幸。雖然學校很難去指引每個學生都走上屬於自己的正確道路，但至少可以讓他們避免走上彎路。我們可以根據學生的思維結構去指引他們的思考，引導他們的傾向，指出有哪些事情是不適合他做的。如果一位學生無法計算出某個數值或是畫出某個表格，如果他對機械方面沒有任何天賦，那麼老師就能迅速地斷定，這位學生很難成為一名成功的機械師或是發明家。

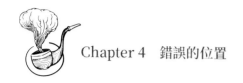

　　如果某位學生對數字不敏感，如果他對自身的問題或是陳述不夠精確的話，那麼教授就可以告訴這位學生，他不適合在數學方面發展，因為他沒有數學方面的思維；如果他富於邏輯思維，但卻在說話的時候無法準確地理清思路，且不願意對事情的產生的原因進行了解，對於細節上一些問題的爭論缺乏足夠的說服力，那麼這位教授就可以清楚地知道，這位學生不適合學習法律；如果某位學生意志不夠堅強或是內心比較敏感，如果他缺乏憐憫之心，對於調查沒有本能的熱愛，如果他缺乏圓滑的技巧，那麼我們就能判斷這位年輕人不適合在物理方面發展。用這樣的方法可以審視我們的性情到底適合什麼職業，那些睿智與友善的老師或教授所給予的人生提示對我們具有重要價值，特別是在我們決定一些人生最大的問題時。

　　一隻被關在籠子裡的老鷹為自己失去自由而感到自卑，牠知道自己的翅膀生來是為了展翅飛翔的，而被關在籠子裡讓牠始終感到羞辱。一旦將牠從籠子裡釋放出來，牠就會再次展開驕傲的翅膀，感受到空氣的力量，一直高飛，直到成為地球與太陽之間的一個黑點。所以，被關在籠子裡的心靈也只有在得到發洩點時才能釋放出能量，讓心靈的「翅膀」自然地飛翔，朝著自己原本要達到的目標振翅高飛。

　　人不可能隨意按照自身的想法去雕琢人生，除非這是他最真實的想法，如果他違背自身意願，那麼結果肯定是很慘。所有符合本性的事情都具有一種天然美，這需要人處在適合自己的位置上。一種花不會嫉妒另一種花的美麗，每朵綻放的花朵都具有一種神聖的美感，在空中飄蕩著的花香，根本不會嫉妒別的花朵的香氣更濃，或是羨慕頭頂上高大的樹木。花朵的「偉大」任務就是要釋放出盡可能多的香氣與綻放美麗。

　　如果我們都能根據自身天性，釋放出能量，那我們就能實現最高的人

生目標。一個年輕人不該問自己是否能成為韋伯斯特、格萊斯頓、林肯或是格蘭特這樣的問題。他應該問自己的是，到底什麼才是最適合我的。然後，他就會發現那個適合自己的位置，要與上面說到的這些人一樣重要。

不知有多少勇敢的心因為受到壓抑而無法動彈，不知有多少人成了「矮子」或是行屍走肉，成了別人的玩物，這是因為他們沒有處在適合自己的位置上，因為他們的無知，不知道如何去找尋適合自己的位置。他們隨波逐流，無法釋放出自身的力量，這點是別人所無能為力的。他們失去信心與勇氣，最終以酒精來麻醉自己，忘記所有的煩惱與失望。

犯罪、自殺及生活中其他的不幸，都是因為那些人從未找到屬於自己的位置。一個身在正確位置上的人基本不會去犯罪。當他發現了自己所歸屬的位置，就會對此感到滿意，覺得自己的能量都得到了釋放，他的目標正在激發出他的所有潛能。他並不會因為自己是農民、擦鞋匠或是學校老師而感到羞愧，他不會因為自己無法成為什麼而感到不滿，他找到了屬於自己的位置，並對此感到驕傲。他可能沒有韋伯斯特或是林肯那樣的能力，但這本身並不會讓他感到羞愧，他知道自己是一個完整意義上的人，意識到自身正在發揮天賦去實現目標，這種想法讓他充滿力量。他知道紫羅蘭與高聳的松樹一樣完美與有必要存在。

有時，年輕人選擇一個職業，是因為覺得這個職業「受人尊敬」，他覺得做這是某個偉人從事過的工作，比如從事法律就會受到人們的尊重。這是一個多麼大的誤解啊！要是他的天性並不適合那些偉人們從事過的職業，那麼他肯定無法達到那樣的高度。他不僅不可能為這個職業增添光彩，更有可能成為同事或是全世界嘲笑的對象。很多人通常只為能夠戴上白色的領帶，就選擇到教會當牧師，或是背上「綠背包」，就覺得這是律

師展現自身的唯一特徵，其實，這些裝束都是基本要求，可能就會讓一些
對法律毫無天賦的人選擇去做律師。

Chapter 5
有始有終

做一名鞋匠並不可恥，但鞋匠做出很爛的鞋，就是一種恥
辱了。

Chapter 5　有始有終

如果你能比鄰居寫一本更好的書，做一場更好的布道演說或是設計出更好的捕鼠器，即便你住在深山裡，依然會有眾多拜訪者。
——愛默生

在小事上認真負責的人必將成為世界的主宰。無論是你在西敏寺作布道演說或是教窮人孩子知識，你都要保持一樣的忠誠度。因為忠於本職就是最大的優勢。
——盧波克

年輕人，不要害怕大流，

不要覺得自己難以揚名，

總會有屬於你的舞臺，

只要你做得夠好。

年輕人，將這個世界想像成一座高山，

看看峰頂在哪裡，

你會發現大部分人都在山腳，

高處總會有足夠的空間。

「哦，這下終於做好了！」一位工人對某位細心觀察的顧客說。「但看起來，你不過是將釘子扭緊了，將螺絲拴緊，多花了一點時間罷了。這又有什麼大的不同呢？」

「我自己知道這其中的不同之處。」工人安靜地回答。「這下才是真的做好的，否則這個東西不會持久的。」

「那你可以換一份工作啊，」那位顧客笑著說，「你這樣與眾不同又有什麼用呢？今天這個時代，沒有人會因此而感激你。」

「內心實在是忍不住這樣做，」工人回答說，「我相信人一定要誠實地

工作，如果我做不到誠實的話，就會為自己感到羞愧。因為，如果我漠視自己的工作，以敷衍的工作去賺取薪水，那麼這與偷竊別人口袋裡的金錢有什麼區別呢？先生，這根本沒什麼區別。我想要對得住自己，想受人尊敬，不管別人是否這樣做。」

「嗯，」那位顧客回答說，「我想說的是，你真是一個傻瓜。世界根本不是像你說的那樣轉動，如果你繼續這樣做的話，肯定會被這個世界所落下的。我的工作規則是，以最少的工作來賺取最多的錢。而我所賺的錢也是你的兩倍。」

「有可能吧。」那位工人果斷地回答，「你可以繼續那樣做下去，而我依然會做好自己的本職工作，即便薪水不高，但我更喜歡自己這樣的方式，因為這要比金錢本身更加重要。」

在工作中不願做到最好，必然會帶來最終的失敗。那些賺取最多金錢的商人、贏得最高聲譽的藝術家、最受全世界讀者喜愛的作家，在他們人生事業的初始階段，都不會想著「只是把事情做完就好」。他們不會只追求把工作做完，而無視工作的品質，更不願意因為品質不高的工作而獲得良好的薪水。他們都知道這樣一個事實，那就是漫不經心地工作對他們的未來產生更加嚴重的後果，這不是眼前的一些物質回報可以彌補的。

每個年輕人都應該被灌輸這樣的觀念：當我們將每件事情做到有始有終，那麼必然會獲得獎賞，也會感到滿足與愉悅。做事堅持到最後的自律有助於我們的提升。

「那些目光只專注於回報，無論這種回報是金錢、地位或是名聲，而不是工作本身的人，」愛默生說，「那麼這都是相當低俗的。」這句話不僅是正確的，而且我們可以毫不誇張地說，那些對任何事情都敷衍了事的

人，肯定也是一個敷衍之人。

　　無論男女，當我們知道自己的工作做的很垃圾，卻拿著優渥的薪水，就會感覺自己是一個小偷，從別人的口袋裡偷取金錢，但是，這樣的一個事實卻是很多人所無法理解的。做事不認真、無視別人的權利，源於我們對人類兄弟情誼缺乏認知，更源於不理解這樣一種觀點：要是我們不能盡到自己的責任，那麼這不僅傷害到他自己，更會傷害他的靈魂，這是金錢所無法去彌補的。

　　「比利・格雷，我告訴你，」一位機械工在受到波士頓一位機械業巨頭的責備後這樣說道，「我無法忍受你這樣跟我說話。我還記得，你以前不過是連隊裡的一名小鼓手而已。」「是的。」格雷先生回答說，「我的確是一名鼓手，難道我不是一名出色的鼓手嗎？我敲的不好嗎？」

　　有始無終的工作根本不算是工作，只不過是廢物，一個半成品而已。我們經常看到小孩子做事只做一半，並且隨著他們年齡的增長繼續「發揚光大」。無論在哪個地方，我們都能發現許多半途而廢的工作。小孩子經常對他們一開始充滿熱情的東西失去了興趣，但要是他們能將一件事情做到最好的話，這將對他們的性格產生重要的影響。比如，一個小男孩早上起來到院子裡挖洞，過了幾分鐘後，他的熱情就消散了，他就想去釣魚了，他很快又對釣魚失去了信心，心想要是能做一隻小船就好了。於是，他又拿起鋸子與小刀，找來幾塊木板，但沒過多久，又覺得自己還是更喜歡玩球，於是，又去做其他事情了。

　　「你是怎麼取得如此巨大成就的？」某人對一位成功人士所取得的成就感到驚訝。「其實沒什麼，我只不過是在某個時段專心做一件事情罷了，然後努力地將這件事情做好。」因此，我希望讀者能明白一點：寫信

給家裡時，永遠不要讓自己的字跡顯得潦草或是模糊，藉口說自己沒時間，這根本不是藉口，你這是在欺騙自己。不要粗心大意地寫著備忘錄，否則五年後，你連自己都讀不懂。對一些自己不大確信的東西，不要那麼急於下定結論，不要相信自己模糊的印象。因為我們所說的膚淺品格就是這樣形成的，那些平時不注重培養將事情做到有始有終習慣的人，肯定只能看到事情的表面。

年輕的雕刻家索瓦森在義大利度過了 9 年的艱苦歲月。根本沒有人想要購買他的雕刻作品，雖然每個人都覺得他雕刻的不錯。他一個人孤零零地留在義大利，非常想家，內心又感到沮喪，於是他準備回到哥本哈根從事原先的木雕工作，因為沒人想要他所雕刻的東西，無論這些雕像多麼漂亮，除非他出名了。因為護照的問題，他延遲了一天。讓他感到震驚的是，英國銀行家湯瑪斯·霍普走進了他的畫室，問他一尊名叫《傑森》的大理石雕像的價格是多少。其實，他之前還雕刻過另一個的，因為沒有人想買，就被他打爛了。「600 西內斯（約合 1,200 美元）」他說，因為他覺得這個人不會購買的。「這點錢太少了，你應該開個大價錢。」說著，這位銀行立即購買了這尊雕像。

這是索瓦森的人生的轉捩點。兩年後，他成為皇家學院的教授。對卓越的追求讓他雕刻了 30 尊維納斯的塑像，最後才終於感到滿意，他總是對第一次的嘗試感到不滿，接著開始第二次嘗試。在他出生地的哥本哈根，一所學院欣賞他的工作，每年給他 500 美元的經費。

23 年前，他離開哥本哈根時，是一個不為人知的窮光蛋，回來的時候，受到了國王、最著名的雕刻家的邀請，成為丹麥的國事參政。

他有很多朋友，但在他挨餓的那幾年，沒有一個人願意幫助他。沃爾

特‧斯科特後來前來拜訪，孟德爾頌也成為他的朋友，甚至當他在畫室裡工作的時候，在一旁為他演奏。索瓦森喜歡自己的工作，忙碌的時候，他甚至會拒絕國王晚宴的邀請。

當一個人克服了前路上的障礙，展現出自力更生的能力，即便有時這會讓那些有志向的天才一時困頓，但這個世界都會準備幫助他們。

只有當我們在小事上做得比別人更好，才能取得成功。

塞繆爾‧摩斯在成為發明電報的名人前，曾在倫敦學習法爾內塞‧赫拉克勒斯的模型圖畫，然後將自己畫的圖畫交給班傑明‧韋斯特審閱。摩斯曾在這幅畫上花費了大量時間，認為自己已經做到最好了，非常想得到韋斯特的表揚，在仔細觀察了他的作品後，韋斯特將這幅畫遞給了他，說：「先生，畫的還不錯，拿回去繼續完成吧。」「但這幅畫已經完成了。」這位年輕人問道。

摩斯看到韋斯特指出的缺陷，於是又花了一個星期去修改這幅畫，然後再將這幅畫交給老師。這一次，韋斯特明顯感到滿意，並讚美了一番，但他還是像上一次那樣將圖畫交給了摩斯，讓他繼續去完成。年輕的摩斯此時接近崩潰。「難道這還沒有完善嗎？」他問道。

於是，他再次將這幅畫帶回家，下定決心一定要讓這幅畫更加完美，當他再次將畫帶給韋斯特看的時候，依然面臨著相同的結果，仍需要繼續完成。「我無法繼續完成了，」摩斯絕望地說，「我已經考驗了你足夠長的時間，」韋斯特說，「你這一次的進步要比之前數十件半成品都要收穫更多。先生，完成這幅畫吧，你將成為一名畫家。」

南方莊園主在內戰爆發前到紐波特參觀，他們乘坐馬車的時候，看見一位面容古怪的人在路邊壘建石牆，這個人除了衣著古怪之外，在堆疊每

一塊磚時的認真與專注吸引了他們的目光。

「你是想在磚石裡找什麼金子嗎？」一位好奇的莊園主問道。「如果不是的話，那你到底在找什麼呢？」「他在找屬於自己的個性，」工人回答說。「每一塊磚石，都像是每個人，擁有某種特性，都具有某種功能，但對其他人來說都是不完美的。那些想要建造一堵品質好的牆的人，就必須要熟悉手中的每一塊磚頭，然後按照最佳的方式將它們壘建起來。」

一位南方莊園主是讀過大學的，他非常反對這位工人的觀點，並且錯誤地引用了洛克的一段話，來支持自己的觀點。這位石磚工人禮貌而自信地糾正了這位「對手」的錯誤，指出他所引用的例子其實是有助於自己觀點的闡述。要是石頭會說話，那麼這位莊園主肯定會更加驚訝的，但他還是不肯接受這樣的事實，因為他覺得馬車上還有女性，在他們面前丟臉這太難堪了。於是，他一次又一次地嘗試使用一些他覺得這位工人無法理解的論據進行辯解，讓這位工人無法回答，但他這樣做無疑是想把沖上岸的海浪又給退回去。在一個知識儲備豐富的工人看來，做人要有一顆誠實的心，講話要有邏輯，這樣才能說服別人。

也許，查理斯·科內爾擁有粗獷的外表，但他卻是一個真正男人，因為他利用好所有閒暇時間，投入到提升自己的工作中去。他的個性與那些接受過教育的富二代相比，就好比高山的清風吹過乾草一樣。之前很多嘲笑過他的人，都開始慢慢尊敬他，在一些重要問題上詢問他的意見，雖然他只是一名工人，生活很簡樸。在他 80 歲去世時，人們發現他在銀行裡的存款加上利息已構成了一筆可觀的財富。對他這樣一位勤奮的人來說，他留給世人的心靈與道德方面的財富更是讓人印象深刻。

在人生早年養成凡事都做到盡善盡美，從不半途而廢或是在將要完成

的時候絕不放棄，堅持一定要完成的習慣，對我們的人生將產生難以估量的重要作用。大自然在造物的時候，讓每一片葉子都顯得那麼完美，甚至讓葉子的肋狀線、邊緣或是根莖都那麼精確與完美，好像一片葉子也要耗時一年才能完成這般造化。即便是山谷小溪邊綻放的花朵，雖然從沒有人見過它的美麗，也在形狀與輪廓上擁有相同的完美與準確度，色彩是那麼的細緻，擁有某種圓滿的美感，似乎這些花原本就該擺放在女王的後花園裡。「凡事有始有終，追求完美」這句話每個年輕人都應該拿來做座右銘的。

羅斯柴爾德的一句名言應該掛在每間教室裡：「只要你下定決心去做的事情，無論失敗多少次，都要繼續做下去。」

兩片玻璃被夾在棉花做的法蘭絨上，裝在一個裡面全是最精緻捲曲頭髮的大箱子，在另一個箱子裡，還有一個小彈簧，用來避震，兩個大箱子被裝在一架特等豪華鐵路列車，有人日夜二十四小時不間斷地看守，直到送到目的地。這些到底是什麼玻璃呢？原來，這是芝加哥大學所需要的40英尺長的天文望遠鏡 —— 所以說，這些玻璃是當今世界上最寶貴的東西。這些閃爍著完美光輝的玻璃也代表著製造者的完美 —— 麻塞諸塞州劍橋的葉里溫·卡拉克。

斯塔拉福德是查理斯一世時期的著名牧師，他的座右銘只有一個字「Through」，意思是「穿越」。本·傑森在他的一齣戲劇裡讓一個人物說出這樣的話：「一旦我以幽默的心去看待一件事情，我就像裁縫手中的指針，一下子都穿過了。」

做一名鞋匠並不可恥，可恥的是，那些做出爛鞋的鞋匠。

傳說，兩位相互競爭的鐵匠發現在一塊巨大的圓石下，藏著一位吝嗇

財主的財寶，須挪開巨石才能取到。他們馬上跑回自己的店裡，準備焊接鐵棍用來撬石頭。其中一名鐵匠因為貪婪，想捷足先登，只花了很少時間在焊接上，也沒有怎麼錘煉鐵棍，雖然是先趕到但因為他之前的準備工作太過匆忙，他的手中的鐵棍顯得非常脆弱，特別是在焊接點上出現裂痕。他感到非常惱怒，氣憤地回到了鑄造廠，想要焊接好斷裂的地方。與此同時，另一位鐵匠則精心細緻地製造，按照布置好的方法，終於撬開了石頭，取走了財寶，歡樂地回家了。

喬治·伊里亞德在他的《中部前進》這首詩歌裡，描述了取自生活中的一幅畫面，他在講述文希逐漸墮落與走向災難的過程時談到，這是從他開始使用那位假裝信仰宗教的同父異母的兄弟推薦的廉價染料開始的。很快，他就發現這些染料使他之前賴以成名的絲綢都變質了。

另一方面，諸如亞當·貝德這樣的人，總是沿著正道前行，追求真理，同時獲得豐富的薪水，最終創造了屬於自己的財富。

一位作家曾說過，即便是最卑微的男女都能過得非常精彩。這是每個人都應該相信的話，特別是像你和我這樣可能沒有特別「優點」與「特色」的人。我應該要有這樣的感覺，就是如果沒有我的工作，那麼這個世界是不大完整的。

喬治·伊里亞德在他的詩歌《絃樂器》裡表達了他這樣的思想。詩歌中的主人公是一位著名小提琴製造者，他的幾把小提琴超過兩百年的歷史，現在的價格大約在 5,000 到 10,000 美元之間，要比同等重量的金子還要昂貴。主人公斯塔拉迪瓦裡斯在詩歌中這樣說道：

「雅典建築師設計的帕臺農神殿的上部建築與下部建築一樣可稱完美，據說，這是因為智慧和技術及工藝女神密涅瓦能夠看到另一面。一位

經驗豐富的雕刻家曾這樣說過，雕刻的背面是不可能被人的眼睛看到的，但女神會看到。」米蘭大教堂上的五千多尊雕像，都是那麼完美，似乎上帝的眼睛在注視著雕刻家。

數百年來，讓世人一直忍不住讚美的人都是那些當年不計勞苦、忍受寂寞的人。比如米開朗基羅這樣的人，雖擁有無與倫比的天才，但還是將自己的成功歸結為不斷學習。

在當他妻子的九年裡，著名畫家歐派的遺孀說，「我從未見他對自己的一幅作品感到滿意過。我經常看見他進入臥室，痛苦地坐在沙發上，大聲地說：『我有生之年，都不可能真正成為一名畫家。』」這是一種高尚的絕望之情，這是很多庸俗的藝術家一輩子都感覺不到的。這種對理想的追求，就像是地平線在他眼前慢慢升起，敦促著他更加努力，直到他在藝術的殿堂裡占據一席之地。

維蘭德花了兩年時間寫了一篇外文的布道演說，但這篇演說是一篇傑作，要比數千篇普通的布道演說都要重要。

法國著名的小說家巴爾札克，有時一個星期只寫一頁的內容。在成名前，他已經寫了 40 本小說，最後才獲得公眾的注意。出名後，他更加認真地對待自己的寫作，不斷重寫，不斷修正，不斷完善，直到他讓每部著作都成為傑作。他要求印刷商在出版前進行數十次的校對，對內容不斷進行增刪。有時，這花費的時間要比創造原作耗費更多的時間。

布馮的《自然研究》耗費了他半個世紀的勞動，在將這本書交給出版商出版前，他已經修改了 18 次。他以一種獨特的方式去創作，在一張大紙上寫作，就好比記帳一樣，每張紙上都有五個不同的類別。第一個類別是寫他的思考，在第二個類別裡，他修改、擴充與完善內容，就這樣一直

進行，直到他到了第五個類別，最後才將自己的勞動成果寫下來，但即便在完成這個過程後，他依然要對每個句子研究 20 遍，他曾為了圓滿結束某一章節，花了 14 個小時去想一個適當的詞語。

莎士比亞正是在重新構建古老戲劇的過程中，發展了自己身為浪漫詩人的才情。拜倫的《慵懶時光》為後來的《柴爾德·哈樂德》做了非常充分的準備。任何事情都有開始、過程與結束。藝術方面的開始很難與結束相提並論。比如，幾乎所有小說作家在他們成名前，都寫過很多並不成功的作品，最後才一炮而紅。大多數畫家也是在畫了很多糟糕的作品後，最終才有所進步，取得成功。正是他們不斷得努力，不斷地訓練，讓自己變得熟練，讓自己的表演越來越出色。最後，高尚的思想自然潛入腦海，成功也就自然而然了。

富蘭克林·法爾班克斯，是著名的法爾班克斯天平的發明者，他宣稱自己可以代替手下所有工人，但無法替代鞋匠的工作。

農民出生的孩子米勒特從古老的家庭《聖經》裡的插畫受到了啟發。與絕大多數的父親不一樣，米勒特的父親告訴兒子說：「畫你喜歡的畫！選擇你喜歡的事業，追隨本心吧。」一開始，米勒特靠幫別人畫路標來賺錢。他曾一度處於饑餓的狀態，甚至不得不賣出六幅圖換來一雙鞋，一幅畫換來一張床。1848 年爆發了可怕的革命，米勒特拒絕為了金錢而賤賣自己的作品，依然在畫作上下功夫，即便他不得不面臨著為了一頓飯都要賣出作品的窘境，但他那舉世聞名的《天使》最後以 1.25 萬美元的價格售出了。在他年輕的時候，他的祖母就曾鼓勵他「一定要為永恆去作畫」。

波士頓有一幢用花崗岩做成的建築，當這幢建築竣工後，被認為是該市最著名的建築。無論從各方面來看，這座花崗岩建造的建築都是那麼的

完美與持久。所以，租用這座建築的人非常多，而建造商對此也是充滿了信心，他們說，即便是將生鉛放在上面都沒關係。但意想不到的事情發生了，就在建築裡裝著一半物品的時候，大樓就發生了倒塌，街道上散落著石塊、碎裂的磚頭與木材、大捆的物品，還有幾個人在這次倒塌中喪生。我們見證了建築的竣工，也見證了它的倒塌。為什麼這麼輕易就倒塌了呢？因為在建造地下室時，那些工程人員為了節省一筆小錢，偷工減料了，最後當大樓越來越高，基石要承受的重量就越大，最終基石無法承受這種重量，就發生了倒塌。只是因為在打基礎的時候節省了數百美元，最終造成了數萬美元的損失，還造成了生命的損失，這是金錢所無法衡量的。

　　位於麻塞諸塞州羅倫斯的彭博頓磨坊在正常運作的時候，卻發生了倒塌，之後出現了大火，125 人被燒死，這完全是工程監管與企業主管疏於管理所犯的嚴重錯誤導致的結果。建築的圓柱在鑄造時就存在缺陷，一面像紙那樣薄，一面則像支架那麼厚。事實上，這些圓柱不應該存在任何裂痕的。導致這些事故出現的原因，是因為工程人員偷工減料。誰也無法承受在打基礎的時候欺騙自己帶來的後果，在建造房屋時也是如此。每個人都必須注重基礎，如果基礎出現缺陷，那麼建築就不可能堅固，隨時都可能倒塌。

　　在橫跨聖路易斯的河流上建造鐵橋的時候，工程人員非常注重橋墩的品質，堅持把打好基礎視為第一要務。潛水箱一直到達水底下的岩石，工程人員潛入水底在第一層的岩石上打孔，然後牢牢綁住。這樣，水底的岩石與潛水箱就連繫在一起，更加牢固，就好比從採石場上挖出一塊堅硬的石頭直接放在那裡。如此，這座大橋才能挺立一百多年。年輕人，將你的基礎打深一點吧，最好紮在河床深處

年輕人，挖，不斷深挖。

在外層的牆壁上牢牢紮根，

讓你的支架更加牢固，讓你的屋頂更高。

無論你建造什麼，都要建好，

一定要建成牢固、抵抗風雨的建築，

遵循良心，不欺騙自己與別人，

因為上帝的眼睛在看著你呢。

讓人生的工作變得輕鬆的祕密，在於每天履行好職責。如果你讓負擔不斷地累積，不去解決的話，那麼這些負擔就會讓你感到沮喪。如果你每天要做 5 件事，那麼對每一天來說，這是相對容易做到的，但如果你不斷推遲，想著可以休息九天，在第十天這一天裡一下子做完 50 件事，那你可能就會吃不消。

如果一位統治者在征服一個國家時，放任敵人的堡壘不去攻克，而是繼續貿然前進，那麼他會發現寸步難行，因為敵後的反抗活動會不斷騷擾他的前進。在對待工作或是商業方面「跳過一些重要的點」，肯定會給我們帶來無盡的煩惱與痛苦。即便一位國王在回首自己年少時虛度的時光，也會感到悔恨。法國國王路易十四世繼任後，發現自己非常無知，而身邊的大臣每個都是學識淵博，於是他非常氣憤地指責自己的監護人，批評他們為什麼不讓自己學習知識，導致現在這般的無知。「難道在楓丹白露的森林裡，沒有足夠多的樺樹嗎？」他大聲質問道。

威廉‧M‧愛華特斯在他準備上大學時，將希臘語版本的《聖經舊約》熟讀於心，所以，一旦別人提問，他就能迅速背出來。我們這個時代最為優秀的幾名學者都可以背誦維吉爾的著作和賀拉斯的著作。

　　哈佛大學入學考試的題目上曾有這樣的指引：在翻譯前，請多讀幾次。這反過來會節省我們的時間。

　　那些學生之所以取得學業上的成功並對知識有著精準的掌握，除了他們堅持學習之外，還在於他們養成了不斷複習的習慣。

　　麥考利爵士在回憶童年時這樣說：「我是個小孩時，就開始認真地閱讀，在讀完每頁時，我都會停下來，強迫自己複述一遍這一頁所說的故事。一開始，我必須要讀上三到四次才能準確地複述。現在，一旦我看完一本書，就能從頭背到最後一頁。」

　　維滕巴赫曾說，不斷實踐對你進步有著難以置信的推進作用，並稱這種實踐必須要非常精準與全面。沒有什麼工作、任務會讓一個年輕人在一天裡不能抽出一點時間去學習。一天花費 15 分鐘去複習自己所學到的知識，這能讓你的學習更有效率，一開始這可能比較枯燥，但僅僅是一開始才會這樣。

　　很多學生懷有這樣的幻想，就是要「占老師的便宜」，他們喜歡曠課，覺得這就是占了老師的便宜。當今時代，很多年輕人就是有這種「認為自己已經全懂了」的膚淺想法。他們的知識水準是那麼的膚淺，以至於別人能一眼看到底。

　　我們這個時代的一個缺陷，就是做事不夠細心，要想找到一位年輕人為自己的工作非常認真地做好準備，這是多麼罕見啊。他們只想接受一點點教育，從書本上學點皮毛知識，然後就開始踏上工作的旅途了。

　　「我們不時需要到國外找尋具有技能的人才，」國會勞工委員會的某位有智慧的成員說。「你是怎麼看待這種情況的呢？」委員會主席問道。「這是因為美國的年輕人對於學習一門手藝普遍抱著一種鄙視的態度。」

在英國，年輕人在正式獨立自立門戶前，都要接受長達 7 年的學徒生涯。所以，你可以寫下這句話當作座右銘：「想學會如何成功地做好工作，需要花費金錢。」

　　「將小事情做好，這其中包含著大道理，」一位商人這樣說，「我手下兩位辦公室小職員，他們的主要職責就是將別人寄來或是送給我的小卡片或是信件遞給我，或是拿給我一些所需要的東西。其中一位職員在送來書本或是其他沉重的物品時，會腳步迅速地走到我的桌前，然後毫無目標地扔在我的桌上。如果他碰巧沒有放在我的位置上，而是隨意放在書桌上的某個角落，他也覺得這似乎沒什麼問題。要是有些東西掉在地板上了，他總是迅速彎下身子去撿起來。如果他有一封信或是一張卡片要送來，他會來到書桌前，站在那裡仔細地檢查，完成了這個步驟，他會朝著我這邊扔過來，然後就走開了。」

　　「而另一位職員總是輕輕地走到我面前，我時常都不知道他的存在。如果他拿來了一本書、墨水瓶或是一箱的信件，他會悄悄地放在桌子上的一角，信件與卡片總是擺得非常整齊，而不是到處亂扔，經常直接放在我的視線可以直接看到的地方。要是他對是否該將信件放在我桌上或是交給辦公室其他人有疑問的話，他總是在找我前想好所有的辦法，而不會煩躁地站在面前問這問那，這個職員知道做好小事的重要性。在新的一年開始時，他得到了 10 美元的獎勵，而第一位職員則被解雇了。」

　　一位年輕人被推薦到紐約市的一個商會，但他在給公司寫的一封信裡，卻將「星期二」寫成了「星期貳」。正因為這種對細節的不重視讓他無法得到那個理想的職位。

　　富蘭克林曾說：「不懂寫字的人，無論在社交或是商業世界裡，始終都將處於劣勢。」

　　在很多方面，美國都領先於其他國家，但在培養每個年輕人細心周到、做事系統、對工作做好充分準備等方面，顯然做得還非常不足。

　　要想找一位不懂得速記的英國記帳員或是一位不懂幾種外語的德國會計是不大可能的，但美國的年輕人並不認為這些只是做好一份工作的本分。一般來說，他們都想著可以在稍稍準備之後，就能迅速上位，要是不能迅速獲得提升，就抱怨自己運氣不佳或是其他方面的原因。

　　加農・法拉爾曾談到英國的年輕人痛苦地抱怨德國人，因為德國職員搶了他們的工作機會。議會裡一位富有的議員告訴他，要是他發廣告說要招聘懂幾門外語並熟悉商業通訊的員工，那麼肯定會有不少符合條件的德國年輕人前來應聘的。他們來英國工作，只是想更好地學習英文。這些德國年輕人通常都會 3 到 4 門外語，而英國的年輕人通常只懂英語。這位議員接著說，下午 6 點下班的鐘聲一敲響，英國員工就馬上從座位上站起來，用力地合上手中的書本，匆忙地離開座位，去進行體育活動或是出外騎自行車，而很多德國職員則會安靜地等一下，靜靜地完成手中的工作，然後才離開。

　　德國人在做事情方面通常都會有所規劃。一般來說，美國年輕人都不會為自己人生的工作做好充分的準備，總是急於求成，想著快點上位，根本不願意耗費幾年時間去為自己的機會做好準備。他們都想著馬上能見到成果。德國年輕人並不會一直在法國或英國人開的商店或是銀行裡工作，他們的目標是到美國打拚一番，因為他們之前長時間接受的訓練足以讓他們具備優勢，讓他們的服務更加具有價值。他們不像我們的年輕人那樣急躁，也不會整天想著上位的事情，他們願意耐心地將手上的工作做好，盡量做好自己的本職工作。

真正想學習商業技能或是去做學徒的美國年輕人太少了。典型的美國年輕人都是做著各種雜七雜八的工作，只要能找到一份工作，就先做著，然後等待著自己的機會。當他們看到機會來了，也不管自己的能力是否足以承接，也不管之前是否接受過相關的培訓，就一股腦地往前衝過去。

　　也許，世界上沒有哪個國家比美國人更加人浮於事的了。技藝不精的泥瓦匠與木匠敷衍地建造房子，然後就賣出去了，有時，在別人入住前，這房子就倒塌了，這還算是幸運的。沒接受過多少培訓的醫學專業的學生就開始在手術臺上「大展拳腳」了，就像一個屠夫那樣「主宰」著他們的病人，這只是因為他們不願意在學校裡接受更加充分的學習，讓自己更有準備。一知半解的律師在處理客戶的案件時屢屢犯錯，讓客戶為他們在法學院裡不好好學習來買單。一知半解的牧師在講臺上大放厥詞，讓臺下的富於智慧與修養的教眾甚為反感。事實上，很多美國年輕人都是這樣的，他們在完全沒有準備好的情況下就硬來，然後卻將失敗歸結為社會的不公。在我們的教育系統裡，沒有比教育學生全面學習更加重要的了。大自然要花上一個世紀的時間才讓玫瑰或是水果處於今天的「完美狀態」，但一個美國年輕人卻想著自己大概學上了幾個月的法學課程或是旁觀了一次重要的手術，或是在聆聽了一兩節有關醫學方面的講座，就覺得自己可以做律師或是到手術臺上挽救別人的生命。

　　我們所遇到的問題，在於我們的腳步邁得太大了，感覺所有事情都處於一種催逼的狀態，自己好像也被別人催趕了一樣。我們遇到的每個人似乎都在趕著一列火車。每個人都以一種狂人的心態去迅速做完一件事。學生匆匆地讀完高中，然後匆匆地讀完大學，真正停下來去選擇做正確事情的人非常少。

　　一位教育家堅稱，培養學生的觀察能力是非常重要的。為此，他做過一個實驗，讓一所學校的學生都參與這個實驗，為老師好好地上一堂課。他讓學生告訴他貓和狗之間的區別。一開始，也許每個學生都會說：「這個太簡單了。」但事實證明，這個並沒有想像中那麼簡單。因為這些學生之前都沒有認真地觀察過這兩種動物間的區別，所以根本都說不出個所以然，只好保持沉默。

　　一位富有名氣的紳士曾身為學者被提名擔任新英格蘭一所大學的教授，但在他的信件裡出現了非常多錯誤的拼寫，所以最後他的提名被撤銷了。

　　在哈佛大學的一次考試裡，很多學生在拼寫「Cyrus」時，出現了 20 多種不同的拼寫，比如有學生寫成了「Cyreus」、「Cyrous」、「Cuyus」、「Scyrus」等。超過七成的學生在拼寫「Too」一詞出現了錯誤。而「Which」與「Whose」則甚至出現了高達 50 到 100 種不同的拼寫，比如出現了「whitch」、「whtch」、「whish」、「wich」還有「who's」、「hoose」、「whouse」，而「Scholar」一詞則出現了 200 種不同的拼寫，比如「skolar」、「scholare」、「skooler」等。

　　還有學生將「bruther」寫成了「brother」，將「by and by」寫成了「bi-meby」，將「dorter」寫成了「daughter」，將「puy」寫成了「pie」。

　　我曾聽到一位年輕女孩說自己已經學習了兩個星期的拉丁文，想要談談自己對拉丁文的「見解」。

　　全面意味著精確。那些從來不敢肯定的人，總是在說「可能這樣吧」、「我想應該是這樣」、「我猜是這樣」或是「我推測是這樣」的人，是不值得信任的。因為他們說話背後的基礎是建立在「流沙」之上的。

做人做事要全面。要全面了解某項工作所需要的知識，裡外上下都要摸透，知道事情的原因與結果，知道所有事情都具有兩面性。在世界上，沒有比美國這個國家更具出現傑出人物的潛質了。在選擇適合發揮自身能力的工作上，一定要小心謹慎，一旦你開始了，就要把「我一定能做好」這句話當作你的座右銘。「堅持到最後」這句話是你永遠都不該忘記的。記住麥考利所說的：「這個世界所贊許的，並不完全是那些勇於嘗試之前沒有人試過的東西，而在於他們將平常的事情做得比別人更好一點。」

習慣性的工作對我們產生巨大的推動作用，也可能起到相反的作用。習慣是一位非常好的僕人，但也是一位專制的主人。如果一個男孩從小就養成了做事敷衍、馬虎了事或是半途而廢的習慣，或是養成了不願意獨立思考、依靠自己的欺騙能力去蒙混過關，那麼這將影響他的一生。他可能上了大學，但他的學習成績不會好，做事也不認真，分數剛好能讓他畢業，或許還要憑藉一些特殊關係才能順利畢業。如果他進入商界，那麼他的交易始終會存在某些缺陷。因為他養成了做事馬虎、缺乏系統與秩序的習慣。他總是不知道自己真正該做什麼，或是該將一件事情做到什麼程度。他總是在犯錯，有時是到銀行遲到了，或是他的文件找不到了。他覺得在小事上認真，是毫無必要的。他看的書太雜，對事情缺乏一個系統的概念，他的檔案從來都不會整理好，桌子上到處都是紙張，整個辦公室瀰漫著一股混亂的味道。這樣的人在生活中肯定是失敗者，讓他的員工士氣低落。每個為他打工的人都會感染這種習慣，知道老闆為人馬虎、不夠仔細與全面，他們很快也會有樣學樣，最後整個企業的各個部門都出現了漏洞。

養成了這樣習慣的男孩，如果不知道如何改正或是做事有始有終，假如他學習醫學，他的知識也肯定存在缺陷，他會迅速診斷病人的病情，在

開處方時犯錯，在抓藥時也會出現抓錯藥的情況。事實上，這樣的人肯定是一個失敗者，因為他在年少時就已經養成了這樣的缺點。

我們一開始向生活投入什麼，其實就是在向我們整個人生投下什麼。很多醫生之所以失去病人的信任，是因為他在醫學院裡學習的時候，沒有足夠用心地學習。他沒有完全了解關於解剖學方面的知識，不知道動脈具體在哪個位置，也不知道如何才能安全地進行手術。他不知道，要是自己手中的手術刀稍微劃一下，那麼病人的生命就可能葬送在自己手上。

如果養成了這樣習慣的男孩當了律師，是不會去充分了解自己所負責的案子。他在文書上總是犯錯，在合同上遺漏字眼，讓顧客遭受沉重損失。他在幫委託人寫遺囑時，顯得那麼笨拙，最後將委託人辛辛苦苦賺來的錢送給了別人。事實上，這種在年少時養成的做事不精確與馬虎的習慣會讓他的一生都無法前行，讓他的名聲遭受損失，給他的顧客帶來無盡的煩惱與損失。

格萊斯頓曾教育自己的子女，無論做任何事情，都要有始有終，無論這些事情顯得多麼無足輕重。

格萊斯頓擁有一種過目不忘的神奇能力，只要將一本書流覽一遍，就能記住這本書的內容。他似乎這樣就能知道作者想要表達的意思，透過抓住關鍵的字眼去辨別作者的意思 —— 正是這種本能讓他迅速抓住了作者寫作的目的，所以他在半個小時內，就能比那些看完每個字的讀者更能清楚這本書的內涵。約瑟夫‧庫克擁有一種從書本中汲取思想的罕見能力，就像蜜蜂從花朵中采蜜一樣。這樣學習方法有點像麥考利的讀書方法。

雖然學會將所有事情都做到最好是極為重要的，但在這個節奏快速的時代裡，這句話其實也只對了一半。一些人將做好小事的原則過分誇大

了，覺得要是一件事情值得去做的話，那就應該做好一點。所以，他們會將很多寶貴時間浪費在瑣碎的事情上，而不是真正專注於他們的工作。換言之，他們分不清重要與不重要之間的區別，他們一視同仁地對待所有事情，在一些無關痛癢的事情上耗費了太多的精力，這樣的人通常在人生道路上也無法前進得太遠，因為他們的時間都被無限的細節所吞噬了，所以說，常識是我們最好的指引。

華盛頓·歐文告訴一位想要跳過溝渠的荷蘭人，向後走三里路，然後全力衝刺，但當荷蘭人準備衝刺時，卻已經累壞了，所以不得不依然在溝渠旁一邊休息，一邊嘆氣。

我們不應該忘記，即時間是所有人生命中最為寶貴的禮物，時間就是金錢。不，它要比金錢更加寶貴，即便是百萬的錢財都不能買回一個瞬間。將重要的事情做好與那種「凡事糾結」的不幸習慣之間存在著巨大的區別，因為前者需要我們專注，而後者則耗費著我們的精力。那些在無關緊要事情上總是浪費精力的人與那些養成了做事懶散與馬虎習慣的人一樣不幸。

「無論我想在人生中做什麼，」一名成功的商人說道，「我都盡心盡力地去做，無論我下決心去做什麼，都會全身心地投入，無論目標是大是小，我總是保持專注。」

緩慢而穩步地前行，這才是真正的人生之道。年輕人，記住這點吧。

Chapter 5　有始有終

Chapter 6
幫助自己融入社會

從低做起與卑微的出生並不是成就偉大事業的障礙。
不要等待你的機會，要去努力創造機會。

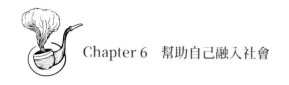

> 要說有什麼信念能夠移動高山的話，那就是對自身能力的信念。
>
> ── 瑪麗・艾本納・艾斯巴克
>
> 我們給予遭受痛苦之人最為真誠的幫助，就是將他內在的潛能全部挖掘出來，這樣他就能自己去肩負這種重擔了。
>
> ── 菲力浦・布魯克斯
>
> 並不是最有才華的人才能獲得最多。平庸之人若是掌握圓滑的技巧，通常都比那些具有才華之人擁有更多。
>
> ── 約瑟夫・庫克

「我們必須立即離開現在的巢穴！」四隻小麻雀在牠們母親剛回巢時驚恐地說道。「我們偷聽到一位農夫說他要請鄰居來砍光這片田野的樹木。」

「哦，這樣子啊。現在還沒什麼危險，不要怕。」母雀說，「我們可以安然地休息。」當牠第二天晚上回巢時，四隻小麻雀又再次驚恐地說：「那位農夫非常氣憤，因為鄰居不肯過來幫忙，所以，他說要明天要請他的親戚過來幫忙。」

「那現在也還沒有什麼危險。」母雀回答說，那天晚上，四隻小麻雀都非常開心。

「沒有什麼消息嗎？」母雀問道。「沒什麼重要的消息。」小麻雀回答說，「那位農夫非常氣憤，因為他的親戚不肯過來幫忙，所以他說明天自己來。」

「今晚，我們必須要離開這裡！」母雀大聲地說，「當一個人決定自己去做一件事並且表示立即去做的時候，那麼你可以確定他必然會去做的。」

自助者，世界都幫助你。證明你可以在沒有別人的幫助下依然可以存活，那麼別人都會過來給予你幫助。

「看見城市街道上的煤氣燈在與風暴與黑暗抗爭了吧！就在那裡！突然不亮了。不是的，你錯了，看看吧，煤氣燈又亮了，而且比之前更亮呢。因為火焰是從裡面燃燒起來的。」

對於身強體壯卻躺在家裡的沙發上優哉游哉地指揮著疲憊的母親與姐姐做事的男孩，除了鄙視之外，還有什麼可說的呢？

俾斯麥在遊玩了一天後，與朋友一起回家。回家路上，他們必須要走過一條很淺的小溪，俾斯麥借助幾塊石頭，很快到了對面，但朋友卻非常不小心，雙腳踩在小溪，卻發現原來是踩在流沙上，不斷地往下陷。他拚命地掙扎想要逃上來卻無濟於事，然後，他大哭，向俾斯麥伸出雙手求救，一副抓狂的樣子。俾斯麥以一種奇怪的方式來拯救朋友：他拿起身上的槍，上好子彈，拉一下槍栓，一臉兇惡的樣子，把槍對準自己的朋友，讓那位可憐的朋友感到萬分驚恐，最後奮力地掙脫到了岸邊。俾斯麥發自內心地大笑，放下手中的槍，向他的朋友說明自己只是想激發他的潛能，以達到救活他的目的。

「你是如何教學生畫畫的呢？」有人這樣問畫家歐派。「正如你如何教學生游泳那樣，讓他們不斷地畫。」他回答說。

《伊索寓言》裡有一則關於「朱比特與馬車夫」的故事同樣說明了這個道理。馬車的車輪陷入泥淖，按照當時希臘道德主義者所刻畫的形象，馬車夫向朱比特求救，這位萬神之神在奧林匹亞的王位上知道後，不讓那些粗魯的人幫助這位車夫，讓他自己去想辦法。那些勇於自己用肩膀將輪子抬起的人，幸運女神是會向他微笑的。

　　「電梯壞了，走樓梯吧！」在紐約一幢高樓裡，一位想要到達頂樓的年輕人在電梯前看到了這樣的告示。他說了幾句不耐煩的話，走了五層樓後，就停下來休息一下。

　　「要是有電梯的話，這一切是多麼方便啊！」他自言自語。「但是，無論怎樣，我的人生裡還沒有發現誰是可以成為自己的『電梯』的。要想到達某個樓層，我就必須要努力攀爬。現在，我想通了，我希望每個人都能想通這一點，因為我們所能攀登的高度，取決於我們對自己的期望。我在情況允許的情況下使用電梯，這樣就可以免於我如此勞累地走樓梯，但我很高興能憑藉自身實力立足於這個社會。」

　　「派一個能游泳的人過來，」西部教堂委員會在信中這樣寫道，「上一位牧師為了去做布道演說，在經過一條小溪時被淹死了。我們不希望接下來的牧師也不會游泳。」

　　P‧T‧巴爾南 13 歲的時候，第一次趕著一群羊從巴特爾來到紐約的牲畜交易市場。大城市的繁華完全改變了他之前的觀念，他身上所有錢都花光了，而且身體還受了一點輕傷。最後，他滿懷恥辱地回到了老家。在他 14 歲那年，父親去世了，只留下一大堆債務。他身無分文，衣服也沒有一件是好的，就這樣，他開始獨自闖世界了。他當時真的窮得叮噹響，甚至還要借別人的衣服出席父親的葬禮。他在村子附近的一家小商店裡找到一份工作，月薪是 6 美元。1827 年，他在布魯克林開了一家小店，第二年，他拿著 120 美元的資本回到老家，開始做起水果與糖果零售生意。成年後，他出版過《自由先鋒報》。1834 年，他回到了紐約，但沒有取得什麼成功。然而，就在第二年，他找到自己真正的興趣。他用 1,000 美元買來了喬伊絲‧赫斯，一位據說已經 160 歲的女黑人，傳說她曾做過喬治‧

華盛頓的護士，當時很多人都在懷疑巴爾南腦子是否有毛病。他在全國各地展出這具屍體，賺了不少錢，直到這位女黑人去世了，他的收入才中斷了。

但他發現自己的才華在於娛樂展示方面，就開始從事到處巡遊的馬戲團業務。1841 年，他幾乎未花多少錢就買下了位於百老匯與安街的美國博物館。「你怎麼有這麼多錢？」他的朋友問道，「展示銅器」，巴爾南回答說。正是憑藉精明的廣告宣傳，所以很多的遊客都來到博物館參觀。他非常精明，在一年後就轉虧為盈了。

當他在國外展示湯姆‧杜恩波時，他遇到了著名的珍妮‧林德，當時她美妙的歌聲讓整個歐洲為之瘋狂。他同意支付她 10.5 萬美元的酬勞及她隨從的費用，但前提是要到美國進行 150 場的演出，他在倫敦存了 18.7 萬美元保證自己的合約。他非常有計劃地宣傳珍妮‧林德，讓她抵達紐約時的盛況堪比所有國王的排場，她第一場在花園城堡開的演唱會的門票收入就高達 1.8 萬美元。

巴爾南為人慷慨，主動要求為這位著名女歌手提供比合約規定的出場費，讓她每場的收入比之前規定的 5,500 美元再多一半，但是，在演唱會進行到 97 場的時候，合約被打破了。門票的總收入為 71.2161 萬美元，其中珍妮獲得 17.6675 萬美元，巴爾南收穫剩餘的 53.5486 萬美元。

巴爾南已經非常富有了，但他依然投資傑羅姆‧克羅克公司，後來這家公司破產了，幾乎將他所有的財富都化為烏有，但他並不是那種容易氣餒的人，因為他的人生已經遭受了太多的挫折，根本不會為眼前的困難而感到沮喪。他償還了所有債務，重新來過。他到歐洲旅行，一邊進行演說，一邊收集奇珍異寶。

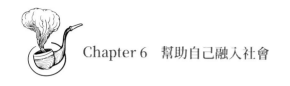

　　他回到了過去的美國博物館，開始了比以往更大規模的展覽。他搜集全世界所有稀奇的動物進行展覽。他為湯姆‧杜恩波找到了一個新娘。這對矮小的夫妻立即吸引了所有人的目光，但意想不到的是，1865 年，美國博物館在一場大火中被燒成灰燼，但這無法阻擋巴爾南的腳步。他在百老匯建立另一座博物館，但三年後，依然遭受了相同的命運。他終於退下來了，開始了「商業成功」與「為人性情」等方面主題的演說。

　　後來，他組織了一場被稱為「地球上最宏大的演出」，獲得了世界性的聲響。其中有世界上最龐大的大象，這是他花了一萬美元從倫敦皇家動物園那裡購買的，然後運到美國，雖然皇室家族與英國的媒體都表示反對，但最後還是成行了 —— 數十萬人見到了這隻大象，這頭大象 1885 年死於一場火車事故，當時牠正在努力讓另一頭大象免於受到傷害。

　　巴爾南曾一度面臨成為酒鬼的危險，但他看到酒精最終會帶給他的毀滅性打擊後，憑藉著不可動搖的意志力，他成為一名戒酒者，他到處巡遊，自費就為人作了數百場演說，他希望自己能夠給予別人一些勸告，不要走自己走過的彎路。

　　一位古代斯堪的納維亞人曾說：「我既不相信神靈也不相信魔鬼，我只相信自己的身體與靈魂。」古代的丁字斧的頂端上刻著這樣的銘言：「要麼我找到一條道路或是創造一條。」這句話適用於所有準備踏上人生征程的年輕人。

　　約翰‧班揚正是憑藉著兩本書與自己的人生閱歷，寫下了全世界為之震撼的偉大著作！

　　當他身處黑暗、潮溼與滿是汙垢的監獄，憑藉著意志力寫下了影響全世界的著作時，這給我們上了多麼精彩的一堂課啊！劍橋大學或是牛津大

學的師生，英國的所有文學作家，或是圖書館裡所有收藏的著作，都無法與這位出生貧窮、遭受鄙視、不為世人所知的補鞋匠相提並論，而且他還身陷囹圄，身上只帶著兩本書 —— 一本是《聖經》，一本是《殉道者書》。

班揚下定決心，不能因為自己被關在監獄裡就浪費時間。他不會坐下來哀嘆自己的命運，詛咒那些迫害他的人，他不會去等待機會的到來，而是要全面利用身為一名犯人所具有的微薄機會去做偉大的事情。

他將手中的兩本書都翻爛了，將自己過往的人生梳理了一遍。身處監獄反而幫了他 —— 他只能靠自己了。因為現實環境所限，他無法到圖書館裡查閱資料，無法向別人詢問建議，他不得不自己尋求答案。他所有的靈感都是自己逼出來的。他不得不鍛鍊自己的肌肉，重新站立起來。

他開始鑽研《聖經》，從中發現了之前從未想到的「珍寶」，《聖經》的內容是多麼豐富並具有美感啊！他感覺自己所處的監獄立即變成了一座宮殿。在心靈深處，他發現在注譯裡可以找到更多的「瑰寶」，找到了人生的希望。

他發現原來自己的想像就是一座寶庫，這對他來說似乎才是真實的世界，畢竟這是他自己想到的，而非身外不能接觸到的東西。這個真實的世界就是主觀的世界。意識到這點後，他的身體似乎洋溢著充滿活力的思想。他越加沉思，就越專注於自己的思想與靈魂的深處，那麼內在的世界就向他呈現出越加壯美的景象。他不僅不覺得自己缺乏寫作的素材，反而覺得想像的內容充溢著罕有的美感，讓他一時難以自持。最後，他發現真正的東西源於內心，而非源於外部世界。

蒸汽機的理論其實很早就存在了，但只有將它從理論上升為現實的應用，蒸汽機才具有價值。研發蒸汽機的故事由一連串充滿耐心、辛勞的探

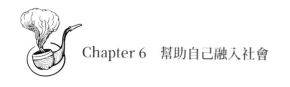

索、克服了難以想像的障礙，最後勝利的篇章組成的。這個過程也可以稱為是人類自我奮鬥的里程碑，這個歷史過程包括了薩維裡、紐科門康沃爾的礦工、達特茅斯的鐵匠、考利的裝玻璃的工人，那個研究引擎、名叫波特的男孩，還有工程師斯密爾頓，當然最為重要的，還是那位最勤奮、最有耐心與堅持到底的詹姆斯・瓦特 —— 這位將數學模型變成現實工具的人。

理查・阿克萊特直到 20 歲的時候才走進學校。

著名雕刻家湯瑪斯・波爾為美化自己的家鄉做出了巨大貢獻，但在年少時，他卻在波士頓的博物館裡打掃衛生。安德魯・傑克遜是貧窮的愛爾蘭移民後代的孩子。

美國當代梵文與古波斯語的一位權威，從小沒有接受過什麼教育，他是在每天推著一輛垃圾車收集 17 個小時的垃圾後，依然自學成才的。

丹尼爾・韋伯斯特曾這樣給自己的孫子寫信：「要是你不努力，永遠也不可能學到知識。世界上最傑出的老師都不可能讓你成為學者，除非你能盡自己最大的努力去學習。」

據說，一些智者能夠掌握 10 種語言。艾利胡・巴里特據說掌握了 40 門語言，而大部分語言是他在鞋匠店裡做完最沉重的工作後學習的。

取得最高成就的人，並非天賦最高或是最有能力的人，而是最為勤勉與最有自律性的人 —— 這些人透過不斷的努力，發揮自身的才能與利用經驗取得了成功。在瓦特那個時代，很多人都比他更有才華，但沒有人能像他那樣數十年如一日地將蒸汽機變成使用的工具。

大學裡的不少年輕人一年的花費超過 5,000 美元，而他們的同學則只花 500 美元。一般來說，那些更為節約的學生通常能成為更加優秀的學

者，在他們畢業後五六年，也會更加富有。一些人之所以能上大學，是因為他們有一個富有的老爸，而其他人上大學則是為了接受良好的教育，願意與貧窮抗爭。

成功在於學生，而不在於大學本身，偉大在於個人，而不在於圖書館，能力在於個人，而不在於別人的幫助。很多人都能從最為平常與艱難的環境裡找尋機會。如果一個人的視野不能超過他所接受的教育，不能擺脫別人的依賴或是幫助，如果他不能比自己接受的教育更加宏大，他很難走向成功，也不能實現偉大的夢想。任何學識或是文化、別人的任何幫助或是機會，都不可能讓人成功，只有個人的努力與堅定的品格才能讓我們走向偉大。

有人說，在美國歷史上，只出現過一次父親身為著名政治家的衣缽能夠傳遞到兒子身上的。那就是約翰·昆西·亞當斯父子。那麼，美國其他總統的子女呢？那些公共人物，比如克雷、韋伯斯特還有那些憑藉口才打動人心的演說家的子女又去做什麼了呢？

相比於他們著名的父親來說，這些名人的子女顯得默默無聞，他們缺乏偉大的目標，失去了前進的動力，不願意為了走向卓越而付出努力。在那些名人的豐碑上，找不到屬於他們的名字。

父親可以給予兒子金錢、影響或是幫忙找一份好的工作，他能讓兒子到一家賺錢的企業裡當合夥人，能幫兒子做許多事情，但他不能讓自己的兒子去取得成功。他的兒子必須要靠自己的能力才能真正成功。依靠別人才能取得成功的人，就像是邁爾斯·斯坦迪奇要自己的朋友約翰·愛爾頓代替自己向普里西拉求婚。每個人都知道，其實是約翰想向那位清教徒的少女求婚，而不是斯坦蒂奇。想依靠別人幫助自己取得成功的年輕人，其實是在冒著極大的風險，因為要是別人可以的話，早就自己取得成功了。

　　每天早上 6 點起來工作，拿起手中的筆開始創作，或是拿起大錘到外面工作，才能慢慢為我們的成功打下基礎。單純盼著運氣，只會不斷哀怨，只有誠實的勞動才能讓我們吹起口哨來。運氣依賴於個人的魅力，而勞動則背靠著我們的品格。運氣會讓我們走向貧窮，而勞動則會讓我們走向獨立。

　　有一個講述某位勤奮年輕人的故事。這位年輕人的月薪是 18 美元，負責將一群牛趕到賓夕法尼亞州產油的地方。他為自己的阿姨打工，後來，阿姨去世了，留給他 200 萬美元的財產，還有每天 2,000 美元的利息，他突然變成了巨富，不知道該怎麼處理這筆錢，於是他決定到處遊玩。

　　除了對之前居住的狹小地方有所了解，他對外面的大千世界沒有什麼概念，於是他雇用了幾個年輕人和他一道，好好享受沿途的風光，順便將這些錢花掉。

　　他到達了俄亥俄州的哥倫比亞後，與一位馬車夫關於費用的問題爭吵起來，最後他決定買下這輛馬車，聘請一位車夫送他到酒店。他租下了酒店的整一層，徹夜飲酒狂歡。

　　第二天，他買下了很多匹馬，聘用一位車夫將這些馬送到城市。當他覺得沒什麼好玩的時候，就把馬車與馬送給了車夫。他從一個城市到另一個城市，花錢的方式讓擦鞋童、酒店人員與侍者都感到不可思議。他不把 500 美元的帳單放在眼裡，每天的花費都要超過 2,000 美元，但是，好景不長啊！這樣奢侈的生活終於突然到了盡頭，最後自食其辱。最後，他沒有錢，沒地方可以遊玩了。在奢侈地生活了兩年後，一位檢察官以他無法償還債務而拘捕了他 —— 這些債務是必須要償還的，任何債券都不能

抵押，所以他無法得到保釋。他的 200 萬身家都無法讓他獲得自由，也無法讓他得到舒適，最終他只有接受一個無法避免的命運 —— 死亡。在他當年月薪只有 18 美元，趕著一群牛到賓州的時候，那時的快樂與之後那種覺得只有有錢就能快樂的心態相比，是多麼的純粹啊。在突然獲得財富後，他反而消沉了，身患疾病，最後迅速墮落，任何人都無法解救他。

之前進入大公司工作，懷著清明的良心，一步步走向合夥人地位的年輕人，勇於娶出生貧寒的女性為妻的年輕人到哪裡去了？那些年少出門闖蕩，臨別時親吻母親額頭，準備到外面成就一番事業的年輕人現在到哪裡去了？勇於拒絕別人遞過來的香煙，因為覺得這「非常昂貴」，不會隨便到劇院裡消遣娛樂，因為他們覺得「那只不過是幾聲嘈雜的聲響而已」的年輕人，現在到哪裡去了？

怎樣才能取得成功呢？年輕人該怎麼讓心中那個燃燒著熊熊火焰的理想，讓自己徹夜難眠、大腦每時每刻為之思考的夢想化為現實呢？遠處閃耀著一扇金門，只要進去了，就到達了夢幻之地，但路途中到處都是陰雲與陰影，讓我們無法看清楚前路的障礙與陷阱，不知道還要翻越多少重高山，涉過多少條河流。那麼，年輕人該怎麼辦呢？他該怎麼贏得這場戰役的勝利呢？他應該向別人找尋建議、幫助或是安慰嗎？

抱有夢想的年輕人還是翻看一下名人傳記吧。過往每個偉大的人物的人生對我們的成功都有一種警醒的作用，讓我們充滿希望。最為成功的人都將夢想視為成功最重要的動力，不斷催促著我們前進，讓我們了解前人所遭受過的困難，並且戰勝困難最終取得勝利。薩繆爾‧羅米利談到法國政治家達蓋爾的自傳對他的影響時說：「這本書極大地激發了我的熱情與夢想，敞開了我走向光榮的想像之門。」羅伯特‧霍爾的人生就像激昂的

鼓聲那樣激勵了很多年輕人。不知有多少年輕人的心深受納爾遜的英雄主義的影響！路德深受約翰·哈斯的影響，成為一名改革者。在偉人們的傳記裡，你能發現那些人是怎樣忍受苦難，追求勝利的。你會明白，那些人是怎樣穿越自我懷疑、危險與痛苦，憑藉著強大的心臟最終實現夢想的。你會知道，那顆熱烈追求的心是如何在不知不覺中取得人生這場戰役的勝利。

　　一開始依賴別人的人，到最後基本上也是依賴別人的人，而發自內心的自主則會讓我們強大起來，但別人的幫助肯定會讓我們變得軟弱。真正讓你學會游泳的，不是那些軟木塞與救生工具，而是你勇於到水中去，搏擊風浪，就像卡修斯與凱撒那樣，練就鋼鐵般的肌肉。你要相信自己。

　　凡事總是向別人尋求建議的人，最終會成為道德上的弱者與智慧上的「侏儒」。這樣的人在內心缺乏自我，根本不相信自己的能力，而總是希望別人能夠幫助自己，替自己解決問題，就這樣，他們最終失去了自我。

　　在龜兔賽跑中，獲勝的並不總是兔子。只有耐得住寂寞、勤奮努力、進取與果斷、對目標抱著不可動搖的人，才能取得偉大的成就。

　　若論天賦的話，沒有幾個人能比上天賜予布羅漢姆爵士更多的才華了。他是才華是全方位的，無論是身為演說家、律師、作家，都能取得不凡的成功。他在法學領域裡獲得了最高的榮譽，成為英國的大臣，被譽為「國王良心的守護者」，但世人有所保留的是，他的成功是否能與坎貝爾爵士相提並論呢？因為後者的成功完全是憑藉自身努力與堅韌取得的，而布羅漢姆似乎只是憑藉自身的天賦就輕而易舉得到了。據說，坎貝爾爵士一開始身處低位，最後才爬上高位，當然這只是從外在的職位來看的，他克服了許多困難才有了今天的成就，這是他憑藉自身努力打拚出來的結果，

而布羅漢姆似乎則完全是憑藉自身的天才。因此，相比於天賦傑出、出身良好的人來說，這個世界似乎更看重那些出身卑微、智力平平，但透過自身努力，不屈不撓的奮鬥取得成功的人。

「天才」一詞被很多人誤解了。約書亞‧雷諾德斯爵士將「天才」一詞定義為「不過是強大的心智偶然專注於一件事上，不過是一種擁有明確方向的努力。沒有它，就不可能成功。」

拿破崙在布里耶納的學校讀書時，在給母親寫的一封信中這樣說道：「我的劍在手，口袋裡裝著荷馬的書，我希望能夠在這個世界闖出一番名堂。」

年輕人總是夢想著遠處渺遠的成功，認為自己出生的環境不可能讓他們取得成功，這些人可以從格蕾絲‧達令的例子中有所啟發。這位年輕女性常年生活在枯燥的地方 —— 海洋中的一座燈塔裡！對這樣一位與父母生活在孤島裡的年輕女性來說，又有什麼成功機會可言呢？但在她的哥哥姐姐都到外面世界裡找尋名聲與財富時，她卻最終獲得了比王子公孫更加響亮的名聲。

格蕾絲並不需要到倫敦去見王公貴族，那些人會大老遠來到燈塔，到她的家去見她，她贏得了讓名流們都羨慕的名聲，而且在歷史上留下了不可磨滅的印記。她沒有到遠方去找尋名聲或是財富，她只是盡到自己的職責而已。

凱利醫生曾說：「無論誰給予我幫助，只要不替代我努力的話，那麼這都將對我有所幫助。我必須要自己去努力。無論追求目標的道路多麼困難，我都要堅持下去，那樣的話，我才能真正感受到成功的樂趣。」

無論在學校還是在家庭裡，通常都會出現這樣的情況，那就是一個孩子被稱讚為非常具有天才，另一個則很笨，但到後來，你會發現那個之前被

人們稱讚為聰明的人墮落了，在貧窮中死去，一輩子默默無聞，但他那很笨的弟弟則慢慢地朝著人生的頂峰走過去，獲得了名聲與榮耀。難道真正屬於他們的，不是只有他們的工作嗎？人都是自己未來的設計者。對每個年輕人來說，都有一些東西是只有勤奮才能獲得的，而天才本身是無法企及的。

讓人感到奇怪的是，多年後，那些曾在學校非常有名氣的學生最終默默無聞，在人生的道路上被別人落下了，這是因為他們覺得自己不需要怎麼努力，而那些覺得自己不能依靠運氣的「傻瓜」則是腳踏實地地工作，最終憑藉自身不懈的努力實現了夢想。

「在格蘭特還是個孩子的時候，沒人覺得他會有什麼成就，」格蘭特的一位老同學這樣說，「誰也不知道他能取得今天這樣的成就，當時他的學習成績只是在中游左右，但他喜歡花時間去閱讀拿破崙的傳記。所以，這大大影響了他的學習，直到老師將他的那本書扔進火爐裡燒掉了。」

諸如尤利西斯·S·格蘭特這樣看上去那麼普通的人，他成名前在這個世界上顯得默默無聞，但最終在世人的記憶裡長存了。在與他打交道的人看來，他身上根本沒有一絲天才的影子。伊利諾州的理查·耶特斯議員說：「他的天才並非流露在表面，也沒有什麼炫目的展現，但這是一種能夠取得成就的天才。當他決心要做好一件事，那麼就一定會做好這件事。除了在對待工作上如此認真之外，他其實就是一個普通人。」

他還是個小孩在家裡工作的時候，他就以自身的無畏、理解力緩慢及某種不可動搖的頑固而聞名。後來到西點軍校學習，他的成績在班上也只是中游而已，離優秀還有一段距離。在墨西哥戰爭中，他也只不過是一名上尉，也沒有展現出很強的軍事能力。

他在位於聖路易斯附近的農場裡辛勤勞動，養家糊口。後來，他經商

也沒有取得成功，但就在此時，內戰爆發了，他本性中所有潛能都被激發了。他再次披上戎裝走上戰場，沒有為自己之前未得到公眾的賞識而有所抱怨。在戰爭中，他不斷得到擢升，直到後來他的手中掌握著美國的命運。他以勝利者的姿態結束了這場戰爭，成為總統，後來又得到了連任。按照上世紀的標準來看，他是那個時代美國英雄的典型人物。

但是，格蘭特將軍所取得的成就，不過是他具有常識、冷靜的頭腦、富於耐心與不斷進取的心靈、真實的心、英勇無畏的堅持，直到最後實現目標所達到的結果。對自己不熟悉的事情，他不會去做，而當他一旦去做一件事，就會堅持到底，直到最後順利完成這件事情，即便這需要「整個夏天」的時間。

正是這樣一位西點軍校畢業的學生，在全班 39 人中排名 21 名的人，最後超過了麥克萊倫，征服了李將軍，這兩人都曾是他所在班級中排名前兩位的學生。

在巴鮑德女士寫的一篇故事裡，講到魏斯曼從夏季假期回來後，收到了一位父親懇請他教育自己兒子的信件。這封信是這樣寫的：

先生：

我將兒子薩繆爾送到你這裡。我希望你能好好培養他，希望能夠挖掘他身上的潛能。他現在 11 歲，除了勉強會閱讀之外，什麼都不會，我們嘗試過很多方法去教育他，但收效甚微。如果他身上有什麼天賦的話，那肯定是還沒有流露出來，但我相信你有足夠的經驗與能力，肯定能因材施教，發現我兒子身上的閃光點。

你忠誠的奴僕

亨弗里·亞克里斯

「這對我來說是個考驗啊！」魏斯曼對助手說，「一個不知道自己天才在哪裡的少年。也許我的朋友亞克里斯認為一個天才在知道自己天賦之前，就會自然展現出來吧。」

薩繆爾・亞克里斯低著頭站在那裡，似乎等待被揍一頓。「來這裡吧。」魏斯曼說，「站在我身邊，沒必要感到害怕啊。你今年多大了？」「先生，今年5月份就11歲了。」「就你的年齡來說，長得挺結實的。我敢說，你很喜歡玩，是吧？」「是的，先生。」薩繆爾回答說。

「你在雕刻方面有一手嗎？」「是的，先生。」「我想，你會紡紗並且會用鐵環卷起來，是吧？」「是的，先生。」「你會寫字嗎？」「先生，我會一點，但我放棄了。」「為什麼呢？」「因為我不會寫信。」「不會嗎？為什麼？那你覺得其他學生是怎麼做到的呢？他們比你多幾根手指嗎？」「不是的，先生。」

「你會雕刻，為什麼就不會寫字呢？」薩繆爾保持沉默。「讓我看看你的手，」魏斯曼說，「從你的手上，我沒有看到任何阻擋你像其他學生那樣寫字的障礙啊！我猜你會閱讀，是吧？」「是的，先生。」「那告訴我，在那間教室門上寫著什麼字？」薩繆爾有點猶豫，然後讀起來：「前人所做的事情，我都能做到。」

「你是怎麼學習閱讀的呢？難道學習閱讀不費力嗎？」「是的，先生，挺費力的。」「嗯，要是你更加用功的話，你的閱讀能力會更好。你知道算術方面的知識嗎？」「先生，我只會加法。其他的就沒學了。」「為什麼呢？」「先生，因為我不會。」「兩分錢能買多少塊磚頭？」「12塊新磚頭，先生。」「那麼一分錢能買多少塊磚頭？」「6塊。」「那4分錢能買多少塊呢？」「24塊磚頭。」

「如果你一天能賺兩分錢，那一個星期能賺多少錢呢？」「14 分錢。」「但如果你花了 4 分錢，還剩下多少錢呢？」薩繆爾算了一會，然後回答說：「還剩 10 分錢。」「正確。你看，你已經在運用算術的四種運算方式了 —— 加法、減法、乘法、除法。我知道你有能力做什麼了。我會讓你做你會做的事情，但你必須要做。我們這裡沒有『我做不到』這樣的字眼。」

薩繆爾走開了，對老師這場測試的結束感到開心，內心感到了前所未有的自信。第二天，他開始覺得自己能夠學好知識。在這所學校裡，每個角落都瀰漫著一種「我要試試看」的氣氛。薩繆爾非常認真地學習，取得了很大的進步。老師很快就給他的父親亨弗裡‧亞克里斯寫信了。

先生：

現在我覺得是時候該就你的兒子給你一些回饋了。也許，你早希望我給你寫信告訴你了，但我總是不希望過早地下結論。你上次在信中提到你沒有發現自己兒子的天賦在哪裡。如果你所說的天賦，是指心靈中某種讓人可以成功做到某項工作的能力，讓他可以在不需要努力或是學習就能取得成就的話，那我可以直接告訴你，在我所教過的學生中，也只有三到四個學生可以說是有這樣的天賦。我可以說，你的兒子不在這三四個學生之列，但如果你所說的天賦只是一個人在經過某種學習後，將事情做得更好的話，那我可以說，你的兒子在這方面沒有什麼缺陷，無論你想將他培養成一名商人或是學者，我覺得他都有這樣的潛力，只要給他足夠的時間與教育，他都是有希望的。

先生，我最喜歡的一句格言是，人生中那些最為寶貴的東西，通常都是我們耗費精力、忍受痛苦後才得到的。你的兒子之前已經在找尋自己所

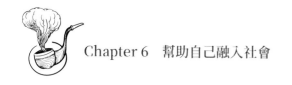

謂天賦的過程中浪費了太多時間。先生，相信我，真正能隨心所欲地發揮自身天賦的孩子是極其罕見的。我會專心教育你的孩子，不會讓他再隨便浪費時間，培養他的興趣點，而我肯定，他能找到自己的興趣點的。

尊敬您的

索倫・魏斯曼

　　後來，薩繆爾選擇了一份似乎符合他的性情與才能的工作，雖然他對此沒有什麼特別的天賦，但他從來不這樣想。他認真地工作，成為受人尊敬的人物，獲得了世人的認可，雖然他不是那麼有天賦。

　　也許，對年輕人來說，沒有比這樣一種觀點更加遭受他們的誤解了，即在人生裡，要想取得非凡的成就，沒有超人的天賦是不可能的。對那些缺乏能量的人來說，他們都不相信自己可以在歷史上留名，覺得自己不可能被後人所敬仰，但事實上，很多在歷史上有所成就的人，都是能力平平、沒有很高天賦的人，最終反而比那些只具有天賦的人走得更遠。

　　這個世界的歷史並不會讓那些能力平凡之人感到沮喪。我們要是在日常的工作裡能夠展現自身平凡的能力，這本身就是一種勝利。

　　社會需要的很多人都並不具備什麼特殊的天賦。要是我們平常養成了一些良好的習慣，就足以讓我們在本職工作中做得非常出色，甚至要獲得比那些頗具天賦但不認真工作的人更多的榮譽。除此之外，要想在這個世界取得成功，真正起到決定作用的，並不是我們在智力上有什麼優勢，而在於我們是否完全適合自己手頭上的工作。一位智力平平的人要是在適合自己的崗位上工作，可能要取得比那些智力高的人更大的成就，給世人留下更加深刻的印象，因為他的脾性更加適合這份工作的需求。很多所謂天才在廉價地出賣著才華，與其他人相比反而顯得卑微。無論從事什麼行

業，要想獲得最高的榮譽，就要全身心地投入到工作中去，保持專注的態度，不讓自己分心，始終如一努力地實現目標。

那些因為覺得自己沒有林肯、格蘭特或是舒穆納等人那樣的天才，而放棄最大化地挖掘自身潛能的年輕人，是多麼的愚蠢啊！正如芥菜的種子、蘋果的種子、葡萄的種子、小麥的種子或是花朵的種子，要是它們都覺得，若不能長成像橡樹或是松樹那樣高大，就拒絕生根發芽或綻放美麗的話，這個世界將會怎樣。每個靈魂就像一粒種子，它不知道自己會長成怎樣的樹木，也不知道自己會結出怎樣的花朵，但它的職責就是盡可能地接近陽光，讓雨露滋潤它，不斷生根發芽，舒展枝葉，綻放花朵，收穫果實。我們要指責的不是種子本身，而是指責它不願意面對陽光、雨露，不去努力地發揮自身所具有的潛能。

紫羅蘭與生長在加州比普通花朵高數百尺的松木一樣，都是大自然偉大造化的結果。要是我們教育年輕人說，你可以成為你想成為的人，這是非常愚蠢的做法。這就好比告訴芥菜的種子，你有潛力會長得跟橡樹一樣高。一個年輕人不可能超越他內在潛能的極限，但他能讓自己免於被矮化、單向發展或是無法挖掘自身潛能的結果。對他來說，真正重要的不是他要成為什麼，而是要成為自己本該成為的人。

即便沒有接受過教育，沒有老師指點，沒有書本、沒有朋友；即便是在受人鄙視的崗位上工作；即便貧窮與不佳的身體、耳聾或是失明；即便是饑餓、寒冷、疲乏、擔憂或是心靈的疾病逆境，這些都不能阻擋一個人去自學。若是你決定去學習的話，你怎麼會做不到呢？你學不會寫字嗎？你忘記了語言學家穆雷了嗎？他把石南花的根莖削尖後放在火上烤，做成一支筆，然後在一本早就破爛的本子上練字。是英文語法嗎？你忘記了科波特了嗎？他在日薪只有六分錢的時候，在冬天沒有油燈，只能靠生火來

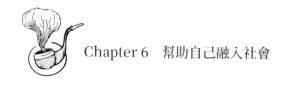

讀書，他若花了一分錢買筆或紙，就要節省食物方面的消費，以致經常處於饑餓的狀態。難道你沒有錢去買書本嗎？你忘記默莫爾了嗎？他曾借來牛頓的《自然原理》，然後自己重抄了一遍。你學不會乘法口訣嗎？記住比杜爾，那個極為貧窮的孩子，後來享譽世界的人，他為了學習乘法，曾經用了 100 萬顆豌豆的豆子、碎片還有芽根。是學不會音樂嗎？記住瓦特吧，這個改良蒸汽機，之前從沒有接觸過音樂的人，他在決定製造風琴的時候，學會了如何和聲。

自助讓人在這個世界上創造奇蹟。不知有多少年輕人之所以停滯不前、無法實現目標，就是因為他們一開始在沒有資本的情況下，等待著別人來拯救自己，希望好運氣能拉自己一把，但是，成功就是不斷努力與堅持的結果。成功是無法哄騙或是賄賂的，只要你付出足夠的代價就能擁有它。

對於總是一味抱怨自己時運不佳，說什麼要是自己的運氣更好一些，他們肯定能夠收穫更大的成就的年輕人，我們總是不抱太大的希望。

如果你想獲取知識，就要去學習，如果你想要獲得食物，你就要去找尋，如果你想要獲得樂趣，你也要去找尋，找尋才是我們成功的法則。娛樂源於我們努力地找尋，不在於自我放縱與沉溺。當我們開始熱愛自己的工作時，才能擁有幸福的人生。

在我們為爭取自身所沒有的東西進行絕望的抗爭時，我們的潛能得到了最大的發展，我們能夠做出最好的工作。

書本與演說可能會喚醒你的潛能，也許它們就像是路牌一樣指示，你不會往歧路的方向走，但他們無法代替你往前哪怕是走一步。屬於你的路程，只能是你一個人走下去。

「心智是一個人的光榮。」丹尼爾·維斯說，「任何財富都沒有擁有經過培養的高情操對我們所產生的影響。財富、出身、官銜可能讓你獲得外在的榮耀，或是別人表面上的尊敬，但這些東西永遠也不可能贏得別人發自內心的尊敬。只有擁有寬大與高尚靈魂的人，擁有正直的心與良好心智的人，才能贏得人們發自肺腑的尊敬。」

「但為什麼那麼多一開始充滿了希望，盼望能將自己的目標變成像彩虹那麼絢麗的人，最終卻默默無聞呢？這個問題的答案是非常明顯的：他們不願意為了取得成功而付出足夠的代價。無論他們在追求某項事業上有多大天賦，要是不去努力地為之追求，都是不可能成功的。

「正如奔騰的河流，在巨浪中驕傲翻滾，這一切都要歸功於山間潺潺流淌的清泉。同理，具有廣泛影響力的名人很多是出身貧寒，但他們下定決心要提升自己的水準。提升自我修養的無形『清泉』正是我們取得取得偉大成就的泉源。

「年輕人，遠離那些自我感覺良好的美夢吧，除非你能像找尋隱藏的金子那樣去找尋知識！記住，每個人背後都有一種追求卓越的潛能，只要他願意的話，都是可以找到的。也許，你被世人稱之為『窮人』，但這有什麼關係呢？現在那些家喻戶曉的人基本上都是從貧窮中打拚出來的。庫克船長，這位環遊世界的人，出生在草屋裡，從小在農場裡工作，慢慢地開始自己輝煌的人生。

「愛爾頓爵士曾在英國國會擔任了半個世紀的議員，是一位煤礦商人的兒子。富蘭克林，這位哲學家、外交家與政治家，只是一位貧窮印刷工的兒子，他曾經最大的奢侈就是在賓夕法尼亞州的大街上吃了卷心。這些人都知道環境所帶來的制約，但他們都用自己的行動證明了，在通往成功

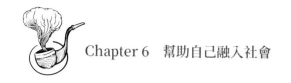

的道路上，貧窮並不是不可以克服的。

「年輕人，起來吧，提升自己的修養吧！讓你的休閒時間獲得更好的回報。這些時間就像寶貴的金沙，要是能夠恰當利用的話，就會讓你獲得豐富的思想寶庫 —— 這些思想會讓你覺得充實，刺激著你前進，拓展你的靈魂。」

不要相信懶散之人所說的「一時衝動」。如果你想在人生的道路上獲得勝利，就必須要走上賽道，勇於和別人競爭。

世人都在吶喊：「那個拯救我們的人到哪裡去了？我們想要一個真正的人！」不要到遠處找這樣一個人，你身邊就有這樣一個人。這個人 —— 就是你，就是我，是我們每個人……

Chapter 7
我願意

你會找到方法的，殺出一條血路。
世界總會為那些有志氣的年輕人讓路。

Chapter 7　我願意

> 要是我們覺得自己可以做到，那基本上就可以做到。要是覺得可以實現目標，那我們就成功了一半。因此，堅定的信念通常會讓我們擁有上帝般全能的力量。
>
> —— 斯邁爾斯

> 每個人都會給自己烙下某種價值，
> 我們所追求的價值自然會回饋回來。
> 人是偉大還是渺小，取決於他自身的意願。
>
> —— 席勒

那些不顧一切，不怕失敗的人，

其實並沒有失敗，

世界總是為那些有理想的人讓路。

「太年輕了！」外科醫生莫蘭在看到司令官佩里在視察時心中想。這位年輕人站在「尼亞格拉」號的艦長後面，眼神透出不安。「他要怎樣做才能抵抗特拉法加那位經驗豐富的艦長哈利奧特‧巴克萊呢？」

這是克林頓‧羅斯寫得關於某場戰役的一個節錄，這段描述顯示了年輕的指揮官在想辦法去創造機會。

佩里看見遠處「羅倫斯」號拉緊的索具，看到船頂上飛著一隻老鷹。在看到六艘白色的英國戰船上鼓鼓的帆布，這些戰船裝載著 63 門火炮，船員有 502 人，其中 150 人來自皇家海軍，而 240 名士兵中大部分都是普通士兵。

他看見 9 艘由不結實的木頭做成的小船隻，思緒馬上飄到了幾個星期前在附近森林所看到的場景，想到了他們只有 54 門火炮，以及手下 490

人中，有 116 人因為各種疾病，其實並不適合作戰。在這些人當中，只有 125 人是普通士兵，其他人都是森林裡的居民、黑人以及印第安人。當他看到了之前曾在「憲法」號軍艦作戰的士兵流露出堅定的眼神與自信的表情時，那隻老鷹再次從他的視線中出現，朝一面旗幟飛過去了。他以愉悅的口氣說：「揚帆吧！」

「遵命，長官！」他的部下大聲回答。藍色索具的白帆漸漸升到了桅頂上。「不要放棄這艘船！」士兵們的吼聲在船裡內迴盪。

莫蘭很快被叫到了木屋，在那裡在努力地打包許多文件。「莫蘭，這是政府的檔案，」佩里說，「我想我們將度過一個艱難的時期，你也會非常地忙碌，但你最適合保存這封信，這是我妻子寫來的信。」他接著說，將這些檔案都撕開，然後扔了。「我不關心自己的這些私人訊息，但要是戰局對我們不利，我一定會將這些東西綁起來，然後沉到海裡。」

「長官，我幫你保管。」莫蘭說，「這對我來說很重要。」佩里說，「那些人不知道，要是我們失利的話，他們將要重回過去法國殖民時期那種古老的思想了，加拿大將會擴張到墨西哥灣。」

「那樣的話，美國的疆域將會在俄亥俄州止步了，」莫蘭接著說，「但他們不能阻擋我們。」

「是的，敵人不能阻擋我們。」佩里說。

這位水手長的口哨不久前已經被送到總部了，現在英國的戰船「底特律」號已經發出了軍號，其中包括「大英帝國統治」號都已經前來作戰了，我們唯一的回應就是讓水手長再次吹響他的口哨。

湖面上響起了第一聲槍響，接著炮聲越來越密集。「底特律」號、「夏洛特女王」號與「普利沃斯特女士」號的炮火越來越猛，「羅倫斯」號遭受

重創，圓杆折斷了，繩索被打斷，綠色的橡樹與栗子樹都被猛烈的炮火炸毀了，炮彈接二連三地呼嘯襲來，遠處敵軍的士兵在高聲歡呼。我們的戰船上到處流淌著鮮血，受傷的士兵在哀嚎，還有很多士兵已經陣亡了。

「醫生，我們人手不夠了！」佩里的聲音還是那麼冷靜並富有力量，「多叫幾名醫生過來。」

莫蘭一言不發，走到布朗跟前。

「布朗受傷了。」莫蘭回答說。「那再叫其他人。」五分鐘後，「再叫一個。」圓杆都被打掉了，甲板開始出現裂縫，鮮血從那些受傷與陣亡的士兵身上流淌下來。

「但誰去照顧這些受傷的夥伴呢？」

「還有幾個醫生？」

「兩個醫生，還有 50 多個人需要治療。」

「傷者中有人能夠幫你的嗎？」

「長官，他們都深受重傷。」

一位受傷的納拉干族的印第安人突然匍匐著爬了過來，就在此時，一枚炮彈剛好落在他身上，這位印第安人被炸到船的一角，血肉模糊。

「過來這裡。」

「莫蘭，走吧。」亞瑟低聲說，接著他也走過去了。

「這裡 —— 那門炮在這裡。」負責航向的中士泰勒沿著甲板匍匐前進，一邊說。

皮埃爾牧師、普爾色牧師與醫生莫蘭之前都接受發射炮彈的練習。此時，傳來了那一聲冷靜與堅強的聲音。

「你們不需要這樣做，這是我們最後一門炮了。」

他們站起來，莫蘭悲傷地看著藍色的旗幟。

「是的，」佩里冷靜地說，「就是那艘船，但那不是我們打擊的重點。楊內爾，放下一條小船。」

「你要離開我們嗎？」莫蘭驚訝地問道。

「為了尼亞格拉，」佩里指著濃煙背後即將趕來的船隻說。

「但是『羅倫斯』號呢？」這個反問沒有得到回答，雖然佩里的嘴唇顫動了一下，但還是堅定了自己決定。

「船長，你看那面旗幟。」傳來一個微弱的聲音。

「我們將把那面旗幟帶到其他船上去。」佩里回答說，一位受傷的中尉流下了傷心的淚水。

「楊內爾，我們必須要取勝。」佩里說，接著把手重重地放在中尉的肩膀上，「『羅倫斯』這艘船怎樣？」

「船長，我會誓死保衛這艘船的，」楊內爾站起來，透過眼淚與鮮血，微笑著說。

「我要把這些檔案投入大海嗎？」莫蘭問道。

「是的，要是有必要的話，你要那樣做。」佩里大聲回答。很快一艘藍色的小船就下水了，佩里把藍色的三角旗放在船尾，他的兄弟們在他身邊，四個強壯的小夥子在搖著槳，消失在硫磺色的霧氣裡。

「羅倫斯」號上的星條旗很快就倒下了，「底特律」號上傳來陣陣歡呼聲，但這激發了士兵們投入戰鬥的決心。在「夏洛特女王」號與「底特律」號即將撞擊「尼亞格拉」號前，佩里適時命令「尼亞格拉」號升起中帆，

搜索遠近兩艘被攻擊過的戰船。乘著讓人振奮的微風，他命令對「普利沃斯特女士」號及「亨特」號發動進攻，很快，敵艦的軍官就在船尾處掛起了投降的白旗。受到「尼亞格拉」號的勝利的鼓舞，美軍的「卡拉多尼亞」號、「艾麗婭」號、「索莫爾斯」號、「斯科皮恩」號及「坡庫派」號軍艦都紛紛上前，「底特律」號及「夏洛特女王」號掛起了白旗。美軍的炮聲與士兵們的歡呼聲互相呼應。楊內爾臉上洋溢著紅光，他知道戰局已經發生了扭轉，於是他揚起了「羅倫斯」號上的星條旗。甚至連「突擊隊員」派克曼 —— 這一經常被人嘲笑的人，此時都上前迎來，湯姆・布朗尼爾粗糙的臉上洋溢著熱情的光芒。

「船長回來了，船長回來了！」一位受傷的士兵突然大聲叫道。船上的碎片在默默迎接著他。再次登上船，他看到很多士兵都已經血肉模糊，肢體四散，加農炮已經被打爛了，船體受損，甲板上到處都是窟窿，還有被燒黑的木材。

「年輕人，將『羅倫斯』號之前的藍色旗幟掛上來！」佩里大聲命令道，「我們放棄它，是因為要取得戰鬥的勝利！」

「當我們要棄船的時候，我忘記了扔掉了那個小袋子，」莫蘭突然哭了起來，他忘記了之前的承諾。

「真的嗎？」佩里嚴肅地說，「但是這艘船不是還在嗎？所以，我原諒你了。」

英國戰船上被俘虜的軍官驚訝地看著他們的戰船所遭受的重創，然後到「羅倫斯」號向佩里遞交寶劍，以示投降。佩里大方地返還給他們。當他們看到星條旗與藍色的旗幟一同飄揚在船頭上，他們驚訝地發現這位年輕的軍官竟然就是征服他們的人。

只要想像一下，長達三個小時的戰役最為關鍵的部分只持續了 8 分鐘！這是多麼大的逆轉啊！佩里發給哈里森的電報非常簡短，卻充滿了力量。

「我們與敵軍相遇，我們俘獲了他們：兩艘船、兩艘雙桅帆船、一艘縱帆船，還有一艘單桅帆船。」

太年輕了？

光榮與我們身上的灰塵多麼近啊！
人離上帝有多麼的近啊！
當責任低聲地說「你必須要做」，
年輕人回答說：「我能！」

「他是一個真正的男人！」喬治·里帕德這樣評價安德魯·傑克遜。「我清楚記得去拜訪他的那一天。他坐在那張靠背的椅子上 —— 我能從他的臉上依然看出一名武士堅毅的表情，一頭白髮，即便到現在，印象依然是那麼的清晰。」

「我們告訴他現在公眾普遍存在不滿的情緒 —— 製造業已經接近崩潰，製造商的手臂上都纏上了黑紗，在獨立廣場上聚集了超過兩萬多人。傑克遜靜靜地聽著我們說話。」

「我們懇求他放鬆對銀行的監管，挽救費城地方銀行。他依然沒有說一句話。最後，我們之中一個人的情緒要比其他人更為激動，威脅傑克遜說，要是銀行都倒閉的話，那麼整個國家將陷入徹底的混亂。」

「此時，年老的傑克遜從椅子上站起來 —— 我能清楚地看到他的眼神。『來！』他以洪亮的聲音喊道，右手緊緊握著椅子，整理了下白髮。

『用你的手把刺刀刺進我的胸膛吧，不要再說什麼了 —— 派你的人包圍白宮吧 —— 我等著你們呢！我身後的這些人是你們用金子與武力都不能利誘與恐嚇的。我會將每個叛亂的人一一絞死，然後繞著首都轉一圈示眾。」

「當我想到那晚在華盛頓只有一個人在那裡與銀行勢力及公眾的恐慌抗爭，面對著那些他曾經信任的人的背叛，飽受小人與勢利之人的攻擊 —— 當我想到只有他依然巋然不動，靜靜等待著時機，然後發出了那句永恆的誓言：『為了永恆！我絕不會偏離我之前的選擇！』我必須要承認，這種氣概曾在羅馬的史書中記載過 —— 不，即便是克倫威爾與拿破崙最輝煌的時刻 —— 都不能與此時的安德魯‧傑克遜相比。為了人民的福祉，他寧願獻出生命、靈魂與名聲，寧死不屈。」

愛默生曾說：「我們滿懷敬意、無所畏懼地前進，相信命運的鐵鍊堅不可摧，覺得所有一切都是命定的，但是一本書，一尊半身的雕像，或是某個名字閃入我們的腦海，我們突然相信了意志的力量。每當聽到那些不懼命運、勇於抗爭的人時，我總是感覺自己充滿力量，像換了一個人似的。」

拿破崙在巴黎的軍事學院參加考試的時候，非常準確地回答了考官提出的問題，讓在場的教授與學生都驚訝不已。在考試快要結束的時候，一名考官這樣問他：「如果你被敵人圍困在一個地方，缺乏物資供應，你會怎麼辦？」「只要敵軍陣營裡還有食物，那我就沒必要為此擔心。」拿破崙回答道。是的。意志會讓我們找到出路的。

拿破崙的自我控制能力是超群的。他手下的一名將軍曾經忍不住發脾氣，拿破崙對他說：「沒有哪個人偉大到可以讓自己發脾氣。」

對拿破崙來說，似乎沒有什麼能夠阻擋他前進的腳步。他對俄國進行遠征，這是人類歷史上最恐怖的一個段落。他顯得那麼冷靜、淡定，控制自己的情緒，保持高度的專注，依然深信自己的目標能夠達成，從沒有削弱半分勇氣。不幸、災難、困難與悲傷 —— 這些讓一般人無法承受與失去平衡心態的東西，始終無法打破他內心的平靜。當他的士兵想方設法地擺脫敵人的圍困，當雪地上沾滿了士兵們的鮮血，他依然無所畏懼，反而以身作則，鼓勵士兵的鬥志，喚醒他們的信心。即便是在最為艱苦的時刻，當他的軍隊被逼入絕境，處於饑餓的狀態時，士兵們都覺得，如果可以選擇的話，他們也寧願為了拿破崙而犧牲生命。

「大自然似乎已經計算過了，」拿破崙說，「我這個人必須要忍受重大的挫折。她賜予我大理石般的心靈，任何雷聲都不能讓我的心靈感到害怕，所有的挫折只是在心靈的表面上滑過而已。」很少人有諸如拿破崙這樣的自控能力，有如此圓滿的自我克制能力，雖然他在某些方面存在一些缺點。

拿破崙的軍隊被包圍在聖·讓德艾克時，為了激勵正在遭受疾病的士兵，他赤手去撫摸士兵的傷口。他說那些心中沒有畏懼的人是不可能感染疾病的。他相信心智能夠克服身體的障礙。如果說有誰是完全相信心靈與意志具有全能的力量，那這個人就是拿破崙。

意志的能量（自我創造的能力）這是每個擁有偉大品格之人的靈魂所在。無論在哪裡，只有存在這種能量，生活就有希望；哪裡沒有這種能量，生活就會變得脆弱、無助與沮喪。

布魯克斯州長在獨立戰爭期間曾擔任過軍官，在他患上風溼病而感到無助之時，收到了華盛頓將軍傳來的命令，要求他必須到某地。他回信說

自己現在沒有這個能力。華盛頓又把命令發過去，對他說：「先生，你必須去。」布魯克斯上校騎上馬，立即出發，順利地完成了任務。

華盛頓所下達的命令，無論如何都必須要完成。

只有當一個人自我放棄了，他才是真正失敗了，所以接下來的問題是，我們不能放棄。

那些稍微遇到一點挫折就感到沮喪，停滯不前，或是以各式各樣藉口而逃避工作的人，正走在最終失敗的道路上。在做每件事情時，都要覺得這是必須要做的，那麼你就會懷著愉悅的心態迅速地完成這些事情。瑞典的查理斯九世年輕時就是一位深信意志力量的人。在自己最年幼的王子即將要從事某項困難的任務時，他把手放在兒子的頭上，對他說：「你能做到！你能做到！」

在這個充滿競爭的世界，意志就是力量。憑藉強大的意志，堅持自己的夢想，即便環境不佳，你也能取得最終的勝利。不，應該這樣說，即便環境不佳，其他事情也不順，只要你持之以恆，咬緊牙關，通常會獲得意想不到的勝利。當我們讀到《普魯士大帝腓德烈的一生》，你就會明白上面這段話的意思。運氣永遠不會青睞那些在第一次嘗試失敗後就放棄的人。只有一樣東西可以賜予人尊嚴與力量 —— 那就是富於美德的能量。

一位公共知識份子曾說過：「要是沒有克雷先生在 1841 年的爭取，那麼世界可能還沒有議會的歷史存在。當時，克雷已經 64 歲了，透過投票選舉，他成為輝格黨的黨魁。在他的任上，他制衡著韋伯斯特在內閣的權力，憑藉自己的口才與喬特在議會上進行辯論，而且還耗費巨大精力去壓制卡拉布・庫星與亨利・維斯的權力。他制衡約翰・泰勒，鄙視他們製造了 1840 年的混亂局面，與此同時，他還為自己的政治對手尋求庇護。」

「你有怎樣的志向，你就能成為怎樣的人。」充滿力量的意志能決定我們的行動方向，讓我們深信能取得成功。擁有這樣意志的人是不會失敗的。

「今天，我必須要擊敗墨西哥軍隊，戰死也在所不惜！」這是山姆・休斯頓在聖哈辛托河戰役開始前的那個早晨對副官說的話。結果，他取得了勝利。

尤利西斯・格蘭特，這位從默默無聞到舉世聞名的年輕人，沒有金錢與背景，沒有貴人相助也沒有強勢的朋友，但在內戰的 6 年裡，他要比拿破崙在 20 年的時間裡參加過更多的戰役，贏得更多的勝利，俘獲更多的俘虜，收繳更多的戰利品，指揮更多的軍隊。

他只開過一次軍事會議，並在會議上否決了其他將領的作戰計畫。

與拿破崙、威靈頓與納爾遜等人一樣，格蘭特對自己所遭受的待遇感到不滿，所以他提請辭職。要不是夏爾曼的建議與影響，他早就那樣做了。在他的辭職信寫好的 6 個月後，哈拉克被辭掉了，格蘭特被擢升為美國陸軍中將。此時，他鋼鐵般的意志終於得到了最充分的展現。

「我記得登特曾告訴我，」佩奇說，「關於格蘭特回到位於聖路易斯附近登特的老家的情景。登特分給自己每個孩子一些錢，他的孩子都已經結婚，在美國各處自力更生。多年之後，他的孩子都帶著妻子兒女回到老家，最後回來的是格蘭特。大家似乎都不怎麼待見他。登特對他說：『尤利西斯，我把那邊山坡上的 40 畝地分給你，如果你願意將上面的樹木都砍掉的話。』格蘭特是一個非常勤快的人，他馬上拿起斧頭，在那片土地上搭起了一座木屋，讓他的妻子兒女住在裡面，而他一個人負責將那裡的樹木砍掉。登特法官跟我說，他經常靠在柵欄前，看見格蘭特將一棵棵樹

砍倒。一天，登特在格蘭特與孩子們聊天的時候對他說：『格蘭特，你想讓自己的孩子未來做什麼呢？』『嗯，』格蘭特非常冷靜地說，『我希望把尤利西斯送到哈佛大學，至於弗雷德，我打算送他去從軍；而傑西的話，我現在還不知道該怎麼辦？』登特強忍住沒有笑。這就是那位曾經在戰場風光無限的軍人在退休後，身無分文，在這片土地上自力更生，為自己子女的未來出謀劃策的情景。」

「現在，我想說的是，」佩奇說，「格蘭特的每個孩子都按照他當年的願望去做了。」

正如黎塞留與拿破崙所說的，對那些真正的勞動者來說，字典裡是沒有「失敗」這樣的字眼的。米拉布烏將「不可能」一詞稱為是一個阻擋人前進的字眼。查德漢爵士在同事跟他說某些事情是無法做到時，冷靜地回答說，這只是因為人們缺乏巨人般的意志罷了。「我一定要將不可能踩在腳下！」他說到做到了。他滿懷自信，憑藉著鋼鐵般的意志將看似不可越過的障礙踩在腳下。

一位名叫羅斯的紳士曾經陷入一個複雜的局面，因為欠下多個州的債務而進了監獄。他在監獄的牆上這樣寫道：

「今天，我 40 歲了。在我 50 歲的時候，我的身家肯定會有 50 萬美元。在我 60 歲的時候，我的身家肯定會有 100 萬。」

現在，他的身家已經超過 300 萬美元了。

柯內留斯‧范德比特還是個毛頭小子時，就擁有了不怕困難的名聲，他的朋友都覺得沒有什麼事情是他做不到的。

在一個暴雨天裡，一位荷蘭工程師自言自語：「我是要去吃飯呢？還是去幫助我的同事檢查一下河堤？」

他就要結婚了，當天晚上的宴會是為了給他慶祝而舉行的。此時，海水正在洶湧地衝擊著河堤，隨著海浪不斷升高，人們的恐懼心理不斷加深了，因為數千人的生命都維繫在這一條石砌的河堤上。

「去檢查一下河堤吧！」他對自己說。「沒有我的話，晚宴依然可以進行，甚至我們可以延遲晚宴的時間，但我必須要親自去檢查一下河堤的狀況，我必須要這樣做。」

「我的天啊！工程師終於來了！感謝上帝啊！」當地人們看到他的到來都歡呼起來，因為河堤眼看就要淪陷了，此時，人們已經精疲力盡了。

工程師用繩索繫緊自己的身體，其他繩索則繫著他的幾名同事，他們被慢慢放下，接近了洶湧的海浪。

「更多的石頭！」人們大聲喊道，「還需要更多的灰泥！否則，河堤就要撐不住了。」

「脫掉你的衣服！」工程師喊道，「用衣服堵住河堤上的漏洞。」

天氣寒冷，天色黑暗，洶湧的海浪不斷拍打著他們的身體，他們依然脫下衣服堵住漏洞，祈禱這樣能夠起到作用，但是，他們的能力似乎都將白費。就在此時，風向突然轉變，海浪漸漸退去。當他們知道村民們得救時，內心是多麼的興奮啊！大家都紛紛讚美這位工程師，正是他的自制與堅定的意志挽救了這條河堤，讓那些已經絕望的人獲救。

正如塔爾梅奇所說的，在抵擋貧窮、酗酒、動機不純與罪惡的「海浪」中，不知需要多少這樣的「工程師」啊！為了挽救「河堤」！晚宴可以等等在開，但河堤不能等。那些意志堅強的人總是先把該做的事情做好！

當哥倫布騎上毛驢，前往阿爾罕布拉宮殿作最後一次嘗試時，他已經知道，這是自己從查理斯七世那裡獲得任命的最後一次機會了。在最後時

Chapter 7　我願意

刻，皇后對他說：「為了我的卡斯拉爾皇冠，我接受你激進的想法。要是
需要錢的話，我的珠寶應該可以幫你籌集。」皇后擁有這樣的意願，並決
心找到這條道路。

那些真正成功的人，都是認為自己會成功的人。

「是的，今天早上我是有點遲。我想我可能趕不上那列火車了，」某
人看著自己的手錶，表情憂鬱，似乎已經放棄了這班列車。當他聽到火車
的鳴笛時，腳步比之前快了一點。當火車快要到達車站時，他用上了吃奶
的力氣趕過去，最後及時地趕上了火車。「我的運氣真好啊！」他感嘆道，
「在我出發的時候，還以為自己肯定會錯過這列車。」

「還有三分鐘火車就要開了！」在他看手錶的時候，鄰居對他說。「雖
然時間緊迫，但我肯定能趕上的。再見。」他對妻子說，然後像瘋狗一樣
往大街上跑，嚇壞了街上的小孩子，因為擔心撞到別人或是被別人阻擋，
所以他沿著主街道一直走，而沒有走人行道，最後，在火車出發前正好趕
到。「這是我跑得最快的一次了。」他對朋友這樣說，「但我對我妻子說過，
我一定要趕上火車，所以現在我趕上了。」

第一個人已經錯過了火車，第二個人下定決心一定不能錯過火車。這
兩人都擁有相同的時間，路程也是一樣。正是一開始時所抱持的態度才決
定了一切。

當果斷與不可動搖的意志結合一起去做事，這將獲得多大的成就啊！
而當我們在做事時缺乏真心的話，又會顯得多麼脆弱啊！

在閱讀了漢諾威衛隊的樂隊成員亞薩克·赫斯切爾的兩個孩子威廉·
赫斯切爾與卡洛琳·赫斯切爾的故事後，那些浪費時間與失去自我提升機
會的年輕人會感到懊悔，也會感受到鼓勵。威廉與卡洛琳的父親的健康因

142

為長期服役，受到了極大的傷害，雖然他遭受著哮喘與風溼病的折磨，但他經常向威廉與卡洛琳兄妹講解有關天文學的知識。

卡洛琳 10 歲的時候就能說出不同星座的名稱了。她學會了拉小提琴。與此同時，她哥哥也加入了樂隊，但後來因為健康的緣故，不得不退出了。威廉決定前往英國發展，覺得自己在英國可以獲得更好的發展機會。他來到了里茲，當了一名風琴彈奏者，成為小有名氣的音樂家，後來他來到了巴斯。威廉到英國後，他的父親就去世了，卡洛琳非常關心哥哥的生活，也對自己舉目無親感到心碎。幸運的是，此時，她接到了哥哥的來信，讓他到巴斯，以歌手的身份參加冬季的演唱會。

卡洛琳在馬車上坐了六天六夜終於來到了荷蘭的港口，然後乘船來到雅地茅斯，但是，這艘船遭遇了海難，幸運的是，卡洛琳與其他人在落海後獲救了。她聘了一位司機，把自己的行李都放進去，一直開往倫敦的驛站，但到達的時候，馬車已經走了，所以司機將她與她的行李丟在水溝了。最後歷經千辛萬苦，卡洛琳終於找到了哥哥。她對哥哥的感情非常深厚。之後，除了幫助哥哥料理家務，還在音樂上給予哥哥極大的幫助。

兩兄妹似乎都有相同的思想與目標。卡洛琳極為關心哥哥的進步，並樂意為哥哥的進步作出任何犧牲。

雖然威廉已經在巴斯獲得了音樂老師這樣的好工作，但他心裡總是被以前父親教給他的天文學所縈繞。於是，他購買和閱讀了所有關於天文學的書籍，這慢慢地堅定了他研究天文學的決心，但是，他實在沒錢去買望遠鏡，不過他有不可動搖的意志，於是他們兄妹決定自己製造一個，雖然這需要數學與光學方面的專業知識。

在妹妹的幫助下，威廉成功地製造出了 5 尺長的牛頓式聚焦望遠鏡。

Chapter 7 我願意

受此鼓舞之下，他們開始製造一架長達 20 尺的反射望遠鏡。為此，他們將居住的地方變成了一間製造望遠鏡的工廠。

他們在後花園裡建造了一個小型的鑄造廠，將臥室變成了車床間，而閣樓上不停地響起了錘子的敲打聲，整個房子到處都是鐵屑。

威廉抱著極大的熱情，經常廢寢忘食，而妹妹卡洛琳則在演唱會的開暇時全力幫助他，很多時候都一直工作到深夜。當然，所有人都嘲笑他們的業餘技術，對他們為什麼浪費時間去製造這樣一架望遠鏡而不願意參加年輕人流行的活動感到不解。

後來，這架 20 尺的望遠鏡終於做好了，並且非常成功。想像一下當他們透過這臺望遠鏡看到天空與發現天王星時的興奮吧！他們的發現像野火一樣傳出來了，英國皇家學院選舉威廉為院士，他的名字也進入了主流科學界。

卡洛琳對哥哥的成功也感到非常興奮。從此，她不到布里斯托爾或是其他地方演唱，專心地幫助哥哥去研究。英國國王任命威廉為皇家天文學家，年薪是 400 英鎊，並且任命卡洛琳為他的助手，年薪為 50 美元。擁有了這筆財富後，兄妹倆終於可以專心地從事天文學的研究了。

卡洛琳在每個晴朗的天空都會用小的望遠鏡掃視天空一遍，耗費數小時專心地找尋著彗星或是其他之前從未被發現的星體。威廉則用那架 20尺的望遠鏡穿越更深處的時空，透過星雲發現行星的子星。卡洛琳發現了8 顆彗星，其中 6 顆是之前從未被發現的。

很多王子公孫都向他們定制望遠鏡。威廉白天製造望遠鏡，晚上則認真進行天文觀測與研究。英國政府撥給他 4000 英鎊製造一架 40 尺的天文望遠鏡，經過三年的時間，克服了無數的障礙，他終於取得了成功。當這

144

架望遠鏡第一次瞄向太空時，那種欣喜的心情是難以言喻的。在威廉成功製造出這架望遠鏡的那天晚上，他就發現了土星的六顆衛星。

在威廉結婚後，卡洛琳經受了一系列的考驗，但她最後還是優雅地接受了自己在家裡的位置，依然全心全意地幫助哥哥。

她對天體現象越來越熟悉，在觀察這些星星時非常自如，總結出了發現行星與發現彗星的科學方法，這套方法讓她在發現星體方面越發駕輕就熟，就像走在老家的小巷裡。

他們兄妹得到了皇家學院的賞識。威廉榮獲了法律博士的學位，獲得了皇家漢諾威騎士勳章。卡洛琳也成為歐洲最有學識的人。

1822 年 8 月 22 日，威廉去世，卡洛琳深受打擊。她一生的精神支柱並為之奮鬥的人，已經離她遠去了。她回到了漢諾威的老家，度過了自己的餘生，保持與那些富於學識之人的通信，但從未放棄對科學的熱愛。1848 年，她以 98 歲的高齡去世。

這對兄妹的堅強意志讓他們在天文學領域獲得了極高的評價。皇家學院接納卡洛琳為院士，並授予她金質獎章。

「在我還是年輕的時候，」一位成功人士說，「我進入一家商店，詢問他們是否在招募店員。『不需要。』他們粗魯地回答。第二天，我依然穿著那件破爛的衣服，來到那家商店，詢問他們是否需要一位搬運工。『不需要』他們回答說。當時我真的要絕望了，於是我大聲說：『一個苦力，要不要？給我多少薪水都沒問題。我必須要找到工作，我希望自己能在商業上有所作為。』也許是最後這句話吸引了他的注意，於是他們讓我做苦力，每天在地下室裡工作，而且薪水極低。在這裡工作的時候，我想盡辦法為老闆節約成本，我節約下來的成本是我薪水的 10 倍之多。我絕對不

允許其他人隨便浪費，因為我覺得這算是偷竊罪的一種，要是我遇到這種情況，總是會揭發的。我從未請過兩個小時以上的假。要是老闆需要我在凌晨三點鐘去工作，我也從不抱怨，而是告訴每個人：『你回家吧，這裡有我呢。』每天早上天沒亮，我就在碼頭上幫人搬貨。總而言之，我很快就成為老闆身邊不可或缺的人，所以我不斷得到提拔，最後，我成為這家企業的管理者。」

　　要是我們的意志缺乏明確的方向，那麼這只是一種持續、堅定與堅忍罷了。顯然，無論做什麼事情都需要正確的方向與動機。要是我們的方向是滿足感官需求，那麼強大的意志可能成為魔鬼，而智趣可能成為低俗的奴隸，但若這是一種美好與強大的意志，那麼你將會成為「國王」，而你的智趣將會成為你人生中最大的樂趣。

　　很多醫生都深信一點，很多肺結核病人並不單純是死於疾病，他們通常是死於對死亡的恐懼。歷史上有兩個最為著名的例子最能說明這個道理的，他們分別是安德魯‧傑克遜總統與威靈頓公爵，他們都在年輕時患有肺結核，但後來他們都成為優秀的士兵，並成為他們那個時代最為優秀的政治家，活到了高齡。一個更讓人驚訝的例子是紐約的一位律師，他是位百萬富翁，在各方面都擁有強大的影響力。60 年前，他被診斷患有肺結核，但就在筆者寫這些文字的時候，他已經 96 歲了，並且剛從肺炎與心臟衰竭的併發症中復原過來。從這些例子可以看出，他們的生命之所以得到延長，可能依賴於他們的「心靈治療」，這絕非無稽之談。另一方面，抵抗功能只不過是頑固的代名詞。要是我們可以選擇的話，那我們肯定可以找到很多。

　　要是我們堅持錯誤的信念或是想法的話，那麼心靈的能量也足以摧毀我們的人生，這方面的例子也實在太多了。既然這樣，至少我們可以在擁

有健康的時候保持健康吧，免於疾病的侵襲或是讓身體的機能比現在還好許多吧？

　　一位經驗豐富的醫生曾對朋友說，如果快遞員要到遭受黃熱病的新奧爾蘭送價值高達 4 萬美元的物品，那麼只要他還保存著這 4 萬美元，他就不容易感染黃熱病。一旦他將這些物品送出去後，越快離開這座城市越好。

　　《倫敦手術刀》雜誌 —— 這本世界上最具權威的醫學雜誌，就宣揚心靈能戰勝身體的思想。這本雜誌報導了很多名人透過大腦與意志的力量戰勝了身體的缺陷或是可怕的疾病的例子 —— 這些疾病原本可能徹底摧毀弱者的鬥志。該雜誌舉了柯勒律治缺乏專注力與做事猶豫與缺乏果斷的例子，報導談到在對柯勒律治死後的屍體進行解剖時，發現死者的心臟擴張得非常厲害，已經接近皮肉的位置了，還有很多身體上的特徵讓我們感到驚訝，說明了他雖然飽受困擾，但依然保持著愉悅的心態。

　　據說，著名人相學家坎帕內拉能夠讓注意力遠離身體病痛，甚至能在身體遭受折磨時感受不到絲毫的疼痛。那些能夠保持精神專注並控制意志的人能夠讓自己從生活中最痛苦的遭遇中解脫出來。

　　約翰‧班揚的例子充分說明了一個人可以逼迫自己走向通往天國的道路。「刻下自己的名字！」這位勇敢的男人說道。雖然天使關閉天國的大門，但他還是憑藉身上的利劍，最後進入了，之前那些阻擋他的天使為他唱讚歌。

　　「雖然我們的品格是由環境塑造的，」約翰‧斯圖亞特‧密爾說，「我們的心智也能影響自己所處的環境。自由意志的信條真正激勵人們的，是讓我們深信自身有能力去塑造品格。雖然意志受環境影響，但我們可以改變未來的習慣或是意志的能力。」

　　為人羞澀與做事猶豫的人覺得所有事情都是不大可能的，主要還是因為他們自己覺得就是這樣。

　　要是我們能夠狠下決心去追尋一個目標，不左顧右盼，勇於抵制誘惑，不讓其他事情分散自己注意，那麼就肯定能取得成功。我們可以根據人們意志的堅強程度來衡量成功人士與非成功人士。諸如詹姆斯‧麥金托奇、柯勒律治、勒哈帕及其他讓以自身才華照亮這個世界的人，都是意志力極為堅強的人。很多人都無法將自身的潛能挖掘出來，雖然讓世人提高對他們的期望，最後卻讓大家都感到深深的失望，他們基本上沒有什麼值得稱道的成就，就是因為他們缺乏堅強的意志。一個擁有堅強意志的有才之人要比缺乏意志特質的天才取得更大的成就。正如步槍的槍管只需要一點點火藥，就能比露天燃燒的一大堆火藥產生更大的威力。

　　我希望能夠向美國的年輕人說明一點，即意志力對他們人生的成功與獲取愉悅的生活上起到多麼大的作用。意志力讓人們所取得的成就難以估量。缺乏堅強意志與沒有長期堅持能力的人，幾乎很難有所作為。

　　「那些成功的人總是保持鮮活的想像力，按照自己好像已經成功那樣去做事、思考與工作，否則他們是不可能成功的。」普林特斯‧莫爾富德說。正是心靈安靜的力量，正是果敢帶來的平靜心緒讓那些人無往而不勝。

　　但對擁有堅強意志的年輕人來說，機會是必需的。要是拿破崙生在內戰爆發前的美國，或是格蘭特生在相同時期的英國，林肯生在相同時期的加拿大，加菲爾德生在那時候的南非，他們可能最多只在當地有一定的名聲而已。一位著名作家在一本英文著作中談到，一個英國出生的男孩，無論多麼貧窮，要是他有健康的頭腦與良好的身體，從一開始就下定決心要日後要當英國的首相，那麼他幾乎就能成功。這種觀點對年輕人來說似乎

有點危險。假設有 100 或是 1000 個英國男孩從小都有相同的願望，並且都有同等的決心，當然不可能這一千人都有機會當上首相，更別說每個人都能實現各自的夢想了。在過去的半個世紀裡，英國才有多少任首相啊？那些成功勵志的作家經常在那裡鼓吹，即便美國出身最貧窮的男孩依靠刻苦努力與堅持不懈，也能成為美國總統，但是，美國很多任總統都是眾多候選人中妥協的產物，他們可算是「黑馬」，他們對於自己獲得總統的提名感到非常驚訝，更別說是國民了。很多男孩在看到勵志故事後內心澎湃，決心要將自身最大的潛能挖掘出來，根據錯誤的人生哲學去為自己制定不切實際的目標。

希羅多德說，「大自然的法則是，在生活富足的國度裡，那裡的人們一般都比較軟弱，因為我們很難在那片土地上找到什麼英雄人物。」

很多時候，在我們已為成功做到最好，在利用了一切可以利用的條件，盡可能地提升了自己的水準後，發現自己卻被命運之神戲弄了，對人生的計畫顯得那麼蒼白，努力顯得那麼空洞，進步顯得那麼微不足道，而我們的未來更是不值一提。

哥倫布是被套著枷鎖送回到西班牙的，而塞維利亞一位販賣泡菜的商人，在人生中最高的位置也是縱帆船的船長，卻向世界宣布哥倫布發現了新大陸。

在這個世界上，人所能做的最偉大事情就是最大限度地挖掘上天賜予你的天賦。這樣做本身就是成功，沒有其他成功的方式了。這不是別人能夠做什麼或是取得怎樣成就的問題。每個年輕人都應該這樣問自己，我能做什麼呢？我該怎樣最大化地發展自己呢？最大化地挖掘自身潛能呢？我該如何最好地利用機會呢？

　　米開朗基羅一開始明確表示拒絕在西斯廷大教堂牆壁上作畫，因為他不懂得壁畫。教皇堅持一定要米開朗基羅這樣做，最後他接受了。他按照自己的天才創造了一種全新的色彩構圖，融合其他畫家的優點，不斷嘗試，努力學習如何去作畫。他就是這樣教會了自己作畫的藝術，不斷超越前輩們的造詣，讓世界為之震驚。

　　無論是對洪都拉斯或是其他熱帶國家，大自然是那麼的慷慨，那裡的人們只需要工作兩個星期，就能擁有一年的糧食了。因此，那裡的人缺乏勞動的熱情，而那裡的一些土著人幾乎是最為墮落的 —— 無論男女，都是那樣。根據辛普森主教所見所聞的紀錄，那裡的土著人懶到背靠在香蕉樹下，伸手去採摘香蕉吃，因為他們連路都不想走了。即便是一萬個這樣的人也比不上美國西部的一位熱血青年，但要是美國的年輕人缺乏了為生計拚搏的動力，他們肯定也會這樣。

　　這個世界沒有所謂的運氣機制，可以讓人終生無憂無慮。對美國的勞動者而言，做一天的工作就能拿到一美元的薪水，而墨西哥人雖然坐擁礦山，但不願意去勞動，所以依然那麼貧窮。而新英格蘭雖然大部分面積都是岩石，還經常下雪，但那裡的人們卻很富有。

　　要是能對那些一開始懷抱著崇高理想但最後卻失敗的人說一句話，我會說，他們之所以失敗，就是因為缺乏意志力。他們的意志不夠堅定。你說一個人要是沒有了堅定的意志，他還能做什麼呢？缺乏了意志特質，人就像是沒有了引擎的蒸汽機 —— 成為一個隨波逐流的漂浮物，無法掌控自己的方向，時刻受到堅強意志之人的擺布。我寧願將一個人的意志強度稱為一個人的潛能強度。無論發生什麼事情，他是否能夠憑藉鋼鐵般的意志去堅持，因為正是鋼鐵般的意志讓我們在人生中穩穩地站住了腳跟。

在這個擁擠、你追我趕、貪婪與自私的世界裡，一個人年輕人要是沒有意志與堅持力的話，他能夠做什麼呢？

　　要是我們不被野心或是貪婪所控制，憑藉堅強的意志去做事，那我們就能成為拿破崙式的人物，要是我們還能在意志中加入品格的話，我們就能成為威靈頓或是格蘭特那樣的人物。

　　堅強的意志再加上宗教般深厚的情感，能讓我們被人稱為路德式的人物；要是堅強的意志加上了貪婪與野蠻的話，就會被人稱為尼祿式的暴君。沒有品格卻又擁有權力的人，最後必將自毀長城。在人類歷史上，這點已經被反覆驗證了。

　　我們的習慣與性情並非我們的主人，相反，我們是習慣與性情的主人。即便在良心動搖的時候，我們都會本能地反抗。要是我們能下定決心去控制它們的話，就知道該怎麼做了，這根本不需要什麼堅強的決心。

　　《青年之友》雜誌講了一位婦女死在倫敦最普通的一所房子裡。這個女人在她所在的社區裡沒有什麼影響力，但她卻是一位忠誠的母親，她的愛完全集中在自己的子女身上。她曾說，要是一個人願意去掌控自己的人生，他肯定能穿越任何困難的。她給子女留下了兩句話，一句是「我願意！」另一句是「上帝救救我！」

　　這位婦女的兒子長大成人後，已經學會了如何去思想，如何激發生命的潛能。他遇到了一位邪惡的小偷，他無法讓這位小偷改過自新。他所做的任何事情似乎都無法改變這位小偷頑固與冷漠的性情。

　　經過耐心與看似毫無結果的努力後，在某一天，他說出了媽媽給他的兩句話，並談到正是這兩句話讓自己的生活成為現在美好的樣子。對一個惡棍來說，談論他母親的人生名言似乎是在浪費生命。

　　讓他感到驚訝的是，那小偷的內心中僅存的人性光芒被啟動了，他終於對別人的幫助有所感知了，於是決定洗心革面。

　　「要是你贏得這場戰役的勝利，」他對小偷說，「我會給你一條冠軍的腰帶，並用金子刻上那兩句名言。」

　　用大街上的粗俗的話來說，也許是因為小偷體內還留著爭強好勝的血液吧。從那時起，這位貧窮的小偷就努力想要爭取那條金腰帶。他接受道德方面的教育，似乎這真的是一場戰役。對他來說，找一份工作，憑藉自己誠實的努力去養活自己，對他來說是不大現實的。在他最後找到了那份工作，要想認真地工作，也是很不容易的。很多人對這位之前犯過錯的人缺乏寬容，不相信他會真正地浪子回頭。

　　當這位之前犯過罪的小偷認真工作的時候，別人都冷眼相看，覺得他是在作秀。當他以正常人的方式去工作的時候，別人有說他是在偷懶。當他以體面的方式去與別人交往，卻被別人指責是贏得別人的好感。當他感到高興或是心情愉快的時候，別人總是提醒他，無論怎樣，他始終都是一個騙子。

　　總而言之，正常人的生活標準似乎完全不適合他。他被別人懷疑，說過的話被人誤解，行為也遭受敵視。這位改過自新的人內心不知崩潰過多少次，但他依然在堅持，依然與沮喪的情緒抗爭。誰能說他在克服這樣的挫折時，不需要超越凡人的堅強意志呢？與自我抗爭，雖然整個世界都與你為敵，就像是在進行一場勝算極其渺茫的比賽。要想取得勝利，就必須要努力得分，最後讓那些嘲笑過你的人保持沉默。

　　雖然面臨著種種挫折與不如意，但是他心中似乎已經要定了那條「金腰帶」。「我願意！」與「上帝救救我吧！」這兩句話帶給他持久的內心撫

慰。他花了四年時間才贏得了那條金腰帶。在這場精神領域的賽跑裡贏得勝利，這是他之前所不敢想像的。

在那段時間裡，他放棄了所有再次犯罪的念頭。他與之前那些朋友全部絕交，並且完全戒掉了酒，讓自己從不良的習慣中擺脫出來，不再讓這個生命中禍害最大的難題阻擋著自己。他贏得了很多人的尊重，他的觀點獲得了社會的認同。

在一個安靜的晚上，在幾位選定的觀眾面前，這條彰顯自我控制的基督精神的「金腰帶」賜給了他，但是，當年那位激勵他的婦女已經不在人世了，但是那兩句名言卻依然那麼鮮活，在無形中產生一種力量，傳遞著一種正能量，讓改過自新的小偷重新成為上帝的孩子 —— 那位婦女的精神得到了繼承。

一位頗具思想的作家曾說，人生的不順，並不是因為命運的無情。人的意志是無法被控制的，要是掌控了自己的意志，那麼人就是自己命運的創造者與主人；掌控了自己的意志，人就能依靠永恆的力量與自身的能量，就能建造偉大的紀念碑，讓自己走向天國。要是他屈服於意志的控制，那麼他內心沉睡的潛能就無法被啟動，就會追隨低俗的本能，最終走向毀滅的地獄。

對意志堅強的人來說，內心始終會泛起一股高尚的情感，不斷催促他進行自我提升，雖然前路艱辛，困難重重，但他們依然秉持人生的信念，無所畏懼，不知疲倦地前進，最終必然能獲得永垂不朽的名聲。這些人可能沒有獲得武士的威名，也沒有詩人的桂冠或是政治家的光環，但是他們能夠坦然地面對這個世界。也許，他不懂如何成功地利用一件政治事件去推動革命，沒有能力成為共和國的締造者，他的名字也不可能像那些全國

知名的英雄或是政治家那樣像星星那般閃耀，更甚者，他的名字可能只是在鄰居範圍裡流傳，但他的使命無疑是光榮與高尚的。

　　所以，相信自己，上天自然會幫助你的。「每顆心靈都會為鋼鐵般的意志所顫動」。接受你目前的處境，全身心地投入到進步的奮鬥中。無論你擁有什麼頭銜，如果你在別人退縮的時候，依然勇於前進，那麼你就是英雄。

Chapter 8
良好的舉止

愉悅的藝術是讓我們在這個世界出人頭地的藝術。行為本身
就占據了生活的絕大部分。
良好的舉止本身就是一筆財富。

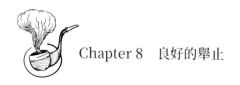

有時，在我們遇到一位舉手投足非常得體的紳士，即便之前不懂
得如何成為紳士，也自然會想著該怎麼做。

—— 愛默生

在皇宮的牆壁上，
禮儀誕生了，並有了自己的名字。
但在茅茨之屋的牆壁上，
也能看到同樣純真的生活。

—— 伊拉・霍華德

沒有分寸的話暴露了缺乏修養，
因為沒有分寸就是缺乏常識。

—— 羅斯科曼

「你給我馬上滾！」紐約市一幢大樓的保安對一位衣著樸素的老婦喊
道。「我們不能讓任何書商經紀進入這幢大樓，知道嗎？」

這位保安粗魯的話語引起了一位律師的注意，他看到了那位年老的女
性，馬上向她致敬，並帶她到自己的辦公室。

「那是海蒂・格林！」在那位女性離開後，律師對那位保安說，「她每
天的收入就有一萬美元，這還不算，這幢大樓就是她以 125 萬美元抵押出
去的。」

「你會寫字嗎？」一位想要找工作的年輕人被人這樣問道。「會的。」
年輕人回答道。「你會數學的運算嗎？」「會的。」年輕人回答。「好吧。我
不會請你的。」商人對他說。「我知道那個年輕人非常誠實，而且很勤奮，
但你為什麼不聘用他呢？」有人問這位商人。「那是因為他沒有學會說：『是

的，先生』與『不是的，先生』」商人說，「如果他是那樣回答我的話，那他會怎樣對待顧客呢？」

在相同條件下，也許除了誠實之外，沒有比良好的舉止、禮貌與待人友善對年輕人取得成功發揮更加重要的作用了。要是兩個人一起面試，舉止最佳的人肯定會得到聘用。第一印象是極為重要的。粗魯、莽撞的行為會馬上讓我們產生成見，讓人緊閉心扉，讓我們無法進入。表情與肢體的語言就是心理活動最直接的體現，也是最容易看出來的。

擁有讓人愉悅的舉止的年輕人會在成功的道路上遇到更少的障礙，比不知行為粗魯或是不懂禮儀的人擁有更多成功的機會。

即便我們長得醜陋，甚至身體出現了殘疾，但是有良好的舉止也會贏得世人的尊敬，這要比有著漂亮臉蛋、完美身體但卻行為粗野的人更加受人歡迎。

「禮貌對本性來說是自然的，就好比芳香之於花朵。」

不知有多少顧客寧願多走一段路，去一家裝飾不是很豪華的商店裡購物，只因為他們想到某位非常有禮貌與客氣的銷售員那裡買東西。所有人都討厭脾氣暴躁與沒有禮貌的人，沒有人喜歡被人冷落的感覺。很多企業的成功或失敗都取決於員工如何對待顧客，因為這才是一家企業能否成功的重要因素。

已故的利物浦著名商人札奇里亞·福克斯被人問道如何賺取這麼龐大的財富時，他回答說：「我的朋友，我只需要一樣東西，這樣東西是你也擁有的，如果你願意給予的話 —— 禮貌待客。」

來自格林山的一位 20 歲的年輕小夥子從小就在貧窮與艱苦的環境下成長，所以當他身處伊利諾州的某個舉目無親的小鎮時，他沒有感到沮

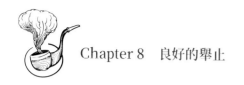

喪。他身上只有幾分錢，除了穿在身上的衣服之外，沒有其他東西了，但是，他沒有畏懼 —— 這就是他離開老家的原因 —— 他決定在這個世界上闖出一番事業。

他陽光與堅毅的臉龐讓一位正在招聘職員的拍賣商感到高興，於是給他提供了一個日薪兩美元的工作，直到拍賣活動結束。年輕人非常努力工作，友善地對待每個人，贏得了所有人的好感，讓他們覺得必須要聘用自己工作，結果，很多人都推薦他去當老師。年輕人在工作的閒暇時間學習法律知識。在他 21 歲時，就創立了自己的律師事務所，開始了執業生涯。

他的穩步前進讓人眼前一亮。他先從伊利諾州的州議會議員成為州務卿，後來又擔任州最高法院的法官。在州最高法院當了三年律師，斯蒂芬·道格拉斯被選入國會，之後一直擔任參議員與眾議員。雖然很有天賦，但待人和藹與讓人愉悅的舉止讓他無論到哪裡都受到歡迎。

在各個領域中最為成功的人並不是那些能力最強、最為精明或是最為勤奮的，而是那些待人總是始終友善與讓人愉悅的人，他們對別人的進步感到高興，不會刻意偽裝自己，而是發自內心表達自己的情感。而這些成功之人的對手則會鄙視或是反對別人伸出的幫助之手。

一個下雨的晚上，一位年老紳士希望到自己家做客的年輕女士可以搭車回去。「還是讓少女先走吧，少女也是女人啊。」紳士認真地回答。

這位紳士就是已故的喬治·希根波塔姆，維多利亞時期最高法院的法官。他對女士的禮貌是一如既往的，不分她們的地位或是個人魅力。他會向自己的女性廚師致意並向她鞠躬，尊敬她如同女公爵一樣。

每個人在日常生活中對待家人的表現能展現他們的品格與性情。友善對待家人，禮貌對待僕人的人，就可能在所有的人際關係中待人友善與考

慮別人的感受。

　　羅伯特‧李將軍在乘坐火車前往里士滿的途中，坐在最後排的位置，火車裡已經沒有空坐位了。在某個停靠站，上來了一位年老的女人，滿臉滄桑，手裡提著一個很大的籃子。她沿著過道走，但沒有人願意讓座。當她走到李將軍對面的位置時，他迅速站起來，對他說：「夫人，坐我的位置吧。」就在那一瞬間，很多士兵紛紛站起來，大聲說：「將軍，坐我的位置吧。」「先生們，不行。」他回答說，「要是車上沒有這位女性的位置，那肯定也沒有屬於我的位置。」李將軍以自身的無私與周到待人為紳士的真正含義定下了基調。

　　對漠視舉止規範的人的懲罰就好比罪犯最終都逃不了法律的制裁。社會都形成了一種共識，即屏棄那些舉止不佳的人。

　　紐約一位馬車經銷商養成了一種只對富人顧客保持尊敬，而對那些他自認為口袋空空的顧客粗野的習慣。一天，他站在商店門口，此時一位穿著粗糙的外套與沒有擦亮的皮鞋的樸素男子出現在商店門口，很有禮貌走上前地問道：「先生，早上好。你是這家商店的老闆嗎？」「是的，我是。」他生硬地回答。他覺得這位穿著樸素的小夥子只是看看，並不會購買任何東西。「你這裡有沒有好一點的馬車出售呢？」年輕人問道。「嗯，有的。」「我可以看看嗎？」「你可以隨便看看，它們就在這裡。」年輕人心想，這位老闆肯定希望有人能買一輛，否則他是不會這麼勉強地給予同意的。儘管如此，年輕人似乎沒有在意到這位老闆厭煩的情緒，而是仔細地檢查著馬車的品質，最終看中了一輛馬車，價格是 2000 美元。「我明天會給你答覆的。」年輕人在離開的時候說。「嗯，好的，」老闆以諷刺的口氣說道，「你明天肯定會告訴我的。」然後，老闆就吹著口哨走開了。第二天，這

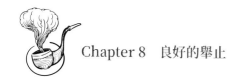

位年輕人來到了商店，拿錢準備買那輛架馬車，這讓老闆震驚不已。他從頭到腳打量了這位年輕人，眼神裡飽含著全新的敬意。他認真檢查著每張鈔票，看看是否全部都是真的。然後，他突然覺得一陣恐慌，感覺自己之前的行為太粗魯了。他最後說：「我猜想你需要收據吧？」「最好有啊！」「您叫什麼名字呢？」這位老闆問道，假裝在收據上寫名字。「華盛頓·歐文。」那位年輕人回答說。這位之前只尊敬富人而鄙視窮人的老闆震驚了。要是他能讓整件事情更好地發展，他寧願跪下來向他求情，但是，歐文是一位心胸寬廣的紳士，不去計較老闆的過錯，以成熟的心態去面對這些事情。歐文不需要老闆的道歉，只是友善地與他道別，讓這位老闆為自己的行為感到懊悔。

在中國的拜訪禮儀裡，來訪者的官職決定了他手上的卡片。因此，清朝的高級官吏在拜訪時所拿的卡片就得是捲得非常厚的紙張，捆綁地非常緊。海軍上將波特爾順著中國僕人的指引，而波特爾夫人則立即拿著「請柬」。約翰·齊納曼走進門，非常反感地拿起給予拜訪者的小卡片。顯然，他們是看不起海軍上將的這位朋友，於是就將卡片放在籃子裡，到達客廳的時候也不見主人有什麼歡迎，但就在此時，一位僕人送來一張奶油色的大紙，這張紙讓約翰感到滿意，他非常恭敬地接受了這張紙。僕人恭敬地請他們進入客廳，讓打燈的僕人及波爾特夫人感到驚訝的是，女主人在客廳中央接見重要的客人。此時，約翰卻謙恭地頓首，溫順地退下了。顯然，他覺得那位真正擁有大卡片的人才是高官。

在湯瑪斯·傑弗遜當副總統的時候，他曾從費城前往華盛頓。夜幕降臨後，他們一行人來到了巴爾第摩。他們白天在崎嶇的道路上行走，感到非常疲憊，所以在發現了一間旅館後，就想在此入住。這家旅館是一位名

叫博依登的蘇格蘭年輕人負責管理。傑弗遜當時的穿著跟一般的農民沒什麼區別。

酒店裡幾位年輕的「傢伙」向博依登示意，暗示他這個普通的陌生人是沒有錢來這裡消費的。

「要是可以的話，我希望還有一間空房。」傑弗遜問道。

「一間空房？」博依登回答說，「不好意思，我們的客房都住滿了。」

傑弗遜副總統只能騎著馬離開到另一家酒店，那裡有一個人認出他了。

幾分鐘後，一個人騎馬來到博依頓那裡，對他說：「你這裡剛才是不是有一位紳士剛剛來過？」

「紳士！這裡沒有紳士來過啊？只有一位農民模樣的人來到這裡。對於他這樣的人，我跟他說這裡的客房已經滿了。」

「是嗎？」那人笑著說，「那位像是農民的人正是美國的副總統 —— 湯瑪斯‧傑弗遜啊，一位最為偉大的人啊！」

「我的天啊！看我做了什麼呢？」博依登大聲喊道。他馬上安排好一間最好的客房，派一位朋友去找傑弗遜，向他道歉並邀請他前來入住。

傑弗遜在聽到真誠的道歉後，就對那人說：「回去告訴博依登先生，我感謝他的好意，但我現在已經訂好房間了。如果他沒有為一位走在泥濘路上的農民準備好房間，那他也沒有為副總統準備好。」

我們還可以舉出很多例子，說明很多人是注重外在形象與衣服上的例子。很多人都將自己良好的禮儀隱藏起來，為某個重要場合預留，而不是在日常生活中實踐。

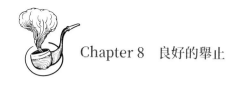

成千上萬的專業人士雖然沒有特別強的能力，但他們依然憑藉踐行富於禮貌的行為而獲得了財富。很多醫生將自己的名聲與成功歸功於朋友的推薦或是那些銘記他們善意、友好與細心的病人的介紹。很多成功的律師、牧師、商人與經銷商或是各行各業的成功人士都非常認可禮儀對他們成功產生的重要影響。

一天，伊拉斯塔斯·科寧，這位其貌不揚的殘疾人正準備從月臺上走到火車上，一位列車員對他大聲喊道：「老頭，快點啊，車要開了，不要在那裡磨蹭了，火車是不等人的。」接著這位列車員就去檢查乘客的車票了。一位乘客對他說：「你知道剛才被你吆喝的那位先生是誰嗎？」「不知道，我也不想知道。」

「你最好還是認識一下為好。他就是鐵路公司的主席，他會讓你失業的。」

這位列車員低頭嘀咕了一聲，似乎他會好好考慮這位乘客的建議。他厚著臉皮找到了那位腿有殘疾的鐵路公司主席，向他道歉。科寧說：「就我個人來說，我並不在意。如果你也是這樣粗暴地對待其他乘客的話，我會立即把你解雇。」他接著說。「你也看到了我的腳有點問題，走起路來非常吃力。事實上，你不知道我的身份這一事實並不能改變你的行為。我不會聘用任何對待乘客粗魯的員工。」

文明、禮貌與禮儀對取得金錢上的成功有著重要意義。據說，一位成功的燈芯經銷商倫迪·福特將自己事業上的成功歸結於感謝那些哪怕是最為貧窮的顧客，每次都會對他們說聲：「下次記得光臨。」

富豪思法官在斯普林斯擔任法官時，因為他不是追逐時髦的人，後來移居到薩拉托加也很低調。一位年輕律師在中午時分在法院前的廣場上坐

著，一位騎著一匹白色瘦馬的老人來到酒店門前。用那位律師的話來說，這匹馬可以說是「不堪重負」。這位年輕律師對此很感興趣，走到路邊的石頭上，與這位老先生交談起來，問起了這匹馬的價格、速度與紀錄，讓這位老先生感到很高興。在這位年輕人回來後，一位朋友對他說：「我猜你不知道富豪思法官吧。」「不知道，從未見過。」「這很有趣。你之前已經跟他暢聊了半個小時。」「那會毀了我的官司。那我的舉止就顯得非常重要了。我不敢直面那位法官的雙眼。」他讓別人替他打官司，從此學會了禮貌的重要性，再也不敢忘記了。

一位英國紳士到義大利都靈旅行，那時候，外國的旅行者要比現在更能吸引本地人的注意。這位紳士在都靈的街道上閒逛。剛好有一隊步兵經過，於是，這位紳士就站在原地等士兵們過去。而一位年輕的中尉一心想要向這位外國人展現一下，腳跟突然不穩，為了避免摔倒，他的帽子掉在地上。圍觀者在大笑，看著這位英國紳士，希望他也能跟著笑起來，但是，他並沒有這樣做，而是保持冷靜的態度，走上前將帽子拾起來，交給那位困惑的中尉。中尉對此很驚訝，同時也心存感激，然後馬上趕回到自己的隊伍。路人紛紛鼓掌，他繼續往前走。雖然這一幕沒有人在說話，但這幅畫面卻觸動著每個人的心。

這件事傳到了一位將軍那裡。當這位英國紳士回到他所入住的酒店，發現一位武官正等著他，邀請他到總部參加晚宴。那天晚上，他來到了皇宮，那裡聚集了歐洲各國很多名流，但他獲得了別人更多的關注。他在都靈旅行期間，獲得了近乎皇室的待遇。在他離開的時候，收到了義大利其他城市的邀請信。這樣一位地位不高的人，透過自身展現出優雅行為，因而在到外國旅行的過程中獲得了比一些皇室成員更熱烈的歡迎。

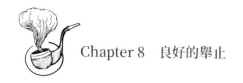

　　費城的機械師哈里森，每天坐在長椅上工作，他的禮貌為人熟悉。一天，幾位紳士前來他所在的企業，當時老闆不在，他負責招待這些紳士。他與這幾位紳士無所不聊，睿智地回答著他們的問題。其中一位拜訪者對他所展現出的禮貌感到驚訝，說在其他製造廠裡很難找到這樣一位有禮貌的員工。於是，他將一張名片遞給了這位年輕的機械師，希望機械師晚上能夠去找他。這位紳士是受俄國沙皇的委託去找美國的機械師。這位年輕的機械師受邀前往俄國駐美的使館。那天晚上，他與俄國方面簽訂了合同，這為他帶來的名聲與財富。哈里森充分利用自身的禮儀與能力去為自己的發展鋪路。

　　斯普林菲爾德的一位女士說，「我對林肯先生的第一印象，是在他的一個善舉後形成的。當時，我與我的小朋友正準備進行第一次鐵路旅行。這是我人生最具有劃時代意義的事情。我為這次旅行已經計劃了很久，做夢都想著實現。那天終於來到了，火車出發時間逐漸臨近，但那位負責搬行李的人卻沒有如期將行李拿來。時間分秒流逝，我悲傷地意識到，我肯定會錯過那趟火車的。我站在門口，頭上戴著帽子，手上套著手套，心碎地抽泣。此時，林肯走過來了。

　　「發生什麼事情了？」他問道，然後我就把事情一五一十地給他說了。

　　「那個行李箱有多大？要是不大的話，那我們還有時間。」說著，他就走進我的家門，我的母親將他帶到我的房間，那裡有我的一個老式小行李箱。「哦，振作點。」他說。「擦乾眼淚，快點出發。」在我意識到他即將要做什麼之前，他已經把行李箱扛在肩膀上，走下樓梯，衝出了庭院。接著，他在街道上狂奔，他的長腿在拚命地跑，我在後面跟著，一邊跑一邊擦乾眼淚。我們剛好準時到達火車站。林肯將我送到火車上，向我吻別，

祝我玩得開心。這就是林肯。

　　維多利亞女王曾經建造了一家大醫院並舉辦了盛大的典禮。之後，她到醫院視察，認真詢問每位病人的狀況。其中一位病人是一個四歲的孩子，這個孩子說：「要是我能看到女王陛下，我相信自己的病情會有好轉的。」慈母心腸的女王聽到這個消息後，馬上前往這位孩子的病房。她坐在這位小病人的床邊，語氣柔和地說：「我親愛的孩子，我希望你很快就能康復。」這是一個非常簡單的行為，但這充分展現了維多利亞女王的風範。

　　「禮儀，」蒙塔格女士說道，「不需要花費什麼，卻能買下所有東西。」

　　「贏得了別人的心，」布林萊格對伊莉莎白女王說，「你將贏得所有人的心與錢包。」

　　拿破崙肯定擁有讓人著魔的魅力，能夠讓當年囚禁他的士兵最終將他重新送回到國王的寶座！

　　切斯菲爾德爵士稱，無論對男人還是女人來說，舉止的魅力都是無法抵擋的（特別是對於後者），所以他憑此贏得了瑪律伯勒公爵的信任。萊頓爵士曾說：「沒有任何行為可以像禮貌這樣具有力量，良好的舉止是這個世界上最美好的事情，這能讓我們獲得良好的名聲，也能讓我們獲得物質上的豐盈。」

　　據說，古埃及的國王經常以特定的格式向臣民發表演說，諸如「以法老的名義，他們都是卑鄙的人。」很多人所踐行的錯誤人生觀，導致他們不分黑白。我們不會感到奇怪，這就像在高山裡聽到回音的男孩，要是我們說些有禮貌的話，也能聽到有禮貌的回音。禮貌帶來禮貌，這是受人歡迎的通行證。

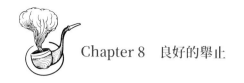

學會對人說些善意的話語 —— 這會給你帶來神奇的幫助。

一位英國爵士曾指責一位英國男孩粗暴地對待一頭小牛。「要是爵士您能幫我照顧這頭小牛的話，我會向你脫帽致意。」男孩回答說。

加里波第來到倫敦後，受到了熱烈的歡迎，但他卻彎下腰親吻一位勞動者的孩子，他這一簡單的行為「將英國勞動人們的心都敞開了」。善良的喬治・胡波特幫助一位農民將他陷入水溝裡的車輪抬上來。當他的朋友開玩笑地問他為什麼會衣冠不整的樣子時，他說這樣一個卑微的動作會讓他「在半夜裡聽到音樂」。威靈頓為那些在欄杆上的窮人讓位置，並說每個人都是平等的。拉法爾・阿本克羅比爵士在臨死前還給鄧肯・羅伊送去毛毯。比利時國王透過皇宮的窗戶看見一位孩子的葬禮，就給這位傷心的母親送去花圈。正是這些人所做的憐憫行為，在日常生活中自我克制的英雄主義，無論是在皇宮還是在茅茨之屋，都充分說明了這種高尚的美德所具有的意義。

良好舉止的最終體現是「愛己如愛鄰」。真正的禮貌就是在社會交往中運用這種黃金法則。麥克科內爾告訴我們，在法國沒有一個女人比裡卡米爾女士更加讓人著迷的了，在她年老的時候依然能夠讓人感受到她的魅力。很多作家依然會帶上自己的作品讀給她聽，雖然她本人並不擅長寫作。很多藝術家都會跑過去向她展示他們的畫作，雖然她不會畫畫。很多政治家都向她談論自己多麼偉大的政治藍圖，雖然她對政治沒有什麼興趣。正是因為她對自己的朋友都懷著真誠的善意，她對別人的希望與恐懼都抱有深厚的憐憫之心，讓她受到世人的讚許。無論她到哪裡，都受到人們的歡迎。只要她一出現，就會帶給人一種魅力。

「紀念我們的母親，」這樣的話刻在墓碑上，「她總是讓這個家那麼快

樂！」對一個女人來說，還有比這個更加榮耀的紀錄嗎？

在《伊索寓言》裡，有很多故事都是關於風與太陽的故事，闡述了很多至理名言。風、雨、太陽都想著讓旅行者首先脫下外套。風不斷地吹，直到自己吹累了，但旅行者只是將外套穿得更緊。而太陽卻是散發出陽光，旅行者漸漸地感覺到溫暖，最後脫下外套，走到樹蔭下乘涼。

威靈頓公爵是英國上世紀最偉大的士兵。當這位曾經的勇士退伍後，在日常生活裡，他就像一個孩子那樣溫順與文靜。他總是那麼有禮貌，雖然他已經習慣了之前在軍隊時萬人回應的情況，他下的命令沒有人敢違背，但在他退下來以後，他在要求別人做某事的時候，總是先說：「麻煩你了。」

據說，這位「鐵血公爵」最後說的一句話是在他的病榻上說的。忠誠的僕人照顧著他，僕人覺得公爵可能口渴了，就用茶壺到了一杯水給他，問他是否要喝水。「是的，辛苦你了。」公爵說。

很多人可能覺得個人的力量與柔和的品格之間存在著某種不協調之處，但這種想法其實是錯誤的。我們可以輕易原諒對待別人柔和的做法，但實際上，這兩者不僅是契合的，更是最完美的組合。那些認為個人粗野的行為就意味著自身天才或是覺得狂妄的行為就是品格強健的人，真是愚蠢透頂了。

「別人告訴我你會招待旅行者，」班傑明‧富蘭克林在敲門前，一位僕人這樣對他說。那是一月份的下午。「我希望今晚能夠在這裡住一晚，」多年之後，他重新回到了波士頓，站在自己的母親面前，此時父親已去世。富蘭克林的容貌已經改變了許多，他覺得母親會把他當成陌生人來看待，但他仍希望與母親血緣的關係能夠讓她認出自己來。

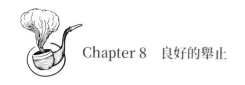

「我這裡不是旅館，」富蘭克林夫人說，冷漠地看著這位旅行者，以一種非常強硬的口氣說。「事實上，為了迎合立法會上的某些成員，我讓他們在開會期間住在這裡。現在，這裡有四個人住，現在都滿了。」她一邊說，手上的編織針在迅速地動著，似乎在說：「你已經完成了自己的工作，你最好還是離開。」

「夫人，現在外面非常冷啊！」富蘭克林邊說邊用手緊緊地抱著外套，身體在顫抖。

「在你走之前，可以進去暖一會。」富蘭克林夫人指著一張椅子說，然後她離開房間去廚房準備咖啡，因為其他住客已經進來了。

在咖啡端來的時候，富蘭克林並沒有客氣，而是像在自己的家那樣隨意。別人端來蘋果時，他毫無顧忌地吃著，並將自己的口才發揮到了極致，牢牢吸引住著別人的注意。他謙虛的話語讓身邊的人忍不住讚嘆，直到時鐘敲響了 8 點鐘，是吃晚餐的時候了。

富蘭克林夫人之前一直在忙活，心想那位不受歡迎的來訪者應該早走了，但讓她感到不快的是，他竟然跟其他客人坐在餐桌上自由地談話！她一直等待著，直到晚餐結束，然後告訴他必須要找其他地方入住。富蘭克林向她保證，他絕對不會打擾她的家庭，但是在走之前，他想與其他住客一起抽根煙。就這樣，他又與其他住客神聊了許久，沒人注意到時間的流逝，直到其他人在談話的間隙中發現時間已經過了晚上 11 點了。

「我想我必須要狠一點了，」富蘭克林夫人非常嚴苛地說，「我堅持要求你現在馬上離開。」

富蘭克林向她道歉，然後穿著大衣，戴上帽子，向其他住客道別，祝他們晚安，然後打開門，此時一陣狂風吹來，雪花飄在他的頭上。「我親

愛的夫人，」他說，「在這樣的暴風雪天氣裡，你忍心趕我出去嗎？我是個旅者，要是這樣出去的話，肯定會死在街頭的。你看上去怎麼也像是一位慈善的女士，我想你也不至於在這樣的天氣把你的小狗趕出家門吧？」

「不要跟我談論什麼慈善不慈善的，」這位感覺自己受到冒犯的女士說，「慈善始於家庭。你在我這裡逗留了這麼長時間，這是我的錯。跟你說實話把，先生，我不喜歡你的樣子與你的行為。我怕你來這裡是有什麼壞主意。」

這時候，其他住客都過來求情，都說這位陌生人可以睡在火爐旁的沙發上。最後，富蘭克林夫人勉強同意了，但是她把客廳的門鎖上了，害怕這位「流浪漢」有什麼壞主意，或是在她家偷什麼東西。最後，富蘭克林夫人回去休息了，拿走銀色的湯匙與辣椒罐。

第二天早上，富蘭克林夫人早早就起來了，非常安靜地打開客廳的鎖，偷偷地走進去。她驚訝地發現，這位陌生人正在睡覺，此時，她的不信任馬上變成了信任。當他睡醒後，她友善地跟他說聲早安，問他昨晚休息的怎樣，甚至邀請他一起去吃早餐，因為之前其他住客已經吃了。

「先生，你看上去不像是本地人啊，」富蘭克林夫人一邊吃著巧克力一邊問道，「你到底是哪個國家的人呢？」

「我嗎？夫人？我是費城人。」

「如果你住在費城的話，」夫人說，「也許你知道我們的班班。」

「誰啊？夫人？」陌生人問道。

「就是班·富蘭克林啊。我的班班啊！他是最好的孩子，是每個母親的驕傲。」

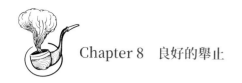

「什麼！」這位陌生人突然大聲喊道，「是班・富蘭克林。那位印刷工，你的兒子嗎？什麼，他是我最好的朋友，他和我住在同一間房子啊。」

「我的天啊，原諒我吧。」富蘭克林女士驚嘆說，抬頭向天，「我竟然讓班的朋友睡在沙發上，而我自己卻睡在舒適的床上。」

此時，富蘭克林說出了自己的身份，受到了母親極為熱烈的歡迎。之後，他總是堅持一個觀點，就是親人之間並沒有什麼血緣上本能的連繫。

無論對小孩還是成年人來說，禮貌都是極為重要的。

「先生，」詹森博士說道，「相比於去做一件不好的事情，一個人更沒有權利去說一些粗魯的話；相比於將人打倒，我們更沒有權利對人說那些褻瀆的話語。」

切斯菲爾德曾說取悅人的藝術實際上就是人不斷奮鬥的藝術，也是彰顯自己的藝術，讓自己成為世界上有所成就的人的藝術。事實上，他這樣說並沒有任何誇張成分。

Ｗ・Ｄ・霍威爾斯在寫關於朗費羅的文章時，以愉悅的口吻談到這位詩人是當代最具天賦的，但他還說朗費羅是他所見到的最為謙虛的人，說他對所有事情都非常有耐心，比所有紳士都更具有紳士風度。與菲力浦斯・布魯克斯一樣，朗費羅從來不會拒絕那些拜訪他的人。當別人問道這樣做是否打擾到他時，他輕輕嘆了一口氣說，相比於被打擾，他從這個過程中獲得了更多東西 —— 要是沒有別人的打擾，他可能或過度工作，讓身體出現過分勞累的情況。他在給讀者簽名時的大度也是廣為人知的，當別人要求他簽 50 個名字的時候，他總是顯得那麼樂意。他不允許一位女士在午餐時將這些簽名視為一種炫耀的做法。

習慣對我們在小事情上的行為起到非常重要的作用，因為很多行為在當時都是下意識的，只有在事後才能想起。一位作家在《內心世界》雜誌裡講到自己到一個家庭裡拜訪的經歷，那個家庭的每個年輕人都養成了禮貌待人的習慣。

　　上個星期的一個晚上，我去拜訪一個家庭，當時幾個年輕人正坐在油燈旁邊看書。一位手裡拿著語法書的年輕人是幾位年輕人中最忙碌的一位，但他見到我之後，馬上站起來，直到我坐下為止。

　　很多小動作都是下意識的。這個家庭的每個成員都在小事情上養成了禮貌待人的習慣，他們的父母從小就訓練他們對女性給予尊重。每當一位女士 —— 無論是他們的母親、姐姐、朋友或是來訪的客人 —— 進入他們家，即便他們在工作，也會站起來迎接。

　　無論是母親或是姐妹在晚上出去的時候，總需要一個男性陪伴。每個小夥都會安全地送女性回到她們的家，或是送自己的姐妹到她們要參加的聚會上。最讓人感到驚訝的是，這種良好的家教氣氛已經讓每個年輕人習以為常了，他們覺得自己的行為是自然而然的。

　　「你不應該這麼關注人們表面上的行為，」一位朋友說，「很多人都是擺出一副虛偽的樣子。我喜歡那些為人真誠的人。我也能夠容忍別人的唐突，但這肯定是他們的缺點。」

　　我們會想當然地覺得，善良的心與優雅的舉止之間存在某種天然的衝突，但事實並非如此。要是我們從小能培養禮貌的特質，就會覺得生活是更讓人愉悅的。

　　倫敦一家企業的某位銷售員就擁有這樣耐心與禮貌的名聲，因而吸引了很多顧客。據說，要想讓這位銷售員表現出一絲的煩躁或是說些一些不

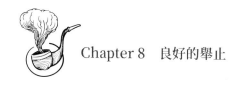

雅的話語，幾乎是不可能的。一位頗具地位的女士聽到了這位銷售員的名聲，就下定決心想去試探一下，但是無論她如何不停地詢問、打擾或是計較，這位銷售員依然保持鎮靜的態度，很有禮貌地回答這位女士的問題。於是，這位女士給了這位銷售員一筆啟動資金，讓他自己出來創業。

也許，世界上沒有其他商店比巴黎的班・馬切所創辦的企業更加讓人感受到真誠的禮貌與愉悅顧客的決心了。任何廣告都無法與這樣的名聲相媲美。阿裡斯蒂德・博烏考特與馬格萊特・博烏考特是這家企業的聯合創始人，他們一開始是貧窮的農民。阿裡斯蒂德・博烏考特經過多年節約的生活，終於有本錢買了一匹馬與一輛車用來售賣亞麻布。他們利用業餘時間去接受教育。他們一開始在班・馬切這個地方開始經營小商店。他們友善待客與真誠之道很快就吸引了很多顧客，於是，他們開了連鎖店，直到今天班・馬切這樣龐大的企業成型。博烏考特夫人在丈夫去世後，獨自一人經營著這家龐大的企業。她與自己的員工制定了某種共同協作的體系，給這些員工留下了高達 400 萬美元的遺產。員工對博烏考特夫人對每位員工福利的關切感到無比的動容。博烏考特夫人是 M・帕斯特爾的崇拜者，曾給予他兩萬美元的幫助。

難道這樣的生活不讓懶惰、一事無成與隨波逐流的廢物感到羞恥嗎？難道那些不斷抱怨與責備命運把自己放在不幸的位置上的人不應該感到慚愧嗎？

30 前，一位員工在麻塞諸塞州的菲茲伯格的一家酒店工作，他的名字是伊斯特布魯克。在禮貌方面，幾乎沒有人可以跟他相比。他對待每位顧客都是那麼有禮貌，無論他們是窮人或是富人，無論是穿著綾羅綢緞還是粗麻布衣，他都一視同仁。一旦你來到他的酒店，他都以真誠的態度去迎

接你。要是你有什麼需求的話，他都會非常真誠地滿足你，讓你感到一種兄弟般的親切，讓你覺得他就是你最好的朋友。當你的火車剛到月臺，他會緩緩地走過來，顯得那麼有紳士風度，別人肯定會跟著前往他所在的酒店入住。他不會像其他招攬顧客的人那樣，硬是幫你提行李或是對你大聲地吹噓什麼，也不會急忙沖過來跟你稱兄道弟。當他招來一個顧客，就會全心全意地為這個顧客服務客人。這樣的做法不僅讓酒店的管理者得益，更讓顧客感到滿意。因為顧客有一種賓至如歸的感覺。即便他們以後再也不前來，也會向其他人介紹這家酒店。

而在另一家大酒店，一位負責房間安排的員工獲得了很高的薪水。他是一位有禮貌、細心與真誠的人。他能讓顧客雖然住在很狹小的房間，都依然能讓顧客感到比別人住的還要舒適。一天早上，他前來查房，發現一位熟客在裡面暴躁地來回踱步。他向這位住客親切地道了早安，卻得到了冷漠的回答。「您什麼時候入住的呢？」「昨晚。」「我希望你有一個好的房間。」「我沒有啊。他們給我安排了這樣一間小房子，我甚至沒有地方讓我的小貓睡覺呢。」「哦，肯定是某位愚蠢的員工不知道你帶來了小貓。早餐後，我馬上幫你解決這個問題。你肯定會有一間能夠讓 6 隻貓睡覺的房間。」這位住客臉上終於露出了笑容，心滿意足地去吃早餐去了。

米開朗基羅是一位偉大的人，這點誰也不能否認，但是他的舉止卻讓人感到冷漠與不可接近。他有點喜歡諷刺人，而且很容易感到惱怒，雖然他的天才得到了眾多的追隨者，但他卻沒幾個朋友。哥倫布也不是一位善於社交的人，而偉大的但丁在自己的一生裡從未被人邀請過去參加晚宴。

查理斯·J·福克斯正是憑藉優雅大度的舉止贏得了所有人的喜愛，即便他在英國的政壇上不再受歡迎，他也依然受到人們的喜歡。

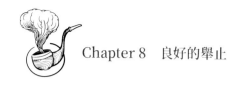

　　大約在 30 多年前，一位名叫格林的英國年輕人，為人非常隨和。看到一位老人在教堂裡找尋著座位，他馬上讓出自己在長凳上的座位，請求這位老人坐下，而自己則走到一個角落裡，手裡拿著讚美詩默默祈禱。這位老紳士仔細地觀察著這一切，在祈禱儀式結束後向他表達感謝。過了很久，格林已完全忘記了這回事。某天，他看到一個訃告，那位老紳士的名字是威爾金森，而他則成為威爾金森遺產的繼承人，每年可以獲得 35 萬美元。

　　威爾金森是一位獨居的老人，沒有親戚。格林的善舉讓他深受感動，他曾四處打探關於格林的消息，發現他是一位非常具有品格的人。

　　華盛頓將軍禮貌地問一位小女孩，是否可以幫她母親打開門，讓他進去，小女孩也非常有友善地讓他進去了。「親愛的，謝謝你。」華盛頓說。「先生，我也希望你可以進去。」

　　雨果曾對丹尼爾．德隆達說：「做人要有禮貌，友善待人，不要為了一點小利而損害自己的品格。」

　　對某些人來說，友善待人，需要花費很大努力去克服人性的弱點。一位英國政治家曾非常憤怒地說：「強尼這個人要每隔三個小時才能當一回紳士。」

　　著名學者阿諾德博士的偉大目標就是讓他的學生感覺自己是「富於基督精神的紳士」。

　　對年輕人來說，關於如何做到有節制禮貌待人這一方面，沒有比華盛頓更好的例子了。

　　華盛頓 13 歲時，就為自己制定了一套行為準則與人生規範，他在自傳裡這樣寫道：「這樣做是為了讓我的舉止更加得體，更受人歡迎，保持

內心最真誠的部分，不斷強化道德的作用，教會別人在社會交往中該如何處理。最重要的是，為了實現最完美的自我控管。」

要想成為一名優秀的教師，他的的態度、品格與整體形象都要符合教師的標準。一個優秀的畢業生在到一所鄉村小學試用了一個月後，被解雇了。他走路的時候總是喜歡雙手插在口袋裡，而且行為比較粗野，所以他成為那所學校的笑柄。修養意味著自身的卓越特質，而卓越特質會給人留下深刻的印象。

紐約街上一個年輕的擦鞋匠正是因為彬彬有禮地對待每個人，從而獲得了銀行裡的一個職位，後來，他成為這家銀行的主席。「我不知道」「我不關心」「不關我事」這些話語是無法讓我們獲得別人的信任。很多年輕人之所以能從貧窮中掙脫出來，走向富足，就是靠他們在年輕時養成了的好習慣。

一些人憑藉自身異乎常人的能力，雖然行為有點粗野，惹人討厭，但還是成功地獲得了名聲與財富，但要是他們的舉止更加得體或是待人更有禮貌的話，那他們肯定會更快地取得成功。關於阿本內斯有很多傳聞，他雖然醫術精湛，但態度冷漠，為人唐突。據說，一位拜訪他的女士對他粗魯的態度感到不滿，就將錢扔在桌子上，生氣地說：「我之前聽說過你的大名，但我從來沒有見識過你這麼粗俗的行為。」阿本內斯給這位女士寫了一張處方，女士問道：「我該拿這張處方怎麼辦呢？」「隨便你啦，最好扔到火裡燒掉。」這位女士果真將那張處方燒掉了，然後離開了他的診所。阿本內斯馬上追上前去，將她的醫藥費還給她，但是這位女士不拿，於是阿本內斯就將這些錢扔在她身後。後來，一位女士來找阿本內斯看病，向他抱怨說，無法使自己的手臂比平常抬得高一點，那樣會感覺到劇烈的疼痛。「那你為什麼要抬得比平時高一點呢？」阿本內斯粗魯地問道。

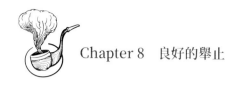

顯然，要不是他有精湛的醫術，病人是不會忍受他那麼粗野的行為。

　　雖然粗俗存在於某些具有品格力量與正義的人身上，但粗俗這種特質對他們始終是一個汙點，絕不是一個亮點。

　　要是一個人真心想要培養得體舉止的話，那他很快就能把優雅的舉止變成自己的「第二天性」。與舉止得體的人多多交往肯定會給我們帶來好處，在無形中給我們帶來影響。我們自然會注重與我們交往的人要有「一定的風度、衣著與舉止」。要是我們想像一下禮儀的法則是如何在一個講究禮貌的社會裡流行的話，就肯定會發現人們表現出良好的舉止是非常自然與合理的。

　　「他的行為舉止對他而言價值 10 萬美元。」我國一位高官這樣評價某位孩子。「如果他只是做一位農民，或是沒有什麼機會的話，他就不會有這樣的身價。如果他是一位懷抱大志的大學生，那麼得體的舉止對他來說至少價值 10 萬美元。」

　　這位男孩是這位高官的遠房親戚，在遠方的城市裡由父母撫養成人。他的父母教會他最重要的一點，就是首先要想到別人，然後再顧自己。男孩前往這位高官所在的城市，他們在街上無意中相遇。這位年輕人馬上認出了長輩，急忙走上前，以真誠與尊敬的口氣跟他說話。當然，這位長輩對此感到很高興。上面那句話就是這位長輩在與年輕人交談後所說的。之後，年輕人走進了一個房間，看見那位長輩在脫外套，於是他走上前幫忙脫下，然後放好。他願意為任何人這樣做，不管他們是什麼身份。

　　門羅在他處的時代，也被稱為是「古典的紳士」。

　　亨利‧克雷據說是他那個時代「紳士中的紳士」。

　　安德魯‧傑克遜的舉止有點粗魯，但在感到高興的時候，他也是非常

有禮貌的。他總是對女性非常有禮。

拜倫對那些才情與他同一層次的人相當敬重，對那些他想取悅的人也是極為有禮，但對其他人則顯得傲慢與冷漠。

塔里蘭德將自己的成功歸功於友善地對待每個人。

海頓本人就是禮儀的代名詞。他曾說：「無禮對待別人是毫無意義的，即便對待一隻狗也不能那樣。」

獨立戰爭時期，格林內將軍享有禮貌待人的聲譽。

歌德的舉止是那麼簡樸與沒有造作。他一視同仁地對待所有人，讓每個人都感到高興。據說，在他走進一家酒店時，其他顧客會放下手中的刀叉以表示對他的尊敬。

約翰·亞當斯為人保守一點，經常給人一種他害怕與人交談的感覺。

丹尼爾·韋伯斯特是一個清高與富有尊嚴的人。他有時會讓人覺得很遙遠，但是他並沒有惡意。

格萊斯頓禮貌地對待所有人。他認識老家附近的每個人，即便是對最貧窮的勞動者，他都給予善意的安慰。

威廉·佩恩友善的舉止甚至讓與他打交道的印第安人都感覺到善意。別人送給他一個綽號「一個大大的好人」。

麥迪森曾立下這樣的規則，即要是別人向他鞠躬，他就用手觸碰一下帽子。正是因為他一絲不苟地執行這個規則他的帽子都破舊了。

克倫威爾雖然身處高位，但他從未遠離英國鄉村紳士所應有的特質。在與人談話的時候，他總是那麼安靜與從容。

1808 年，很多國王與皇帝聚在埃爾夫特，他們都在一起交談。俄國

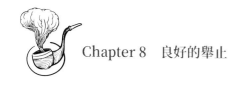

的沙皇亞歷山大坐在拿破崙旁邊。當舞臺上有人說「偉人們的友誼是上天賜予的禮物」時，亞歷山大優雅地站起來，牽著拿破崙的手，鞠了一躬，說：「今天，我終於感受到這句話的意思了。」

「我的孩子，」一位父親對兒子說，「要禮貌地對待每個人 —— 即便別人粗魯地對待你。記住，你禮貌地對待別人，並不是因為他們是紳士，而是因為你是紳士。」

一位曾與小狗玩耍的小女孩說：「杜克，不好意思啊，」她說話的語氣就好像她是向一個人道歉一樣。「這對每個人都是一堂關於禮貌的課。」一個聽到小女孩說話的人說。

某天，腓德烈大帝在坐下寫字前，透過鏡子看見他的隨從正準備接近他那個鼻煙盒，想從那裡拿走。腓德烈大帝在寫完字後，站起來，拿起一個非常貴重的鼻煙盒，向他的隨從展示，問他是否對此感到滿意。隨從感到很尷尬，然後說自己很滿意。「那你拿走吧。」腓德烈大帝笑著說，「這個鼻煙盒不夠我們兩個人用。」

一位女士在走路的時候，不小心將大街上一位阿拉伯少年推到在人行道。她馬上停下腳步，向他道歉，希望他沒有受傷。「我、從未見過她這樣的人，」這位阿拉伯少年對同伴說，「她對我說話的態度，就好像我是一位有地位的人。我每天被人這樣推倒 40 多次，但只有她向我道歉。」

沒有比克服自己更讓人強大了。布萊克王子愛德華堅持要等待被他征服的王子與國王。他良好的舉止贏得了人們的尊敬。

有人說，在復活之日到來時，之前習慣了嘲笑別人的人會被召喚到天堂的門口，就當著他們的面，天堂的大門緊閉了。在他們再次回過頭的時候，另一扇大門也關閉了，就這樣一直無限地延續下去。玩笑可以調劑一

下情緒，要是過多使用的話，最終會毀掉我們。要小心那種總是笑話別人或是說些俏皮話的習慣。

芙爾河鐵路沿線的列車員波爾特是麻塞諸塞州最受歡迎的列車員。他的禮貌待客在全國都享有名聲。在過去 20 年裡，他一直工作在芙爾河與波士頓之間的汽船列車上。他一開始是在佛蒙特的列車上當剎車員。他對芙爾河沿線的重要性就好比蒸汽機布里斯托爾一樣。

在我們國家的歷史上，終於出現一位黑人受邀來到白宮了。當林肯聽說費雷德·道格拉斯來到華盛頓，就派人來到道格拉斯居住的地方，用馬車將他接到白宮，並附上這樣的話語：「過來這裡一起喝茶吧。」道格拉斯說：「林肯先生是第一位與我交談了一個小時卻沒有提醒我是個黑人的白人。」

我們可以從外國人身上學到很多關於禮貌的知識。要是你在維也納去問一家商店的老闆到一處名勝古跡該怎麼走的話，那麼這位熱情的老闆很有可能會離開自己的店鋪，與你一道前往。要是在倫敦或是我們國家的一些城市裡，要是別人不對你大聲吆喝，你已經覺得很幸運了。

法國人一向都遵守他們所持的格言，但我們這個民族似乎就是缺乏禮貌，即便很多人可能對此持有異議，但絕對可以肯定一點，就是我們國家不存在待人過分禮貌的危險。我看到過一位紳士在很多人中間想要靠身後的座位坐下來，結果摔倒在地上。其他人都在哈哈大笑，嘲笑他尷尬的處境，除了在場的一位法國紳士。這位法國紳士立即走上前，扶他上來，並說希望他沒有受傷，然後把自己的座位讓給他，跟他進行有趣的對話，讓他忘記剛才不愉快的事情。這位法國紳士的禮貌讓旁人都感到困窘，但是我在想，如果第二天晚上依然發生這樣事情的話，那些人肯定還是會那樣

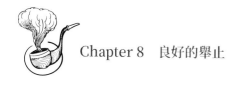

肆無忌憚地發笑。對這位法國紳士來說，禮貌是一種習慣，而對其他人來說，禮貌是不存在的。

為了避免讓讀者朋友認為美國人是全世界裡行為舉止最差的，我們最好聽一下西德尼·史密斯對英國人行為舉止上的「指控」。他說：「我相信，英國人是太陽底下最讓人感到不愉快的人了。並不是因為英國人不喜歡交談，而是因為每個人都沒什麼話好說。因為他們完全無視禮儀的重要性。讓我們看一下法國的普通司機吧 —— 這些司機見到自己的同事會脫帽致意，見到了女士後，會鞠躬問好，他們的禮儀會讓查理斯·格蘭蒂森爵士相形見絀。我經常看到一位法國女僕要比一位英國公爵夫人更有禮貌。」

優雅的談吐，認真對待每個人 —— 無論他們是窮人還是富人，身處高位還是低位 —— 才能讓我們贏得別人的好感。

最為強大與最為勇敢的人一般都是那些性情溫和，友善待人的，注重別人的情感，即便是別人對你有成見。

聖保羅曾給良好的舉止下了一個基調，他說：「友善對待別人，就是友善對待自己。」良好的舉止在社交生活中發揮的作用就像是陽光對植物的作用 —— 帶來美麗的顏色與優雅的氣質。

完美的舉止讓人感到從容自在與優雅 —— 這是良好天性的最根本特徵，是無法在自私、充滿自我意識的人中找到的。良好的舉止源於我們的天性，源於我們所接受的良好教養。得體的舉止並不是由我們大腦學到的禮儀所決定的，而是在於我們關心別人福祉的一顆善良的心。

良好的舉止是具有傳染性的。富蘭克林曾憑藉自己良好的習慣改變了倫敦整個車間的工作氣氛。

人的品格在衣著上會有所體現。當一個年輕人的道德開始逐漸墮落，

品格開始被腐蝕的時候，這通常體現在他的衣著上，他會變得不注重外在形象，穿的邋遢，衣冠不整。「人靠衣裝。」有人仿照蒲柏的話這樣說道。不當的衣著會傷害我們的自尊心。

整潔的衣服會給身體傳達乾淨的感覺，而這種乾淨的感覺反過來會延伸到我們的工作中去。我們可以明顯感覺到，衣著對自身工作所產生的影響。我們的衣著毫無疑問影響著我們的情感。每個人在穿上一套全新的衣服後，都會感覺整個人好像煥然一新了。

布馮曾說，除非他穿上莊嚴的宮廷衣服，他根本無法去為一個良好的目標進行思考。在開始學習前，他總是這樣做的，甚至還要佩上寶劍。

寒酸的衣服不再是不修邊幅的天才們的特有屬性了。很多取得重要成功的天才都對自己的外在形象毫不在意，這個世界也忽視他們的形象，並給予寬容，但這只對那些富於成就的天才而言才行得通。很多年輕人就以這些天才們為榜樣，學習他們不修邊幅，最終發現自己失敗的很慘。身處高位或是取得偉大成就的人展現出個人的一些怪癖，這不是那些正在努力奮鬥的年輕人所應該學習的。

一家公司解雇了一名老員工，因為他的衣著總是那麼「邋遢」，他的外在形象從未給人衣著整潔的感覺。解雇他之後，公司打廣告招聘一位經理，結果有 40 位應聘者，但只有一人進入複試。

「你注意到他整潔的襯衫與領帶了嗎？」公司的一位合夥人在面試者走了之後這樣說。「他的皮鞋擦得多亮啊，他整個人看上去多麼整潔啊！」這位年輕人的形象幫了他的大忙，獲得了第二天早上前來複試的機會。與他一起競爭這個崗位的很多應聘者也許比他更加適合這個職位，但是第一印象實在是太重要了。很多年輕人在城市裡晃蕩了幾個月，想要找一份工

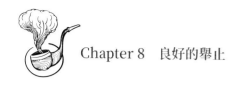

作，要是他們好好地整理一下自身的形象，改變之前邋遢的情況，不出三天就能找到工作了。沒有一家企業會招聘那些看上去邋遢的員工。在這片充滿機會的土地上，即便是最貧窮的男孩或是成年人也不應該讓自己的形象顯得邋遢。關於這方面，很多母親或是妻子都為沒有灌輸孩子或是丈夫要注重外在形象的觀念而受到指責。一個總是沒有目標與看上去沒有活力的人是很難擁有自尊的，沒有人會聘請那些缺乏尊重、不注重外在形象的人。他的衣服可能顯得很舊，甚至打過補丁，但如果很整潔，線條不出現褶皺，那麼這也會顯得乾淨，另外，他還要擦亮自己的鞋子，梳理好頭髮，修理好指甲，這樣才能贏得每個人的尊重。

對別人是否具有良好舉止的一個考量標準，就是我們在那個人面前是否感到自在。看到別人感到痛苦，無疑也會讓我們感到痛苦。在舉止優雅的人面前，我們的話匣子自然會打開，之前的拘謹、不自在與羞澀都會消失。即便我們有什麼不足或是軟弱的地方，在舉止優雅之人面前，我們都自然會忘記。我們不願意讓別人觸碰的痛點、敏感點或是無知都不會被別人觸及。我們會忘記自身的缺點與不足之處。

一位殘疾人曾說，他能按照別人對待他的方式來區分他的朋友，真正的紳士與淑女不會盯著你的缺點不放，而是千方百計地避免提到你的這些缺點。

良好舉止的魅力能讓我們消解恐懼、不安、無知與不足的自我意識、！我們欣賞那些舉止得體之人，是因為他們讓我們感覺到自己是真正的男人或是女人，並在這個世界上有一席之地。良好舉止能讓這個世界為你讓路，這是一種堪比賺取財富的能力。

維爾克斯是英國最醜陋的人之一，他曾說贏得一位女士優雅的對待讓

他在三天之內感覺自己是全英國最帥氣的人。

　　「要注意那些認為世俗禮儀不值一文的人，這些人認為美德並不是依靠禮儀。」社交上的禮儀通常是用來掩蓋我們內在枯朽的心與放蕩的生活，但換個角度來看，正是最堅硬的外殼包裹最甘甜的果實，所以，粗野的外在也可能是一顆善良與柔和的心。

　　人在這個世界上，應該像橙樹那樣在花園裡自由地「走動」，每當微風吹過，就發散出一縷芳香。

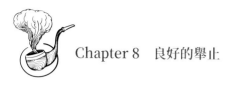

Chapter 8　良好的舉止

Chapter 9
塑造品格

歐洲沒有哪位君主的品格能與華盛頓相提並論。品格代表著
成功,除此之外,沒有什麼可以代表成功了。

> 很多人都說他們在這個世界上除了自身品格，就沒有其他財產
> 了，但他們依然能像國王那樣抬頭挺胸。
>
> —— 斯邁爾斯
>
> 雖然衣衫襤褸的，但他知道，
> 要是沒有品格，即便是國王也不過是凡人。
>
> —— 亞肯賽德
>
> 要是發生了什麼莫測的事情，
> 財富會離我遠去，但美德不會。
>
> —— 班・強生

　　品格並非刻在大理石上一成不變、不可更改的。相反，品格是一種具有生命力與改變力的東西，與我們的身體一樣都會生病。

　　「這是新來的小夥子是吧？」船長自言自語，他看見一位雙眼發亮、面容俊秀的青年靠在桅杆上，眺望著遠處泛起的浪花。船在迅速行駛，白色的浪花在翻滾。「他看上去是個很有趣的人。我很想了解一下他。」

　　沒過多久，一陣大聲的叫喊聲與歡笑聲吸引船長來到甲板上，他發現幾個水手正在試圖說服這位年輕人喝他們的摻水烈酒。

　　「你們笑吧。」艾倫不為所動，「但我是不會去喝一口酒的。你們這些酒鬼應該為自己的行為感到羞恥，更不應該要求別人喝酒。」

　　水手們又發出了一陣笑聲，一名水手看到船長過來了，膽子一下子變大了，因為他知道船長就是一名酒鬼，他說：「現在，我的小夥，快乖乖地喝，不然我們就灌你了。」

這位水手正準備拿酒去灌艾倫，艾倫迅速搶過酒瓶，扔到大海裡。此時，哈登船長的臉因為憤怒而變紅，一把按住艾倫的手臂，大聲地說：「將這個傢伙綁到主桅上的平臺上，叫你浪費我的酒。」

　　「船長，我自己上去。」艾倫向那些水手示意，讓他們退後。「我希望你能原諒我，我沒有惡意的。」

　　「快點！」船長看到艾倫在踱著腳步時大聲喊道，因為對一位剛從事航海的新手來說，爬到那個位置是極為危險的。艾倫努力往上爬，但腳一滑，手臂懸在半空中。船長與下面的水手看到他的失誤時發出一陣粗野的笑聲，但艾倫還是用力抓住繩索，很快就來到了平臺上。

　　「你就待在那裡，你這個年輕魯莽的傢伙，看你這麼囂張。」船長冷冷地說，然後回到了船艙下面。晚上的時候，中尉大膽地對船長說：「哈登船長，原諒我的冒昧，我想如果那個年輕的傢伙在那裡待太久的話，肯定會生病的。」

　　「生病？不會的！他有勇氣去反抗別人所說的話，在我的船上沒有人會生病的。所有人都比我清楚這個遊戲的規則。無論怎樣，我都要看看那個傢伙想要怎麼做。」

　　「小夥子，看著！」他透過喇叭大聲說。

　　「怎樣了，長官！」艾倫迅速地回答，聲音有點微弱，看來很希望能馬上下去。

　　「你覺得新『住的地方』怎樣啊？」船長諷刺地問道。

　　「長官，要比摻水烈酒與威士忌好。」

　　「要是我讓你下來的話，你會喝酒嗎？」船長問道，手裡拿著一個酒杯。

「長官，我已發誓絕不能沾半滴酒了。我不會違背自己的承諾，即便是冒著生命的危險。」

「既然這樣，就讓他在那裡待著吧。」船長對中尉說，「今晚就讓他待在那裡吧，明天早上他的口氣就會軟了。」

第二天早上，船長大聲喊道：「嘿，小夥子！」，但艾倫並沒有回答。兩名水手將艾倫從平臺上拉下來，帶到船長身邊的時候，船長以柔和的語氣問道：「小夥子，喝了這杯酒吧，吃點餅乾，我就再也不找你麻煩了。」

「哈登船長，」艾倫用沙啞的聲音說，「你能讓我說說我的故事嗎？」

「說吧，」船長說，「但不要以為這會讓我改變想法。無論怎樣，你都要喝了這杯酒，以表示對我的尊重。」

「在我上這艘船的兩個星期前，我站在母親的棺材前，看見教堂司事將母親的遺物都放在棺材裡面。我看見送別母親的人一個一個走了，最後只剩下我一個人。那個愛我與關心我的人走了。我跪在草地上，淚水從我的眼眶裡流出來。那時，我就發誓，以後絕對不沾半滴酒，不讓母親傷心。正是酒精毀掉了我的父親。兩天後，我來到了監獄看望父親，我告訴他我要出海。船長，隨便你想怎樣吧，讓我在那裡凍死吧，或是將我扔到大海裡吧，但是絕對不要逼我喝酒。為了我母親的緣故，正是酒精毀掉了我的父親，最終讓我母親心痛而死。請你不要讓酒精毀掉這位母親唯一的兒子。」

船長走上前，伸出微微顫抖的手，放在抽泣的艾倫的頭上，對旁邊的船員說：「為了我們的母親，讓我們尊重艾倫‧本克羅夫特的誓言，以後不要，」他以兇狠的眼神看著船員接著說，「不要讓我發現你們欺負他。」說完，船長就走開了，水手也散開了。

「中尉，」備感疑惑的艾倫問道，「那是什麼意思？我是不是不用……」

「你自由了。」中尉說，「從此沒人找你的麻煩了。」

「中尉，」艾倫說，「要不是我現在身體虛弱感到很冷的話，我會脫下帽子，向哈登船長致以三聲的問候。」

艾倫在船上工作了三年，成為最受歡迎的人。在他面前，即便是平時最口無遮攔的人都會忍住不說一些髒話。船員們不文明的現象顯著減少。據中尉後來說，在艾倫要離開的時候，哈登船長送給艾倫一個金手錶，以表示那晚讓他待在主桅杆上的道歉。

這個故事多麼生動地闡述了拉馬丁的那句名言：只有一種精神是永不失敗，永遠不能被麻痺的，那就是責任。責任讓每個人都能頭頂一片藍天，讓人的心靈充滿陽光 —— 就像是歡樂的雲雀，自由自在地歌唱。

責任是最高級的人生的目標。最真實的樂趣源自於我們意識到自己實現了目標。每個人都能感覺到內心有種東西在催促著去履行自己的責任。

「有人說這是良心，但我更願意說這是人的靈魂中上帝的聲音。如果你聆聽並遵循這種聲音，那麼這種聲音會越來越清晰，指引你朝著正確的道路前進，但如果你對此不聞不問，那麼這種聲音就會慢慢消逝，最後讓你在黑暗中孤身一人。你的生活都依賴於傾聽這樣微弱的聲音。」

「不要忘記，」蓋伊克說，「錯誤的行為在最後是不可能有好的結果。這樣的行為可能會帶給我們想像中的樂趣或是娛樂，但這是夏娃吃蘋果那個故事的老調重彈。羞恥、危險、自我責備與失去都會接踵而來。正如在《啟示錄》裡，地獄在等待著死亡的腳步。黛莉拉的笑容讓人隱隱記住那位失明的參孫。魚兒在咬魚餌的時候，很少會覺察這包含著釣鉤。不要讓

任何事情引誘你走上歧途，無論現實有多麼殘酷或是你有多好的藉口，都不要這樣做。很多年輕人都在以好的藉口去做錯誤的事情。他們說：「這是為了友情，為了某種精神，或是為了看看這個世界，抑或是領略不同的人生體驗，但是，死亡就是死亡，無論我們給它安上怎樣的名字。」

只有正確的行為才能給我們帶來滿足與贏得別人的認同。

「但是，雷格魯斯，你將怎麼辦呢？」古羅馬一位議員在聽到這位之前宣布要作戰的將軍聽到了迦太基特使的話後，決定重新回到敵人那裡做俘虜的話問道。「不要太牽掛我。」這位勇敢的士兵說，「我說過要回去的，如果不能達成和平的話，我會遵守自己的諾言。我會盡自己最大的努力阻止戰爭的發生。」在基督教的歷史上，還有比這個異教徒首領選擇視死如歸，選擇必然的折磨，都不願意違背對敵人的諾言更加偉大的嗎？

「一個國家的真正價值必須要重新衡量，不單單是看商業貿易方面的指標。」羅威爾說，「西西里島上很多花園都已經沒人管理了，但依然有很多蜜蜂從狄奧克裡塔斯的小花園裡帶來花粉。在世界地圖上，你會發現裘蒂亞不過是個小點，而雅典不過是個指尖的位置。在當今的世界裡，這兩處地方也沒有產生多麼大的經濟效益，但這兩處地方依然影響著每個文明人的思想與行為。一個國家是否成功真正的衡量標準，是這個國家在人類思想、道德力量、智趣的快樂及精神上的希望與對人類安慰上所做出的貢獻。

「我的房子知道放逐的道路，但不知道恥辱的道路，」維克多·伊曼妞爾對想要用金錢賄賂他的馬歇爾·拉德茨基說，當時他剛剛上位不久，但任何事情都不能阻擋他解放自己祖國的意願。

「這片土地上，我為一個比你更偉大的人做過馬車夫，」一位農民對

奧地利國王當馬車夫的時候這樣說道。「那人是誰呢？」國王驚訝地問道。「就是路易士·柯索斯陛下。」馬車夫回答說。那時候，柯索斯還在流浪，但他解放祖國波蘭的努力失敗了，現在他一無所有，但他的人格魅力依然對匈牙利人民很有影響。

無論怎麼說，品格都是人類所必需的東西。真理以其簡潔及強大的美感，可說是宗教的最高形式 —— 這是每個年輕人首先應該學習的，也是最不該忘掉的。

「最近有人過來看過你嗎？」英格蘭聖馬丁高地的教區牧師問一位躺在病床上的清道夫。

「有啊，格萊斯頓先生來看我了。」

「哪個格萊斯頓啊？」牧師問道。

「就是那個很有名的格萊斯頓。」清道夫說道。

「但是他怎麼會來看你呢？」牧師驚訝地問道，雖然他知道格萊斯頓也住在附近的教區，但是身為財政大臣的格萊斯頓怎麼會來看望這位生病的清道夫呢？

「嗯，是這樣的。」清道夫說，「每當他看見我在大街上掃地的時候，總是很友善地問候我。當他沒有看到我的時候，就有點想念我了。他問我的同事我住在哪裡。當他聽說我生病了，就要了我的位址，寫在紙上，然後他就來看望我了。」

「那他過來做了什麼？」牧師問道。

「也沒什麼。他過來為我讀了一段《聖經》的內容，並為我祈禱。」清道夫回答說。

格萊斯頓這一行為彰顯了英國老一輩紳士的品格。格萊斯頓的品格在國家的治理方面也發揮了重要作用。

也許，在關於近代國王的事例裡，最讓人震驚的，還是胡波特國王的故事。當時瘧疾正肆虐著那不勒斯，他接到了熱那亞市參加晚宴的邀請，但他拒絕了。他說：「你們在熱那亞吃香喝辣，那些那不勒斯人正在遭受死亡。—— 我必須要去那不勒斯。」

在格拉斯哥一座古老教堂的地下室裡，有一扇窗戶面對著約翰·科諾克斯的雕像，窗戶上掛著好人撒瑪利亞的畫像，在畫像下面用粗大的蘇格蘭語寫道：「讓你的行為說話吧。」

一個人的行為，才是考驗一個人真正價值的標準。

高尚的行為總能豐富我們的心靈，品格是永恆的財富。在擁有品格的窮人面前，那些家財萬貫但缺乏品格的人就像是一個傀儡。房子、土地、股票與債券與為人品格相比，算得了什麼呢？

盧梭有一次談到這個話題時說道：「我們總是身無長物，但我們從不談論金錢，因為金錢與我們的理想相比不值一文。」

比玫瑰的芳香更讓人陶醉的是，一個人擁有善良、慈善與無私的品格，願意盡自己的能力去幫助其他人。

倫敦一位牧師在發現自己患上了天花後，就果斷決定不回家，甚至不願搭車到醫院，而是一路上跟隨著一輛靈車，安全地來到了醫院。

如果一個人秉持正確的信仰，那麼這會讓你的身體更加敏銳，能量更加充沛，增強你的自尊，讓你的品格建立在更加牢固的基礎之上，增強成功的希望。

社會需要更多善良的人，需要更多類似於格思裡醫生某天早上在高地上遇到的那個小女孩所具有的精神。這位小女孩雙手抱著一位年齡與她一樣大的小男孩。這位心善的醫生出於好意，就對女孩說：「小姑娘，讓我幫你吧。這對你的雙手來說太重了。」「不行，」小女孩微微一笑著說，「先生，他是我的弟弟。」她從來不覺得自己的弟弟是一個包袱。

　　全身心地投入到更為美好、純潔與真實的東西，並且無條件地遵守原則，這就是建立品格的祕密所在。我們對高尚與卓越的熱愛，讓我們對自我的愛變得柔軟與清晰。透過沉思如何走向卓越，我們可以看到自我中很多渣滓或是不純的東西，然後加以剔除。

　　斯蒂芬・A・道格拉斯說，在他與林肯見面的時候，他感覺自己整個人處在一個安全的氣氛之中。這樣的話出自一位這麼強大的政治對手的口中，真是一種莫大的讚賞。

　　1852 年 11 月 5 日，德斯萊利在下院舉行威靈頓公爵的葬禮上發表演說時稱：「威靈頓公爵給我們國家留下了偉大的遺產，這筆遺產要比他的名聲更加重要 —— 他讓我們可以去沉思他留給這個世界的偉大品格。」

　　真誠是品格中最重要的美德，就像是手錶中的主發條。我們都知道正是手錶的主發條才讓手錶轉動的，但是我們品格中的「主發條」絕對不能停止運動，而是應充滿活力，絕對不應是死氣沉沉。

　　贏得尊敬、自信與成功的最快捷與平坦的道路就是真誠待人，而走向失敗最快捷與必然的道路就是欺騙別人。

　　「一個積極的念頭要比一百個消極的念頭都重要。」

　　跟自己做這樣的約定吧：無論發生什麼，都不要欺騙別人。如果說實話會讓你遭受懲罰，那你就像一個男人那樣去承受吧，這是成為真正男人

的途徑。如果說實話讓你被迫離校，讓你失去地位，讓你無家可歸，勇敢地說出來，勇敢地承受這樣的結果。

「你是否看見過一位雕刻家緩緩地塑造一個人的面容？」一位老師說，「這不是一下子就能雕刻出來的，也不是某一鑿就能刻畫出來的，而是經過很多錘擊雕刻而成的，直到畫像在大理石上定型，再也無法改變了。同理，一個人也會根據自身的道德喜好雕刻自己的人生。他每一天都是在雕刻自己的畫像上作出一定的改變。」

生活是一門高深的藝術 —— 要比繪畫、音樂、建築、航海或是其他學問都更加高深，因此我們需要學會如何生活。

「如果你想知道品格所具有的力量，」愛默生說，「試想一下，要是我們從人類歷史上將彌爾頓、莎士比亞或是柏拉圖這三個人 —— 僅僅這三個人拿掉，或是不讓他們做自己喜歡的工作的話，那人類歷史將會多麼的乏味啊！」

「綻放的花朵不知道自己會釋放出怎樣的味道，」比砌說，「沒人知道自己會有怎樣的影響力，不知道自己的行為會給別人留下怎樣的榜樣，或是在實現目標的過程中是否超越了原先的範圍。」

莫斯・斯圖亞特是紐黑文的一名牧師，後來被安多弗學院提名擔任教授職位。斯普林博士到紐黑文走一趟，希望能對這位候選人有所了解。他訪問了德懷特校長，德懷特校長說：「是的，他非常適合那個位置，但我們不會放他走的。」「先生，」斯普林博士說，「我們也不想要一個對別人來說可以放走的人。」

品格的力量包括兩個方面 —— 意志的力量與自制的力量。因此，要想品格得以持續存在，就要有強大的情感與強大的自控能力。

在米蘭教堂的一座教堂裡有三重門，每扇門上的拱頂都刻有字眼。第一道門上刻著玫瑰花狀的文字「所有歡愉，不過一瞬。」第二道門上刻著一個十字架，上面寫著「所有煩憂，不過一瞬。」而在教堂中央的那道主門上刻著「重要之事，唯有永恆。」

某天，沃特斯博士與他的朋友在一起，他聽到一位陌生人說：「什麼，那就是沃特斯博士嗎？」沃特斯之前一直保持得很低調，走向那位剛才發問的人身邊，以幽默的心態重複著下面這首他的詩歌。

我要很高才能夠到旗杆，

我的手要很長才能橫跨海洋，

我只能依靠靈魂去衡量自己，

因為只有靈魂才是衡量人的標準。

誰能估量薩伏納羅拉的品格與布道演說對義大利國民所產生的影響呢？他的演說是那麼的出色，即便是住在遠方的人都會半夜爬起來趕路，就是為了避免錯過他的演講。米開朗基羅的人生就深受薩伏納羅拉與但丁的品格的影響。

「如果我們在大理石上雕刻，雕像會模糊，」韋伯斯特說，「如果我們在黃銅上雕刻，時間會讓它變質，如果我們建造宮殿，歲月會讓它倒塌，但如果我們能夠專注於永恆的靈魂 —— 如果我們能夠以原則去生活，對上帝懷著敬畏，對同胞懷著愛意 —— 我們就在石碑上刻下永垂不朽的詩篇。」

什麼？在水車旁邊建造工廠，利用蒸汽的力量去為人類編織衣服，為那些衣不蔽體的人庇護！什麼？揚帆起航到大海的深處，與深海處的怪獸抗爭，只為了妻子兒女能過上好的生活，延長我們的壽命。

要是沒有道德的脊骨，你就是一個意志薄弱之人，無法取得應有的成就。

「如果我買下你的話，你會聽話嗎？」內戰前一位心善之人在南部一個奴隸市場這樣對奴隸說，他對這位黑人少年的處境充滿了憐憫。

「無論你是否買我，我都會誠實的。」黑人男孩說，臉上的表情讓那人感到震驚。

誰能估量富於意義的人生所帶來的影響呢？

品格就是力量。將這句名言掛在這片土地上的每所學校、每個家庭、每個年輕人的房間裡。每位做母親的都應該將這句話深深刻在孩子的腦海裡。

Chapter 10
心靈雞湯

很多年輕人之所以有所成就，是因為他們讀到一本書。
每家每戶都擁有一個小的圖書館，將會徹底改變我們的
文明。

> 年輕的朋友們，我想對你們說，養成閱讀的習慣吧。我敢說這是
> 獲得上帝為人類創造的最偉大、最純淨與最完美的樂趣的唯一途
> 徑了。
>
> 　　—— 安東尼·特羅洛普
>
> 如果你去閱讀真正值得閱讀的書，就會發現社會上一半的流言都
> 會自然消失。
>
> 　　—— 達爾森
>
> 即便是在最高的文明裡，書籍依然會是人類獲得最高樂趣的途徑
> 之一。
>
> 　　—— 愛默生

「這就是他們與印第安人作戰的地方嗎？」一位身材修長的女性手裡拿著雨傘，領著一個小淘氣鬼進入紐約一家書店。「這就是那個英勇男孩舉起槍，向那些膚色灰暗的北美印第安人射擊的區域嗎？」說著，她用手扯著那個淘氣鬼的耳朵，然後將雨傘放在櫃檯上。

「我 —— 我們這裡是銷售適合青少年閱讀的小說。」櫃檯後面的年輕人結結巴巴地說。

「我想知道這裡是否就是那位勇敢的少年騎上那匹野馬，向著野蠻的印第安人發起進攻，然後取了對方首領的頭顱，速度之快令那些印第安人根本沒有反應過來的地方。這就是我想要打聽的資訊。我想知道這些事情是不是發生在這裡的。」她一邊說一邊用雨傘敲打著這位年輕店員的頭。

「我 —— 我不知道這些細節。」店員回答道。

「我想知道那位勇敢的少年是不是就在附近騎上一頭野牛的背上，追趕那些四處逃竄的印第安人，舉起步槍向他們開槍。我想要找這些事情發

生的地方！」她接著用雨傘敲打這位年輕店員的肩膀。

「我 —— 我 —— 我真的覺得 —— 覺得，」店員躲在櫃檯後面支吾著說。

「我到這家店裡是要找尋那些少年的攔路強盜，這些少年尖銳的眼神讓過路的車夫感到膽顫。他們迅速地搶劫男性乘客的錢財，然後輕吻那些女性乘客的手，以優雅的紳士風度彰顯他們騎士般的氣質！」這位女性一邊說，一邊把店員追到了角落裡。「我要找到那一幢他們做交易的大樓！」這位女性說著放下了雨傘，然後像是把雨傘當成杵錘那樣放在店員的頭上。

「女士，老實說，」那位驚恐的店員喘著氣說，「我向你保證 —— 」

「我要你告訴我在齒狀山上的童子軍到哪裡去了？告訴我大草原上的那些少年偵探去哪裡了？告訴我在那片操西班牙語的地方上，那些少年海盜到哪裡去了？」她問一句，就用雨傘敲打著這位店員的頭，直到店員躲在櫃檯，然後恐懼地逃跑。

「我會告訴他們的！」這位自覺勝利的「女英雄」再次用手抓住兒子的耳朵，將他領出書店。「我將告訴他們如何成為英雄。想要跟印第安人作戰？想要滿懷榮耀地站在山頂上，俯瞰山下血流成河的屍體嗎？想要在說『噓』的時候不讓別人臉上露出半點不悅之色嗎？想要站在船尾上，大聲向其他人發號施令，讓舷側變成單層甲板大帆船，然後仁慈地寬恕您那位來自偏僻地方的美麗姑娘，讓她成為你羞澀的新娘？嘿！想要再次重溫這樣的故事嗎？」

每當她提出這樣的疑問，就用雨傘用力地打著兒子，直到兒子喊疼，眼淚唰唰地流，說自己對這些光榮的故事不感興趣。

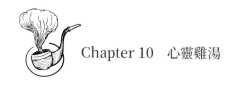

「跟我來吧！」孩子的母親把手從兒子的耳朵放在他的衣領上。「讓我用推彈杆與銳利的小刀去捉你，你會發現不可阻擋的草原野火以勝利者的姿態席捲整個草原。最後，你將沒有歸宿的地方。」

此時，她轉身走向一個角落，似乎一下子忘記了之前說了什麼，但在她的聲音提到最高的時候，路人聽到她這樣說「想要搶劫吉德的錢嗎？」——「我就是呼呼吹來的暴風雪！」——「不敢去航海？」——「你將會發現地震不過是地球變得鬆散的一種形式！」對這位男孩來說，母親造成的這種影響是永久的，因為他的母親再也沒有回來。如果美國五分之一的母親都這樣教育自己孩子的話，那麼這個世界將會成什麼樣子？

「1月28日，《青年讀物》雜誌收到了一條獨家新聞，將向大眾發布。」一位資深的編輯這樣寫道。「在28號凌晨兩點，三個逃跑出來的少年，年齡分別是11歲、12歲與13歲，在紐約的大街上被逮捕。被捕時，他們身上都帶著左輪手槍與一把匕首，還有幾罐牡蠣罐頭，吸著菸，咀嚼著煙草的味道，口袋裡揣著一本書，是關於謀殺印第安人的故事。這三位少年被審訊時，說他們偷了12美元，只剩下8美元，準備前往科羅拉多州，越過那裡的高山，去消滅印第安人。為什麼這些男孩會有這樣的想法呢？是因為他們看的小說嗎？是因為他們過早就接受了不良的影響嗎？那他們的未來又在哪裡？我們又該怎麼做才能避免這些不良的書籍去毒害青少年尚未成熟的心智呢？難道這種不良的影響會持續一輩子嗎？

密爾沃基市最近逮捕了四名少年，他們被指控多項罪名，其中包括縱火罪。這些少年說他們屬於「強盜大本營」，那裡有他們收集的香煙與煙草等東西，並且他們幾個人都是拜把兄弟，就是所謂的「不求同年同月同日生，但求同年同月同日死」的那一種。這四名少年都是來自受人尊敬的家庭，卻接受了不良書籍所產生的影響。其中一位來自地位頗高家庭的少

年說自己希望「能看上去更強悍一點」。在他被捕時，身上帶著小刀，一本講述西部牛仔的故事，一包煙草與四支雪茄。

R·A·威爾莫特曾說，即便閱讀十分鐘的法國小說或是德國理性主義者的作品，就會讓讀者終身印象深刻。

誰能估量一本壞書所產生的影響呢？心智在吸收書籍養分時，正如我們的身體需要食物一樣。良好的食物會讓我們有更加健康的血液，而變質的食物會讓我們患上疾病。一本壞書對品格的影響，就好比變質的食物對我們身體的健康所產生的影響。

「父母都害怕自己的子女選擇不良的朋友。」《錫安先鋒報》評論道，「但是一本壞書產生的影響更加惡劣。你無法透過讓孩子不去讀那些書或是懲罰孩子去驅趕那些不良的影響。你必須要培養孩子養成更有品味的閱讀習慣，言傳身教，喚醒孩子對優秀文學的熱愛。那麼街邊上那些垃圾的報攤或是垃圾文學將不會對他有什麼吸引力。」

一位潛能還未得到充分發揮的人在偶然間看到一本書，這本書拓寬了他的視野，讓他的能力得到了拓展。從此之後，他就活在一個全新的世界裡。在他眼裡，這個世界的所有事物都讓人充滿興趣。很多年輕人就是從閱讀一本好書之後就選擇了高尚的人生目標。

還有比與大師們進行交流更加讓我們感到無比興奮的嗎？讓年輕人去讀一下愛默生的作品。即便在其他作家看來，愛默生的作品也是那麼的讓人心馳神往，讓人愛不釋手。閱讀一本好書的人難道不會發現自己與作者一道提升了心靈，內心變得強大，願意做一些更有意義的事情嗎？

「你覺得哲學類的書籍怎樣？」在倫敦書展上，一位紈絝子弟這樣問。「這些書不過是一大堆理論與觀點的集合罷了。」

「在上個世紀,」卡萊爾以鄙視的口氣說,「法國有一個人（即盧梭）寫了一本書（即《愛彌兒》），這本書就是一大堆理論與觀點的集合。當時很多法國的高尚之人都覺得這本書根本就是胡言亂語,但是後來這本書竟然加印了。」

格萊斯頓曾說他的人生深受亞里斯多德、聖‧奧古斯丁、但丁與布特勒主教等人作品的影響。

年輕的林肯住在偏遠地區的小木屋裡,每天晚上借著火光如饑似渴地讀書,《華盛頓的一生》及其他好書都是他步行很遠的路到其他地方借來閱讀的,因為他根本沒錢買這些書。

在林肯當時居住的荒原上,沒有一座圖書館。住在附近小木屋的鄰居的家裡也只有《聖經》這一本書。看看這位高瘦的年輕人對知識的渴望吧,他的靈魂被借來讀過的幾本書點燃了熊熊烈火。他曾步行到斯普林菲爾德借書,然後沿著原路歸還,順便再借更多的書。每天晚上,他都在火光下看書。他每天早上早早起床,如饑似渴地看著這些珍貴的書籍。在這樣艱苦與令人壓抑的環境下,他是怎麼成為一名世紀偉人的呢?他所住的小木屋沒有地板與窗戶,每天晚上他就睡在裝滿玉米碎粒的麻袋上,但是這間簡陋的小屋在他閱讀《華盛頓的一生》時似乎變成了人間天堂。他借來的其他好書都讓他如痴如醉,點燃了他內心的火焰,之後,這把「火焰」越燃越亮,直到他人生的最後一刻。

在狄更斯的作品裡,沒有比他講述自己童年生活的作品《大衛‧科波菲爾》更讓讀者感動的了。他在書中向我們說明一點,要是沒有對書籍的熱愛,他是不可能擁有那麼強大的力量,也不可能對他的心靈產生那麼大的影響。他童年時一個人待在閣樓裡,但並不感到寂寞,因為他有書籍的

陪伴。書籍讓他的思想更純粹，智慧更靈敏，對生活保持正確的態度，即便是在喧囂的城市裡，也是如此。使徒保羅在給提摩太建議時，說希望年輕人能夠重視閱讀的力量。

即便是出身最貧窮的男孩也能利用閒置時間，透過閱讀抓住接受教育的寶貴機會。書籍為我們利用零碎時間提供了一個機會，否則這些時間都會被浪費掉。書籍能讓大腦充滿著美妙的回憶，倘若不去閱讀的話，這些時間就被浪費掉了。想像一下，書籍對我們人生的重要意義吧：每一個美國人都可以透過閱讀去接受教育，這種教育甚至比大學教育更加重要。

如果弗雷德列克‧道格拉斯這樣一名奴隸能夠透過碎紙、農場裡的紙板或是藥品上的年鑑來學習閱讀，並且還要那麼鬼鬼祟祟，因為如果被發現的話，他就要遭受懲罰。那麼今天那些美國年輕人，即便最貧窮的人們，為什麼你們就不能做到呢？

理查森在印刷的工藝出現之前就告訴我們，當時，書籍非常稀有，不得不派大使到羅馬找一本《西塞羅的演講錄》或是《昆提利安的學院》等書的複印版本，因為當時的法國竟然都找不到這幾本書的複印版。德牧波羅斯男修道院院長阿爾伯特耗費了大量時間與精力才收集到了 150 卷的書籍，其中很多卷都是現在世界僅存的，這的確是一個奇蹟。1494 年，溫徹斯特主教的圖書館所收藏的書籍，只有關於不同類別的 17 本圖書。他曾從聖斯維森女修道院借來一本《聖經》，為此要付出一大筆押金，還要寫借據，保證歸還的時候一定要完好無損，讓人感覺十分莊重。要是有人願意向修道院或是捐獻一本書的話，這就能保證他一輩子得到「救贖」了，而這本書也將放在上帝的祭臺上。羅切斯特修道院每年都會向那些偷竊或是隱藏亞裡斯多德拉丁文翻譯版本的書籍，甚至只是隱藏一個書名的

人表示譴責。當他們買了一本書，這就是一件相當重要的事情，所有的名流都會聚在一起，目睹如此重要的事情。在 14 世紀之前，英國牛津大學的圖書館只有幾本小冊子，而且存放這些小冊子的大門都要牢牢鎖住，害怕有人偷竊。14 世紀初期，法國皇家圖書館只有 4 冊經典書籍，還有幾本別人捐獻的書籍。在當時，擁有一本書是多光榮的。在當時的一本書裡，有一張圖畫代表著神在安息日休息，他的手裡拿著一本書，做出要閱讀的動作。而在更早的時代，情況更加不容樂觀：知識到處分散，缺乏體系，而真理則被藏在一個「深井」裡。萊克格斯與畢達哥拉斯為了了解有關轉生輪回的理論，不得不前往埃及、波斯與印度。梭倫與柏拉圖為了追求他們想要的知識，也不得不前往古埃及。希羅多德與斯特雷波不得不雲遊四海，收集相關的歷史資料，並且在旅行的過程中理解當地的風貌。當時沒人敢說自己有一座圖書館，如果他能有 6 本書的話，就已經非常了不起了。在過去那個極為缺書的時代，我們的前人在某些方面依然超越了我們。

法國大革命後，法國竟然沒有幾本《聖經》了。於是，政府就派人到各個書店裡找了四天，結果一本都沒有找到。

讓你的房間與家庭裝更多的書吧。在閱讀的過程中，我們的心靈會得到改變。對書籍的熱愛源於我們與書籍相識，並且接近它們。

肯特建議每個年輕人在有經濟能力的情況下，多買一兩份報紙或是一本雜誌看看。

要是所有毫無必要的花費都被砍掉的話，就會發現收藏書籍其實並不需要多少自製或是做出多大犧牲。年輕人如果想與時俱進，知道世界每天都發生了什麼，那他最好訂閱一份好的報紙。這樣的話，他就不會錯過資

訊。公共學校都開始引入報紙了，現在的學生不再像以前那樣唯讀「聖賢書」了，而是能看到昨天這個世界發生了什麼，透過電波得知這個世界在發生怎樣的轉變。他們在看報紙的時候，其實就是在閱讀歷史。一份好的報紙就是歷史的最佳報導者。

F‧B‧桑伯恩曾說，認真挑選報紙去閱讀的人在一年的時間裡要比很多著名學者泡在圖書館裡了解的更多。

詹姆斯‧艾裡斯說，報紙就是世界的一面鏡子。

生理學家說，身體每隔幾年就會出現一次徹底的改變。我們的心靈也會出現改變，這在我們閱讀或是所交往的朋友中發生轉變。閱讀的每一本書，就像每一位與我們傾心交談的朋友，在內心留下痕跡。即便是書本中的人物性格也會對我們的品格產生潛移默化的影響。這些人物性格會流露在我們的臉上，彰顯在我們的行為舉止，透過我們的言語得到表現。

現在，書籍變得廉價，幾乎每位年輕人都可以擁有。因此，每位年輕人都該擁有一個屬於自己的圖書館。因為很多好的書籍只有放在書架上，我們才會去閱讀的，只要我們有閒置時間就能隨手翻翻。想像一下那些熱愛詩歌的人到流動圖書館找莎士比亞或是丁尼生的作品時，內心該是多麼的激動。

兩人在出海的時候，談到如果他們遭遇海難，漂到一個荒島，只能選擇一本書的話，該怎麼選擇的話題。其中一人說自己會選擇莎士比亞的作品，另一人說會選擇《聖經》，因為他說這本書是沒有盡頭的。《聖經》是一本非常神奇卻又讓人覺得陌生的書，我們永遠也不可能將它讀完，因為它訴說著無盡的故事。

羅斯金說：「我母親在平日督促我一定要熟讀《聖經》上的大段句子，

鍛鍊我的自律——培養我的耐心、準確與果敢的性格，我不僅從《聖經》上學到了知識，讓我後來能有所應用，更重要的是，我吃苦耐勞的能力得到了提升，並且培養了對文學的熱愛。」

　　也許在關於《聖經》的所有讚歌裡，著名學者威廉‧鐘斯爵士寫的是最平凡的。他曾在自己的一本《聖經》的空白頁上寫下了這首讚歌，並且在《亞細亞研究》雜誌上刊登了詩歌的節選。「《聖經》的片段獨立成章，源於一個神性的發源，顯得那麼宏大，那麼具有美感，散發出那麼純粹的道德理性，要比曆書更加詳實，兼具詩歌的流暢性。無論在任何時代，《聖經》都是同時代最好的書，散發出歷史的味道，充滿了睿智的至理名言。《聖經》的兩部分是由一條相似的線索連繫起來的，無論在形式或是在風格上，都與希臘、印度、波斯或是阿拉伯的有所相近。沒人會懷疑《聖經》內容的真實性，而它在歷史上經久不息的流傳更充分說明了《聖經》的準確預言，讓人感到無比興奮。」

　　伊斯蘭教徒每天都會在清真寺朗讀《古蘭經》，由 30 位阿訇輪流朗讀，完成一天的使命。在過去 1,200 年，《古蘭經》的內容一直在伊斯蘭教徒的耳旁迴盪。我們甚至聽說一位信奉伊斯蘭教醫生已經朗讀過 7,000 次了。

　　「沒有比浮誇或是不講究目標的閱讀更加弱化學生的心智了。現在很多的雜誌、評論或是報紙林林總總，很多內容只是為了取悅眼球，根本不需要學生們去銘記。在你花了幾個小時閱讀後，會感到非常迷惑，腦海裡全是一片蒙矓的畫面與印象，這必然弱化我們的記憶力。每當你將自己不需要的東西填充到記憶裡，就會削弱記憶的能力，失去對知識的掌握力。學生應儘量少讀那些浪費時間的書，效果越好。」

「在閱讀時，你應隨時把筆放在你身邊，這樣做並不單純是做記號，而是讓你的大腦減輕記憶的負擔。你是否注意到這點，在你閱讀時，心靈處於一種全速運動的狀態，就會對思想造成衝擊 —— 那些值得記憶的內容就很容易被分散，要是不記錄下來的話，就很容易被遺忘。智者注重自己在學到什麼，更注重在這個過程中以最簡單的方法去做。要是學生養成這樣的習慣，這將對他們產生積極的作用。」

吉本每次閱讀一本書後，習慣一個人獨自漫步，思考作者給自己帶來了什麼新的知識。

「給你最大幫助的書籍，就是讓你思考最多的書。」希歐多爾・派克說，「學習知識的最難途徑，就是想著可以輕鬆閱讀，但是一本來自著名思想家的傑出著作，就像一艘裝滿思想的運貨船，裡面都是思想的美感。」

「無論什麼時候，手上總要有一本好書。」特裡安・愛德華茲說，「無論是在客廳、桌子或是家庭裡 —— 一本濃縮著思想與至理名言的書。這將給你的心靈帶來富於價值的格言，教會你的孩子關於真理與責任的內容。這樣的一本書就是你的家庭真正的首飾盒。」

麥考利在痛苦之際曾說：「我之所以還沒有完全崩潰，要歸功於文學作品。我這樣熱愛文學作品，這真是我的一種福氣 —— 我可以與逝去的人交談，活在一個完全不同的世界。」

Chapter 10　心靈雞湯

Chapter 11
我只做了一件事

專注於一個目標才能成功。那些在世界上留下痕跡的人，無
一不是專注於目標的人。

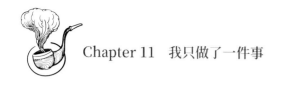

> 今天想要這個，明天想要那個，不斷改變自己的喜好，總是在那裡盼望著，卻不動手去做 —— 容易搖擺的人是很難有所作為的。
>
> —— 勒・伊斯特蘭奇

> 寧願為了一個高尚的目標去冒著遭遇海難的危險，也不要在淺水灘裡毫無目標地左右搖晃。
>
> —— 塞奇威克夫人

> 要是航海之人能夠以北極星為方向，
> 一半遭遇海難的船隻都能安全返航。
> 但是，他們只是隨波逐流，釀成災難。
>
> —— 羅伯特・維塔科爾

「我來這裡是來讀書的，」狄更斯在別人邀請他參加波士頓舉辦的宴會時說。「讀者希望我做到最好。要是我總是花時間去參加那些活動，我怎麼可能做到最好呢？在我準備閱讀或是準備創作小說時，卻要參加那些活動的話，我根本就沒有屬於自己的時間。要是我不能集中精力去做一件事的話，那我是不可能將這件事做好。」

阿加西教授曾收到去緬因州波特蘭演說的邀請，但他回覆說很抱歉，因為他專心於研究，根本沒時間想著去賺錢。

「我實在太忙了，根本沒有時間去染上那些讓青少年失去健康或是金錢的習慣，」卡耐基說，「這在很多方面都幫了我的大忙。」

成功之人都是有一個目標的：他專注於自己的工作，牢牢地堅持下去，制訂計畫，然後如實地加以執行，直到實現這個目標。每當他遇到某

個困難或是障礙時，不會左右搖擺，想著繞過去。因為他知道自己沒有退路，必須要勇往直前。

那些向著自己目標勇敢前進，斬斷自己的退路，不懼困難，克服重重萬難，將所有的障礙都變成墊腳石的人，是多麼一副壯觀的情景啊！

當今時代，這個世界所盼望的年輕人就是如格蘭特那樣「遇到敵人能立即行動的」人，「要是能擊敗敵人的話，即便耗上一個夏天也在所不惜」。那些能專注一個不可動搖的目標的人，心中始終有一個難以撼動的方向，全身心地投入進去，不計較個人的名聲或是利益，最後可能取得令人矚目的成就。而生活中的失敗者往往是毫無目標、隨波逐流、三心二意與半途而廢的人，他們的工作沒有任何目標性可言，他們的行動缺乏一致性，他們沒有給自己的人生設置一個方向或是賜予任何意義。一個內心擁有不可撼動目標的人必然能讓我們感到興奮，因為他不需要依靠別人，遠離了低俗與卑微的東西 —— 這些生活中飽受詛咒的事物。這樣的人所做的每件事都具有一種道德的莊嚴感，因為他做什麼事情都有一個目標，有一個方向，所以他做的事情就擁有意義，能夠感染到身邊的每個人。

「偉大的人心中都有一個目標，而其他人的心中則只有願望而已。」這句話說的實在是太對了。「那些最為成功的人都是那些專注於一個目標，然後持之以恆地去追求的人。」

「偉大的藝術，」歌德說，「就是能在限制與孤立自己之間找一個恰當的平衡點。」

習慣的各個鏈條 —— 包括專注、方法、耐心、自控及其他方面，對成功都是那麼的重要 —— 都可以捲成一個「圓球」慢慢滾動，用一個詞來形容，那就是「專注」。

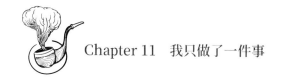

即便世人說他想要復原已經失傳的瓷釉藝術的想法是不現實的，這對帕里西又有什麼影響呢？即便世人嘲笑史蒂文生的火車頭是失敗的，這又有什麼關係呢？通往未來的道路通常是黑暗與難以捉摸，但個人憑藉看到別人所看不到的光明，將所有人以為黑暗的未來照亮了。他們的靈魂能夠看到光明的未來，所以他們感到非常自信，內心充滿了歡樂，即便別人感到不安與悲傷。他們的心靈能夠在旁人眼中的失敗看到成功的雛形。他們能在憂鬱中看到歡樂，在黑暗中看到光明。他們擁有一種比自身更為強大的力量，像是環繞著星星的軌道，絕不偏離自己該做的事業。

穆罕默德耗費三年時間才讓 13 個人皈依伊斯蘭教，這是多麼不可思議的毅力與堅定的決心啊！他對 40 位志同道合的人說，自己將要重新改變世人對偶像崇拜的定義，因為他找到了真正的上帝。一開始，他只有一位聽眾 —— 一位 16 歲的少年。很多人都在嘲笑他與這位少年將要改變世界的使命，但穆罕默德勇往直前，向那些前往麥加的朝聖者宣揚自己的信條，向那些願意傾聽自己信仰的人講述自己的發現。即便是死亡威脅都不能讓他的勇氣減弱半分，不能讓他的決心有半點動搖。他不得不藏在山洞裡保證自己的安全。在努力了 13 年後，他發現來自 40 個大部落的 40 個人發誓要殺死他。他走過了岩石與沙漠，步行了 200 哩路來避難。伊斯蘭教的歷史就是從這次逃難開始的。在此後的 10 年裡，穆罕默德以武力來推廣宗教，東方人再也不會嘲笑當年那位說要改變世界的人。

擁有自己想法，並且秉持一個不可動搖目標的人，通常來說都是屬於少數人 —— 很多時候只有他們才相信自己能夠成功，但是大自然在這些遊戲裡是最公正的，只有最強者才能生存。

穆罕默德所秉持的偉大目標不是別人的嘲笑、世人的阻礙、貧窮或是恥辱的失敗能夠動搖的。正是因為心中有了這樣一個難以撼動的目標，他

才能沿著目標穩步地前進，從不懈怠，從不放棄。在這片充滿機遇、文化與自由的土地上，這對很多年輕人是一種多麼大的諷刺啊！穆罕默德，這位沒有接受過多少教育，甚至可以說是充滿野蠻味道的自然之子，能夠在這個世人嘲笑與壓迫他的世界裡，發揚一種全新的宗教信仰。

俾斯麥曾立下大志，一定要讓德意志從奧地利的壓迫中解放出來，然後與德意志北部的普魯斯進行合併，讓思想、宗教、文化與利益都與原先的普魯士趨於一致。「為了實現這個目標，」他曾在一次談話中提到，「我不懼千辛萬苦 —— 即便是遭遇流放，被送上絞架臺，我也在所不惜。要是套在我脖子上的繩索能夠讓全新的德意志牢牢處在普魯士的統治之下，那我寧願死去。」

德國的統一大業，一直是他心頭所牽掛的事情。多少年來，議會不知多少人反對他提出的建議，但這又有什麼關係呢？他只是重新振作起來，與議會抗爭。他相信自己能夠完成統一大業。讓德國成為歐洲最強大的國家，讓普魯斯的威廉國王成為比拿破崙與亞歷山大更有權勢的統治者，這是他的願望。無論前方有什麼阻擋著他，無論是國民、議會、其他國家的反對，這些都不關緊要，這些東西必須要臣服於他偉大的目標。

想像一下當英國人突然發現德斯萊利突然從一位名不見經傳的猶太人，成為財政部長時驚訝的表情吧。他曾經飽受別人的嘲諷，但他毫不在意，即便是那些最惡毒的謾罵，他都一笑置之，他能夠在格萊斯頓失去自控的時候依然神色自若。當他站在這個世界上，就是自己最大的主人。

你能看到德斯萊利在年輕時就有了要闖蕩世界的雄心壯志。他能以堅毅的臉龐去應對這個世界的風雨。他是一位性情愉悅的人，面容俊秀，身體裡流淌著猶太人的血液，經過了議會選舉的三次失敗，依然沒有絲毫退縮，因為他知道自己肯定會成功的。當首相墨爾本爵士問他以後想做什麼

的時候，他語氣堅定地說：「英國首相。」

　　要是我們到一家為航海製造指南針的工廠裡參觀一下，就會發現很多指標在被磁化之前，都是隨意地指著各個方向的，而一旦這些指針被磁化後，就擁有了某種特殊的能量，從那時起，這些指標就會牢牢地指向北方，忠於自己的方向。

　　全身心投入到一個目標的人，肯定能有所成就。如果他有一定能力與常識的話，他的成功會讓人矚目。

　　塞拉斯‧W‧菲爾德曾說：「在大西洋海底鋪設電纜經過了漫長艱苦的努力 ── 花費了大約 13 年連續的觀察與不間斷的努力。很多時候，我的心都徹底失望了。有時候，我甚至責備自己為什麼要那麼傻，放棄自己舒適的生活去實現這樣一個在別人看起來不可能的夢想。我看到當初很多跟自己一道打拚的兄弟都放棄了，我真的很害怕自己也會走上那樣的道路。我經常祈禱，這條電纜千萬要在我死前鋪成。幸好，這個祈禱靈驗了。」

　　「我們只是專注於自己的工作，除此之外，什麼都不做。」德尼莫尼科年老時說，「你不會聽到有人說我們去做關於交通方面或是製造馬車之類的事情。我們從未想過要涉足戲劇行業，而是讓別人去做這些事情。除了自己的本職工作，我們沒有其他方面的工作 ── 我們不會在原油、土地、期貨或是股票等方面進行投機，當我們賺到錢，就投入到房子上。我們關注自己的工作，那樣工作才會關心我們。我們關心手頭上所做的每件事。」

　　范德比特曾為他的廚師開了年薪高達一萬美元的薪酬，因為這位廚師懂得如何將廚藝發揮到極致。一位著名的幽默家曾風趣地說：「要是索斯格拉威先生的廚藝還可以，並且還能記帳，也對電報有所了解 ── 或是其他事情都一知半解的話 ── 那麼他的年薪是不會達到一萬美元的。」

在長達三年多的時間裡，人們都沒有聽到關於李文斯頓的消息，就猜測他可能迷失在非洲的叢林裡，或是已經慘遭死亡的厄運。如果他還活著，那他也是在某個不為世人所知的地方，或是在我們地圖上某個依然空白的地方。文明世界裡的新聞報紙與牧師們都在找尋一個援救隊伍，找尋這位偉大的探險者與傳教士。

「速到巴黎，有重要事。」這是詹姆斯·戈登·貝內特發給一份身在馬德里的年輕人的電報，這位年輕人是《紐約先鋒報》駐馬德里的記者。很快，這位隨時準備好的年輕人就已經出發了。到達巴黎後，他來到貝內特身邊，雖然那時已是晚上，他說自己已經做好一切準備去做任何事情。

「你認為李文斯頓到哪裡去了？」

「先生，說真的，我不知道。」

「嗯，我想他還活著。我覺得他現在可能需要我們的幫助，所以你要去找尋他。你和他需要任何東西都沒問題。你可以出發，但是要找到李文斯頓。這裡有 1,000 美元的支票，你之後還會得到更多的金錢，但要找到他。」

這位年輕人叫約翰·羅蘭斯，從此踏上了歷史上最為偉大的尋找之旅。他在年輕時曾在威爾士的貧窮之家度過了 10 年時間，後來他在 13 歲的時候成功逃離，乘坐一艘汽船來到美國的新紐奧良。他馬上將自己的名字改為亨利·莫頓·史坦利，他憑藉自己的精力與堅毅的品格，不斷取得發展，他是貝內特最信任的新聞記者。

他的這場探險找尋的故事，充滿了抗爭，充滿了疾病，甚至連跟他一起出發的很多人都因此死去了，但他克服困難的決心是不可動搖的。這個故事在今天看來仍頗具浪漫色彩。

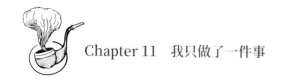

　　在歷經了一系列挫折後，他一天在日記上寫道：「任何活著的人都不能阻擋我，只有死亡才能讓我停下腳步，但是死亡 —— 即便是死亡，我也不會因此而死去。我不會死去的，我也不能死。內心有某種聲音在告訴我，一定要找到他。」他用大寫字母寫著「找到他」甚至連這些字眼都能鼓舞人心。

　　最後，他找到了李文斯頓。李文斯頓大聲驚呼：「感謝上帝，博士。我可以見到你了。」

　　這位偉大的探險者說：「我很幸運還能活著歡迎你。」

　　雖然約翰歷經了千辛萬苦找到了李文斯頓，與他進行了長時間的交談，但李文斯頓表示自己還是願意留在非洲，繼續自己的工作。

　　約翰留給李文斯頓大約可以持續四年的補給用品，他帶回了自己的信件與日記，斯坦利馬上回去向貝內特報導這個激動人心的故事。後來，李文斯頓去世，斯坦利是少數扶靈者之一，將他葬在西敏寺。

　　心中沒有堅定目標或是果敢精神的人是不可能成功的。不可動搖的信念才能讓我們實現目標。

　　「為一個固定的目標不懈奮鬥。」這就是富於意義的人生的法則。正是遵循這樣的法則，特恩納成為一名傑出的畫家，本特利成為著名的學者，麥考利成為著名的歷史學家，格蘭特成為戰無不勝的將軍，林肯成為了著名的政治家。

　　布克頓深信一點，即如果一個年輕人能有一個不可動搖的目標並牢牢堅持的話，就一定能實現心中所願。

　　「累積財富並沒有什麼祕密可言，」范德比特說，「你要做的，只是專注於自己的工作，不斷前行。除了一點，那就是在你完成一件事之前，最

好不要對別人說。」

黑茲利特在他準備創作時，習慣了將一塊薄餅放在額頭上。當他的管家看到黑茲利特的額頭上有一塊薄餅，就不敢去打擾他，即便王子要來拜訪都不接待。在他準備與上帝及天使交談時，王子們又算得了什麼呢？

我們經常看到，很多能力全面的人在商界並沒有取得比能力稍遜之人更大的成就。原因很簡單，後者將全部的精力都投入到一個目標上，而那些能力全面的人則被很多事情分散了注意力，無法全面發揮自身潛能，所以無法實現世人對他們的期望。

當然，一個人不可能每時每刻都處於一種工作的狀態，應該有一些消遣活動來調劑一下，當然，這些調劑的活動最終也是有助於他實現目標的，但是，一個人絕對不能將過多的時間浪費在自我調劑上。

從某種意義上說，最為成功的人都是那些目標專一的人。

「要想獲得成功與名聲，你就必須要專注某一方面，」海斯總統說，「你不能在每個場合或是別人介紹你的時候都發表一篇演說。你必須要將精力集中在某個方面。做一名專家吧，學習法律的相關知識，然後專注於這方面的研究。為什麼不去學習一下關稅方面的知識呢？要想在某一方面成為專家需要多年的累積與學習，但這能為你帶來廣闊的學習天地與獲取名聲的途徑。」

威廉‧麥金利正是聽到海斯總統這些話，開始決定學習關稅方面的知識，他很快就成為這方面的權威了。

當《麥金利關稅法案》在國會通過時，這絕對是他議員生涯最輝煌的時刻。

找尋社會所稀缺的東西 —— 找尋一些能夠贏得利潤或是榮耀的肥沃

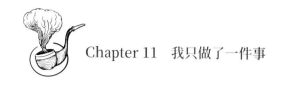

「土壤」──或是商界某些尚未研究的領域，去努力開發這些「處女地」，然後一心一意地耕耘。現在，「專家」就是通往財富的敲門磚。

「當今世界最會賺錢的人是誰呢？」羅伯特‧沃特斯說，「到底是誰控制著全世界大部分的資產呢？」答案是猶太人──這個曾經被鄙視、迫害、壓迫與虐待的民族，現在成為世界的主宰。他們是怎麼成為最會賺錢的民族呢？他們是怎麼培養這種能力的呢？眾所周知，猶太民族在過去很多個世紀在歐洲被禁止成為市民或是臣民，不准擁有土地，不准去耕田，不准擁有武器，也不能像他們的鄰居那樣參與國家事務。這樣造成了什麼結果呢？他們被迫要從商，進行買賣的生意，進行貨幣兌換，以各種手段去累積財富。他們成為信貸機制、兌換票據與商業記帳等方法的發明者。他們現在是全世界最大的債主與貨幣兌換商。

「因此，猶太人不能從事其他行業這一事實逼迫他們全身心投入到賺錢的努力中，慢慢地培養了他們在獲取財富方面的天才。他們成為賺取財富方面的贏家。他們在其他人只能賺幾千美元的地方賺取數百萬美元，他們能在其他人挨餓的地方成為富人，衣食無憂。簡而言之，他們是這個以賺錢為中心的世界裡最偉大的資本家。」

德魯蒙特曾在他那本關於法國猶太人的著作《法國猶太人》中講到在巴黎，除了兩份報紙之外，其他所有報紙都是由猶太人控制，還有鐵路、銀行、兌換還有其他重要公共設施，都是由猶太人控制。

我們不要因為追求速度而淺嘗輒止，而要養成刨根問到底的專注習慣。

只有那些目標專注之人才能獲勝。

拿破崙曾這樣評價自己：「一旦我下定決心，那麼所有的障礙對我來說都已經不存在了，我肯定要成功地實現我的目標。」

拿破崙之所以成為偉大的將領的祕密就在於此。他深諳自己作戰的方案，要是遭遇敵人兩到三個兵團的進攻，他不會像敵人那樣分散兵力去作戰，他會集中所有兵力去進攻敵人的一個點。麥克多諾將軍在尚普蘭湖作戰的時候也是如此。他集中所有的兵力，所有的炮火都集中在敵人的「主力」上。無論敵人的火力進攻多麼猛烈，他都命令炮火集中進攻敵人的主力，直到將敵人的主力消滅為止。這是我們在任何事情上想要取得成功所必須要堅持的一個原則。

　　「他的行為有一種目標性，而且他對目標的理解是那麼的深刻，」愛默生曾這樣評價拿破崙。「他能看到事情的關鍵點在哪裡，然後全身心地投入到解決這個關鍵點的問題上，忽視其他次要的部分。」

　　「拿破崙知道自己要做什麼。他是一個每時每刻都知道自己該做什麼事情的人。無論是對國王或是普通的公民來說，擁有這種能力都是一種巨大的恩賜，讓我們的精神時刻保持良好的狀態。真正知道自己接下來要做什麼事情的人是非常少的，很多人都是為了吃飽飯，漫無目的消磨著日子，等待著機會的到來，希望某種衝動能一下子將自己的夢想都付諸實現。」

　　拿破崙最終就是因為他違背了自己制定的戰術 ——「集中優勢兵力去打擊敵人的有生力量」—— 而遭遇滑鐵盧的。

　　看看那艘沒有水手掌舵的船，桅杆上的風帆任由大風與浪潮鼓動，隨波逐流。這樣的船隻是永遠都不可能駛向安全的港口。缺乏果斷力的人也像是沒有人掌舵的帆船，只要微風輕輕一吹就會偏向某個位置，隨著海浪漫無目的地漂流，但看看那艘有水手掌舵的帆船，迎著風勢，掌握航向，最後安全地抵達港口。即便是無情的大海也要向他們的智慧屈服，而水手們最後則安然無恙地歸來。

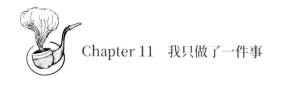

「一個沒有目標的人根本不是一個真正的男人，」卡萊爾說。

唐吉訶德要是腦海裡沒有各種騎士的想法，他應該可以製造出美麗的鳥籠與牙籤。

「一個受傷的天使。」查理斯・蘭姆曾這樣對死去的山謬・柯勒律治哀婉地評價道。山謬・柯勒律治是英國文學畫廊上最讓人感到悲傷的人物，但他其實缺的就是專注的能力。

切斯菲爾德爵士的兒子在小時候就能以三種不同的語言寫下一首主題詩，即便有這樣的天賦，加上他父親的努力培養，他最後還是一個平庸之人，因為他沒有明確的目標。

約書亞・雷諾德斯爵士曾說，一位畫家要想在藝術方面取得卓越的成就，最好先學會如何保持緘默。

我們將時間浪費在很多事情上，看了太多毫無價值的書，拜訪了太多無法學到東西的人，說了太多無聊的話。

「心靈的善變」就是很多人失敗的原因。這個世界裡很多不成功的人都是那些把一個空桶放進一個沒有水的井裡想要打水的人。

那些沒有目標的人無所成就，這有什麼好驚訝的呢？

約翰・霍普金斯從他開始工作的時候，就說自己從上帝那裡得到了「使命」，就是要擴大自己商店經營的規模。很多人找他借錢，都被他一一拒絕，所以這些人說他是「吝嗇鬼」、「一毛不拔之人」、「卑鄙」，還給他起了很多不雅的綽號，但是，霍普金斯並沒有因這些人的指責而改變，因為他所累積的財富相比於滿足那些不學無術的人，還有更大的用處。他將自己的 400 萬財富捐給巴爾的摩建造醫院，300 萬美元捐給巴爾的摩附近的約翰・霍普金斯大學，他將高達 900 萬美元的財富全部捐給了這些機

構。那些不幸生病的人就可以到醫院就診了，即便是沒有金錢，也能得到妥善的治療，那些沒有接受教育的年輕人可以到大學裡得到幫助。想像一下數以千計的年輕人因為霍普金斯在人生早年立下宏大的目標而受益。

每個人都需要一個偉大的目標去讓自己從日常生活中的瑣碎無聊的狀態中提升出來，一些偉大的目標充滿了英雄主義的情愫與道德的情操。一旦想起這些目標，我們的血液流通的速度就會加快，心靈會燃起熊熊烈火，讓我們感覺到生命的尊嚴與重要性 —— 這是所有偉大成就所必需的一種精神狀態。

一些作家舉出皮特·庫珀這個生於富貴之家的人來做例子，說明出生富裕之家的人也能取得成功。庫珀所走的路其實是每個年輕人都可以嘗試的，那就是最大限度地挖掘自身的潛能。庫珀成功的祕密在於他有一個專注的目標，從不左右搖擺，而且一直沿著目標的方向前進，直到實現了這個目標。所以他的成功有賴於一點 —— 有一個偉大的目標，並牢牢堅持。

「一些人無法取得成功，這不僅對他們自己是一個問題，對於別人也是一個問題。」弗裡曼·亨特說，「這些人非常勤奮、為人謹慎，也養成了節約的習慣，但是在經過長時間的努力後，在年老之時依然發現自己很貧窮。於是，他們抱怨自己時運不佳，命運與自己作對。事實上，他們之所以失敗，是因為單純地將行動當成了力量，並將這兩個完全不同的概念混為一談，他們覺得只要自己保持忙碌的狀態，就肯定能增加自己的財富，忘記了要是勞動的方向出現了錯誤，這純粹是一種浪費的行為。」

想在人生中取得成功的人就好比那些打靶的射擊手 —— 要是他沒有射中的話，就可以說他浪費了彈藥，沒有起到任何作用，只有在他射中靶

心或是附近的位置，才有成績。所以在人生這場偉大的遊戲裡，一個人的行為必須要有意義，否則最好還是不要去做。

「『能量』一詞，要是正確理解的話，就是一種與目標相協調的行動。拿破崙在作戰的時候，經常數天不脫下軍裝，從一處趕到另一處，調兵遣將，研究作戰圖與負責指揮。一旦戰事結束，沒什麼危險的時候，他一般會像之前什麼事情都沒有發生一樣。據說，他曾連續睡 18 個小時。很多二流人物都是繁文縟節與常規的『奴隸』，雖然他們沒有拿破崙那樣超人的能量，但要是他們覺得自己可以像拿破崙那樣連續睡 18 個小時的話，那他們則是徹底沒有希望了。這些二流人物生動說明了他們習慣了忙碌，但沒有目標，但拿破崙則能精力充沛，在別人看似懶散時，其實正在積聚能量。」

「我們並不是要宣揚那種得過且過的懶散精神，要是偶爾能從緊繃的工作裡放鬆一下，這也是值得推薦的。真正的能量是堅持不懈、穩定與富於自律的。這些人從來不會忘記自己要實現的目標，也不會半途而廢。拿破崙曾在一天之內在香檳平原上與兩支軍隊作戰，接連打敗了俄國軍隊與奧地利軍隊，這就充分表明了能量的重要性。布倫茲維克公爵在法國爆發第一次革命的時候，在法國的邊境浪費了寶貴的進攻時間，就是浪費能量的典型例子。行動可以讓你趕走一群沒有接受過訓練的狗，但無法讓這些狗去接受訓練。能量能讓人在想要捉住小鳥的時候，當機立斷地做。」

一位睿智的作家說：「一個在開始工作時就對自己有所了解的人，必然能在接下來的日子裡有所進步。他可能沒有一個非常明確的目標，但他從書籍裡獲取知識，知道自己能成為怎樣的人。一旦他定下了目標，就會全身心地投入進去。他的目光不會專注眼前的娛樂，會選擇有助於實現他

目標的朋友，找尋志同道合的人為友。他們慢慢看到了一個雖模糊但逐漸清晰的未來，學會向前看，學會自製與克服短視的行為。他的直覺能力加強了，不再滿足於日常的生活，不再滿足於吃飽飯了。他總是耐心等待著機會，正是在蟄伏的日子裡，他不斷提升了自己的能力，慢慢超越其他人，培養了更強的能力，最後成為世人所熟知的人。很多人根本還不知道，正是堅定的意志讓他擁有今天的成就。」

看看富蘭克林吧，你就不會再感到絕望了。你會覺得自己憑藉誠實的勞動可以讓自己、家庭贏得別人的尊重，讓別人為你感到驕傲 —— 你知道自己可以做一些讓別人變得更加明智、美好與快樂的事情，一些讓你可以刻在墓碑上表明你沒有白活的字。無論是機械師、工匠、普通勞工，這些都等待著你去書寫。無論是那些國王、王子或是其他統治者，最後都要接受這樣的評價。對你來說，你可以讓自己成為「總統」或是「首相」，你可以成為「公爵」或是「平民」，你還可以成為「市長」「參事」或是「市議員」 —— 總之，你可以在任何位置上就職，只要你有這個目標並持之以恆的話。富蘭克林，這位著名的哲學家兼政治家的故事就說明了這一點。你可以學習富蘭克林的堅定與忠誠，可以學習他耐心的忍耐與持續的熱情，學習他無條件的愛國熱情、為人冷靜與良好的性情。從他身上，你可以看到這樣一個不因地位提高而自傲，不因別人的恭維而飄飄然，不因失望而憤怒，不因反對而畏懼，不因野心而腐敗的人。

無論他下定決心去做什麼，他都會做好；無論他想研究什麼，他都會認真研究；無論是他想要發明或是發現什麼東西，他都會全身心地投入進去 —— 並且幾乎都能取得成功。每當他做一件事情的時候，似乎他的人生的意義全部集中在這一件事上了。因此，他在文學上的成就足以讓他被

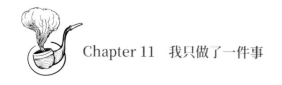

稱為文學家；他在科學領域的發現足以讓他成為科學家；而他在政治領域的建樹則讓他獲得了偉大政治家的稱號；在外交談判時展現出的睿智，足以讓他勝任外交家的稱號。他總是有時間去關愛別人，做慈善事業，這足以讓他擁有慈善家的稱號，活在世人的心中。

　　沃爾特・斯科特在實現目標的時候，總是不餘遺力，並不感覺工作是一件讓人感到負累的事情。他總是避免與那些會浪費他時間、分散他注意力的人做朋友。為了實現目標，他保持自制，遠離了很多娛樂活動，晚上按時睡覺，保證第二天有足夠的時間去學校。他在有限的時間裡透過雙倍的努力了，讓人生的效率得到了翻倍。

　　年輕人可能在工作的時候從不知道有人在觀察著他，但是商人的眼光總是很敏銳的。商人能夠迅速發現那些有能力的人，然後年輕人的命運很快就得到了改變。企業的一個職位出現了空缺，誰能補這個位置呢？在100名——甚至是500名候選人中，只有一個人可以勝任。企業的總經理已經觀察了一名在其他企業工作了半年的年輕人，早已將他納入了候選人的名單裡，仔細觀察他的商業技巧與對待顧客的態度。

　　一名能力平平但全身心投入到一種不可動搖目標的人，要比那些雖有天賦但到處分散注意力的人取得更大的成就。

　　無論是在學校或是大學，貧窮學生通常要在現實生活中比那些出生官二代或是習慣於爭論的人更加優秀，原因很簡單，他們將自己的能力集中在一個明確的目標上，而其他人則不屑於只專注於一個目標，到處「撒網」，覺得自己能力出眾，缺乏一個明確的目標，最後卻是無所作為。專注是我們得以爆發的一個重要因素。事實上，無論在什麼領域，專注都是取得成功最重要的法則。

過分膨脹的野心、對物質的貪念會讓我們過猶不及，失去很多東西。很多年輕人都好高騖遠，沒有實際地衡量自己的能力，導致最後也無法實現。

　　明確的目標就像是加農炮或是步槍的槍管，給子彈或是炮彈一個明確的方向與目標。如果沒有強大的反衝力，火力根本沒有足夠的能量去推動炮彈。不知有多少原本可以成功的人成為失敗者，不知有多少「侏儒」可以成為「巨人」，不知多少有音樂天賦的人最終沒有創造出一首樂曲，不知有多少人廣泛涉獵，無一精通，這一切都是因為他們缺乏一個明確的目標。

　　心靈是一個天然的「遊蕩者」，要是缺乏一個明確的方向的話，就會到處亂晃。正是偉大的目標讓蘇格拉底無懼毒酒，他的靈魂有一個聲音對他輕聲呼喚，於是他順從地喝下毒酒。偉大的目標讓人無法阻擋。正是偉大的目標讓格蘭特戰無不勝，讓他在前線面對南方盟軍的炮火無所畏懼，在遭受後方的批評與反對時，巋然不動，最終在阿波馬托克斯接受了李將軍投降的劍。

　　正是偉大的目標讓我們將生活中的零碎時間利用起來，為創造屬於自己的藝術而奮鬥。要是缺乏這個目標的話，我們就會變得消沉，失去方向。

　　在今天這個時代，要想取得成功，你就必須要將心靈的能量專注於一個明確的目標，擁有一種破釜沉舟的氣概：前方不是勝利，就是死亡。那麼，你就會抵制所有讓你遠離目標的誘惑。

　　你的目標可能在一開始不是那麼明確，就像河水一開始流經毫無波瀾的小湖或是小溪。如果你目標的方向是正確的話，那麼這些河水最終會彙

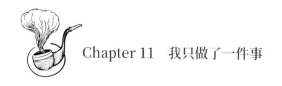

聚在一起的，數百條小河的水匯成不可阻擋的洪流，朝向成功的大海前進。偉大的目標是不斷累積的，就像一塊磁鐵，吸引著你在生活中想要追求的東西。

> 不可撼動的意志，
> 迫使人專注與目標，
> 讓原先看似冷漠的空氣奏出人性的音樂。

Chapter 12
我有一個朋友

任何讓你腐敗的人，都不是你的朋友。

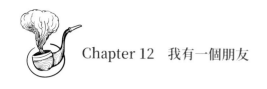

> 沒有比擁有一位知己更能帶給人生更多的祝福了。
>
> ── 尤里比底斯
>
> 與智者為伍，增添智慧；與愚者為伍，徒增愚癡。
>
> ── 格言

「孩子們！今天是我重要的一天，」出生在英國一個虔誠家庭裡的殺人犯在加拿大多倫多的絞架臺上莊重地說，「我希望自己的下場能夠讓你們知道損友會造成多麼可怕的後果。我希望自己走過的路能讓所有人都明白一點，無論是年輕人還是年老人，富人還是窮人，你們都不能結交損友。正是認識了那些朋友讓我落得今天這樣的下場。要是沒有他們，我是不會成為殺人犯的。」

在執行死刑前，一般都會讓犯人說幾句臨別的肺腑之言。幾乎每當在這樣的時候，我們就能聽到這些不幸與惡貫滿盈的人痛陳損友的害處。正是結交的損友讓他們走向了犯罪之路，走上了今天這樣的下場。很多熱衷於酗酒或是賭博的人並不會將自己的墮落或是失敗歸結於喜歡酗酒與賭博，而是歸結於那些損友將自己帶壞了。

一位臨死之人曾經造成過轟動，但這是一種不良的轟動，他說自己對這個世界所造成的不良影響將與自己一同埋葬在墳墓裡。

喬治‧伊里亞德曾說，任何人做錯的一件事，所遭受的懲罰都不應該讓他一個人來承擔。你不能說內心的邪惡是自己所無法排解的。每個人的生活都受到別人一定的影響，正如我們每時每刻呼吸空氣。邪惡就像是疾病會迅速蔓延。

有一個關於兩隻鸚鵡的故事。這兩隻鸚鵡住得很近，其中一隻鸚鵡被

人教會唱讚歌，另一隻鸚鵡則只會詛咒人。第二隻鸚鵡的主人希望能讓這只鸚鵡向第一隻鸚鵡學習，希望它能有所改變，但是接下來的結果卻是事與願違，第一隻鸚鵡也學會了詛咒人。

任何會讓你腐敗的人都不是你的朋友。一位動機不純的人是所有人的敵人——更是你的致命死敵。更糟糕的是，要是他將抹著毒藥的匕首放在友誼的外衣裡，那就更加危險了。因此，要仔細選擇朋友，仔細辨別與篩選，像大浪淘沙那樣找尋其中的金子，放棄那些渣滓。

查理斯‧詹姆斯‧福克斯從小在家養成了許多不良的習慣，但他在與艾德蒙德‧布林克交往時，這些缺點都得到了改正。他曾公開說，要是讓他將從書本上學到的政治知識、科學知識或是相關世事的其他知識放在天平的一邊，而將布林克教給他的知識放在另一邊，他將不知道該選擇哪一端。要是西塞羅沒有遇到阿提科斯，或是色諾芬沒有遇到蘇格拉底，那會怎麼樣呢？

不良的特質就像疾病，具有傳染性。心靈與身體一樣都容易受其感染。

在封閉的臥室裡睡了幾個小時，我們不會察覺到空氣中彌漫著有毒的氣體，但那些早上剛到這個房間的人就會立即感覺到。血液裡溶解了石碳酸會對人產生一種麻醉的作用，減弱神經的敏感度，讓大腦處於混沌狀態。很多礦工在發現自己的肺部遭受傷害前，已經被有毒氣體深深毒害了。

與損友為伍會不知不覺地讓年輕人麻醉，不知道自己身處在有害的氣氛之中，直到他們無法抵抗這種有害的侵襲。要是人們習慣了陰溝發出的臭味，就不會再注意到這種氣味了，但是他們的血液卻在遭受慢性的毒

害。年輕人通常習慣於損友帶給我們道德上的「沼氣」，沒有意識到他們的心靈已經遭受損害。當他們發現時，品格已經遭受了重創。

　　兩個分子的結合，可以形成一種全新的物質，這種全新的物質具有它們之前都不具備的功能。所以，兩個人交友會在毫不知覺中慢慢染上了對方的脾性。每個人的思想都是單一的元素，而一旦兩種元素合併起來，就會形成一種之前從未想過的東西。這種東西可能會點燃火光，而這是之前那兩種元素本身都不具備的功能。燧石與鋼材在分開的時候是不可能生火的，一旦讓它們相互摩擦的話，就會產生火花，否則這兩種物質永遠都不可能出現火光。一個人的想法可能會觸動另一個人從沒想到過的念頭。

　　「人生主要稀缺的東西，」愛默生說，「就是沒有那樣一個人讓我們去做我們能做的事情。這就是一個朋友的好處。與這些朋友在一起的是，我們可以毫不費力地變得偉大，與他們在一起，我們好像受到了某種神性的吸引，似乎美德就在我們身上。這樣的朋友會敞開我們的人生之門！我們會問他很多問題，會得到很多感悟！而這個過程所需要的言語又是多麼的少！這才是真正的朋友的含義。」

　　「熱愛我們在社會中所屬的人，」布林克說，「這就是凝聚公共情感的一種方法。」

　　我們的臉龐與舉止就像是一塊公告牌，顯示出內心的想法。我們昨晚是否與狐朋狗友去狂歡，拜訪那些聲名狼藉的人，或是與那些損友鬼混，這些都會在我們臉上及氣質上有所展現。我們就像是那些在經過一些葉子後，會染上那樣顏色的昆蟲。所以，我們結交的朋友，就像是心靈的食物與內心的生命，無論朋友的這種影響是多麼的悄無聲息或是多麼祕密，無論我們的朋友是如何處在「暗處」，這種影響遲早會在我們的儀容與舉止

上有所展現。我們內心的想法會透過眼神流露出來,展現在舉止上,說明我們所敬仰的東西到底是什麼。我們所結交的朋友、所愛的東西、所恨的東西,我們的放蕩行為、高尚的舉止、讓自己羞恥的過往,或是誠實、欺騙,所有的美德與惡習都會在心靈的「公告板」上展現得清清楚楚。每個稍微認真觀察的人都能分辨清楚。

好人所樹立的榜樣就像一座燈塔,不僅能夠給予我們警示,還能指引我們前進的方向,不僅能讓我們預先知道哪裡有礁石,還能安全地引領我們前往港口。任何流利的布道演說都比不上英雄主義的人生所具有的意義。

卡拉倫登爵士曾說:「在擇友時不選擇那些勝於自己的人,是很難有所成就的。沒有比認為一個人能夠隱藏自己的行為更加愚蠢的想法了,因為每個人的行為不僅是透過言語來表現的,還有更多的途徑彰顯出來。」

畢達哥拉斯在擇友時,一定要看這人與什麼人交朋友,然後就能正確評價自己是否可以從這些人身上學到東西。很多時候,短暫的認識會帶給人一生的傷害。一勺子的高錳酸鹽就足以讓一百加侖的水都為之變色。與損友交往超過一個星期,就足以給你的整個人生造成傷害。

雖然約翰‧斯特林已經去世了,但他的很多朋友都時常談起他,說只要和他在一起交往,就必然會被他那高尚的品格所感染,自己肯定能得到提升,為更高的目標去努力。海頓在聽到韓德爾的音樂後決定做一名音樂家;戈麥斯在看到馬里洛的畫作後決定做一名畫家;正是雷諾德斯的天才激勵著諾斯科特決定拾起手中的筆。所以,從這些良師益友帶給我們的鼓勵來看,我們的心靈在透過與這些人的交往中,走向快樂與幸福。

薩利斯伯裡的漢彌爾頓主教曾談到格萊斯頓所帶來的積極的影響。他

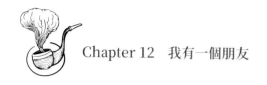
說，那時候他還是伊頓公學的一名學生，「我是一位很懶惰的學生，但在認識格萊斯頓後，我的人生發生了改變。當我們上牛津大學的時候，很多人都談到格萊斯頓之前所樹立的榜樣是那麼具有強大的影響力，即便在 10 年後，那些已經 40 歲的人要比格萊斯頓之前來的那一屆的學生喝更少的酒。」

與良友為伴，有助於我們摒棄不良的習慣，改變原先貧瘠與卑鄙的思想。一個與睿智與真誠的朋友為伴的人，能夠將誠實與正直融入自己的品格中，努力追求生活的理想，讓自己的思想與行動都融入到這種追求之中。而與一位比自己優秀的人為友則能拓展我們的視野與對事物的理解 —— 刺激我們的心智，讓我們能以更為高級的語言去表達內心更加豐富的情感與思想。

約翰・洛克曾受邀參加一個有很多英國名人聚首的集會，但來到之後，卻發現這些名人正在玩牌。洛克仔細地在筆記本上記錄著這些名人所說的話語。在他們打完牌之後，他說：「我一直盼望有機會與你們這麼有名氣的人見面。我已經將你們的高見都寫在筆記本上了。」那些玩牌的人感到非常羞愧，立即開始談起了正事。

從作品可以看出一位作家的水準，從一位女兒身上可以看出她母親的水準，從他人的言語可以看出他是否為傻瓜，從別人所擁有的朋友可看出他的為人。

白朗寧夫人問查理斯・金斯利：「你的人生祕訣是什麼？「告訴我吧，這樣我也能讓人生變得更加美好。」金斯利回答說：「我有一個朋友。」

在芝加哥伊斯塔布魯克的格拉納為格蘭特將軍舉辦的宴會上，約翰・A・羅林斯將軍對格蘭特將軍讀了一封信。據說，這封信是在維克斯堡被

圍困的時候寫的，之前從未公開過，也幾乎沒人知道這封信的存在。據克利夫蘭的《簡明畫報》報導，這封信現在為格拉納的一名市民所有。這封信的日期是「1863 年 6 月 6 日，凌晨一點，地點是維克斯堡」。這封信的內容是這樣的：

「軍隊能否取得勝利，這一直是我最關心的問題。正是這個問題讓我斗膽給您寫這封信，我希望以後都不要再給您寫這樣的信了。這是關於你喝酒的問題。這可能讓你感到驚訝。我這樣說也許沒有什麼實際依據，其實我更希望自己的想法是錯誤的，因為這對我們的國家來說是一件幸事。我也不想冒犯您這樣一位朋友。」

「雖然你已經跟我說以後不喝酒了，但幾天前，我聽夏爾曼將軍說依然看到你的帳篷裡有酒瓶。而在今天，我在你的帳篷裡看到了酒瓶，我就想拿走這瓶酒，但是武官禁止我那樣做，說你在攻陷維克斯堡前一直要這樣喝酒。你當然可以跟你的朋友暢飲，但就在今晚，你因為患病而躺在床上，我發現旁邊的酒瓶又是被喝光了。那些與你為友的人總是想和你喝酒，並希望你也這樣。你最近不像以前那麼靈敏，決定沒有那麼果斷，說話沒有那麼清晰，證明了我的猜想沒有錯。」

「你能完全控制自己的欲望，也可以控制自己不去喝酒。難道你在今年 3 月時不是向我保證過在作戰期間不再喝酒的嗎？並且說在戰爭期間，滴酒不喝。要是你這樣的話，你不可能成為世界上最成功的將軍。你唯一的救贖就是嚴格遵守你的諾言，否則你是不可能取得成功的。」

「正如我之前所說的，我的猜想可能是錯的。要是我們看到一名哨兵在站崗時打盹了，正是他的責任感讓他強打精神；要是敵人害怕將軍的進攻，那是因為將軍不敢後退一步，因為知道這樣做會給你蒙羞。如果您不

233

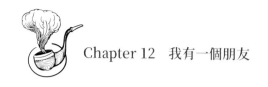

Chapter 12　我有一個朋友

能保持最佳的狀態，那麼勇敢之人的朋友、妻子兒女都將會責備您不盡職，對你的所作所為感到強烈不滿。」

「如果是我猜錯的話，讓我對您的友誼及對國家的熱愛成為這封信的藉口吧。如果我說的都是真實的話，並且你決意不去理會我的忠告與祈禱的話，不放棄酒精的話，那就請你立即將我解職吧。」

也許，這封信所闡述的內容過分誇大了，即便是格蘭特需要注意，我想他也已經注意到了。因為世界上沒有哪位將軍比格蘭特在作戰的時候更加清醒。

「我們與人相識 —— 至少是我們按照直覺去相識 —— 就好像走進了很多人的生活，我們會感覺到一些人與我們很有共鳴。」馬格萊特‧福勒說，「我們首先能看到這些人表面的狀態，但與我們沒有實質上的關係。這些人告訴我們一些消息，跟我們談論他們在社會上的地位。他們可能讓我們覺得親切或是反感，但他們的影響並沒有潛入我們的心靈，他們對我們沒有產生什麼影響，我們對他們來說也只是熟人而已。另一個層次則是那些與我們走的越來越近的人。我們知道他們是什麼樣的人，他們對我們來說不僅僅是一個『存在』，而是能夠帶給我們很多睿智的思想。我們希望他們能夠敞開心扉，喜歡與他們見面，與他們交談，願意與他們深交，希望能看到他們人性中更為光輝的亮點。我們通常都會繼續走自己的道路，而這些朋友就會成為我們寶貴的記憶，成為我們經常談論的人，更賜予了我們生活的意義，但還有一種朋友，他們與我們有著相同的追求，為了一個共同的目標而奮鬥。這些朋友不僅僅只是熟人與朋友，更是我們分享彼此人生閱歷的知己。我們與這些朋友在一起時，彼此沒有隔閡，可以隨意地分享彼此的人生觀點。誠然，這是一種心靈的交換，而不僅僅涉及生活的層面。在相互的交流裡，我們更加了解自己，更明白自己的意義，

234

要是沒有這樣的朋友，我們就會身處寒冷的地方，無法讓自己舒展，綻放思想，放聲歌唱。」

「陪伴」（companion）一詞，根據構詞法，是由「com」，即我們與誰一起，和「panis」——即麵包——兩個詞根組成。

蘇格拉底在雅典為自己建造了一間小屋，有人問他像你這樣如此有名氣的人為何住在這麼狹小的地方，為什麼不住在與你身份相符的地方呢？蘇格拉底回答說，要是這麼狹小的房間裡能夠擠滿真正的朋友，那這也足夠了。

每個人的品格都是由他所到的其他人——無論男人、女人還是小孩所影響的。每個人都可以說——正如那位著名的詩人所說的「我是所遇到的人的影子」。即便是那些卑鄙之人在遇到內心高尚的人也會感到那股高尚的情感。在那些內心純淨與情操高尚的人面前，他們不會有卑鄙的想法或是行為。他們似乎從原先低俗的層面上升到更高境界的思想與情感。因為，他們已經被善意所感化。他們開始遠離原先讓人壓抑的「氣體」，遠離狐朋狗友們的道德「毒害」，走向純真與美好的境界。任何與菲利普斯·布魯克斯交往的人，都自然會變成比原先更好與純粹的人。即便是行為最為粗野的人也會變得溫順起來，最堅硬的心也會被感化，因為他們身處在這樣美好的氛圍下。倘若我們分析一下菲利普斯·布魯克斯家的僕人，就會發現「菲利普斯·布魯克斯」的痕跡已經印在他們每個人的身上，融進了他們的品格之中，讓我們彷彿看到上帝的影子在他們身上出現。任何一個與菲利普斯·布魯克斯長時間交往的人都會變得與以前不一樣。布魯克斯的偉大人生具有一種神奇的力量，能夠影響哪怕是性情最為頑固的人。

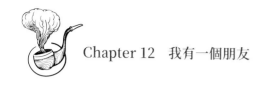

　　在墓地裡，一位小女孩的墓碑上刻著這樣的字：「她的同伴們曾這樣評價她：『和她在一起的時候，我們很容易變成一個好人。』」—— 這是我聽到過的最美好的墓誌銘。

　　「嘿，孩子，」在狄更斯的小說《董貝父子》裡的那位船長說，「在所羅門的箴言裡，你將發現這樣的句子：『希望我們永遠不要遇到需要我們幫助的朋友，即便是需要一個瓶子也不要！』在你找到這句話的時候，記住要記錄下來。」所羅門關於真正的友情的定義與他在《聖經》中的話語一樣顯得那麼模糊。

　　「你怎麼解釋在一群王子中間，一位蠢人竟然要比哲學家更受歡迎呢？」瓦羅納王子問道。

　　「相似的想法，」但丁說，「就是這個世界友情的泉源。」

　　據說，友情能在北方清冷的山丘上綻放，也能在南方氣候宜人的山谷裡盛開。會讓我們溫暖的心靈感受到一陣陽光，讓善良的靈魂得到雨露的滋潤的友情，那麼你可以肯定自己找到了友誼，但在真正的友情裡，你會發現無論是遭遇暴風雨或是平和的日子，無論是黑夜裡痛苦的呻吟或是在早上感受到陽光的喜樂，你都能感受到這份友情未曾離你遠去。關於友情的品格，蓋伊克曾談到亞瑟諾多魯斯，此人在與他的哥哥色諾平分了家產後，在色諾將自己的那一份家產揮霍完之後，再次將和他平分自己的財產 —— 盧克勒斯直到自己的弟弟在擔任了領事職位一年後，才接受這個職位 —— 波魯斯與卡斯特平分財產 —— 而哲學家皮西厄斯願意為自己的朋友達蒙受死 —— 這些都是歷代流傳下來的人性之愛，超過了宗教的信仰範疇。《聖經》在講到喬納森與大衛的故事時，也曾談到類似的故事 —— 拉奎拉與普裡西拉這兩位兄弟都是皇位的繼承人，但他們都希望

對方能夠去繼承，他們願意做聖保羅與年輕的提摩太的使徒。在歷史上，我們可以看到很多偉大的例子在歷史的星空閃爍著光芒。我們看到了貝烏蒙特與弗萊徹生死相交的故事，他們所創作的著作相得益彰。類似的例子還有克勞利與他的朋友哈威，米爾頓與年輕的萊西達斯，格雷與韋斯特，理查森父子，這些例子都讓我們沉思其中。「我們能創造出這樣一個人，」理查森對兒子說，「這個人的特質不是單個人所擁有的。」阿肯塞德在因為匱乏而面臨死亡的危險時，發現戴森已經為自己預留下每年 300 英鎊的金錢。騷塞在落魄時依靠朋友韋恩大度的救濟，而柯勒律治則在人生最後的時光裡從吉爾曼醫生那裡找到了住處，正如沃特斯的人生有一半的時光是住在湯瑪斯·阿布內爵士的那裡。亨利·哈蘭在丁尼生的《回憶錄》裡過著更為純淨的生活，正如愛德華·歐文在對湯瑪斯·卡萊爾所作的悲歌那樣。這些都是友情結出的花朵，在喧囂的塵世裡顯得那麼高雅脫俗，就像是吉迪安的相貌，沾滿了天堂的雨露，讓乾燥的大地得到溫潤。

哦！一個朋友能給我們帶來多麼難以言喻的滿足感，讓我們覺得多麼安心啊！我們不需要去揣摩朋友所說的話語或是他們的思想，而是暢所欲言，無論是成熟的想法或是幼稚的念頭，都可以說出來，因為我們知道在彼此的交談中，自然會有一個揚棄的過程。最後，我們會得到富於價值的想法，呼吸著善意的空氣，將其他不良的東西全部拋棄。

在人生裡，沒有比友情占據更為重要的價值了。在這個世界反覆紛擾的表象下，友情是永恆與神性的。正是這樣的友情讓人生富於價值，充滿了熱情，讓我們對生活充滿了信心，充滿了愉悅與幸福。

亞伯拉罕·林肯年輕的時候，別人曾這樣說他「林肯一無所有，除了有一大堆朋友」。擁有眾多的朋友，這就是一筆財富 —— 當然，這必須

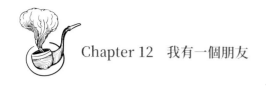

是正派的朋友。

在汽船發明之前，從密西西比河流域乘船到俄亥俄州需要很長時間。每到晚上，船員就會用繩子將船系在一棵牢固的大樹上，這樣船隻就不會在第二天漂到其他地方。這就是那句諺語「那個會拴住船隻的人」的來源，當然，這是一句非常了不起的諺語。因此，雖然我們認識很多人，但真正能讓我們「拴住的人」是非常少的。一定要找尋那些能夠靠得住的人做朋友。

「請問，哪一位是哈帕，哪一位是兄弟呢？」一位先生在拜訪哈帕聯合兄弟的企業時問道，「每個人都是哈帕，而另外所有人都是兄弟。」資格最老的詹姆斯回答說。就是這家間著名企業屬於每位員工的真實寫照。

友情，正如西塞羅所說的，就是雙方都同意互相利用彼此的優秀之處。有時，友情被稱為是沒有翅膀的愛意。

麥康瑙希曾問一位在軍隊裡做軍醫的朋友，為什麼很多年輕人參軍回來都得到了很大的提升，而其他人則似乎依然是混混沌沌。這位軍醫回答說，這取決於你與誰睡在一個營房。當你所交往的人都是內心邪惡、品格低下的話，那你也不可避免都會跟著他們逐漸墮落，要想抵制這樣的傾向，你需要堅強的品格與強大的目標，但即便是那些沒有接受過多少教育的士兵，要是能夠感受到心靈的溫暖，每天晚上圍在篝火前歌唱讚歌，與小孩子一起歌唱到天明，那麼他們自然會提升自身的水準。

「總有這樣的一些人，在與他們為伍時，我們感覺到必須要做到最好，」德魯蒙德說，「與他們在一起，我們不會去想那些卑鄙的事情，也不會說些傷人的話語。他們的存在會不自覺地提升我們，讓我們充滿了動力。我們最美好的性情都會在與他們交往的過程中得以顯露，我們會感受

到內心出現了之前從未有過的樂音。」

一位士兵說，「每個人走進皮特的小屋，在走出來的時候，都會感覺到自己已成為一名更加勇敢的人。」

每個人的特質都可從他所結交的朋友那裡得到彰顯。誠然，我們所接受的大部分教育都讓我們明白一點，身教勝於言傳。莎士比亞曾這樣說：

「高尚的心靈能始終如一，

是那麼的堅定，任何事物都不能引誘。」

要是呼吸了不純的空氣，我們會患疾病；與損友結交，我們會染上惡習，變得不完美。寧願染上黃熱病或是天花，也不要與損友為伍。那些滿懷好奇想要知道人性黑暗面的人，就好比那些手持著火炬，想要試試如果點燃了火藥，是否會出現爆炸的情況。

只要問問「羞恥」與「罪惡」，它們會告訴你它們更容易受「榜樣」與「言語」的影響。另一方面，榮耀與意義通常會說它們擁有所有東西，簡言之，就是能夠讓他人去複製它們的行為。

不久前，一位在良好家庭出生的年輕男子，原本應該有著美好的前景，但他卻在巴黎活得狼狽不堪，最後失去了對人生的信念。他之前被人們稱為是具有慷慨心靈、為人樂觀的好青年，但是他有很多狐朋狗友喜歡與他一起狂歡，信誓旦旦地稱兄道弟，說他們的兄弟之情牢不可破，但是，你能相信嗎？當他在莫爾格的街頭上瑟縮發抖，在巴黎聖母院塔下無人問津，甚至在他死去之後，沒人想去將他埋葬。他過去的那些「兄弟」都沒有過來看一眼，更不會在他的墳墓前流一滴淚。他過去是那麼的熱衷於狂歡，最後卻落得了這樣的下場。

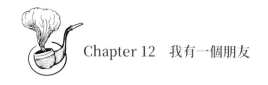

「我可以非常真誠地跟你說，」約翰·B·格斯說，「雖然沒有演說時的
慷慨激昂，但我會像在上帝面前那樣坦誠，要是我能夠忘掉過去那些損友
帶給我的影響，我寧願自廢右手。」

對生長在沼澤地的落羽杉來說，糞肥會改變花朵的形狀，而白色玫瑰
的花朵則會變得多樣化，顯得更加美麗。

要是將瑪律勒·內耶培育的玫瑰嫁接在黑刺李上，那麼玫瑰的顏色就
不會是淡黃色了，而是變成粉黃色了。

阿加西教授經過多番努力，證實了比目魚可以根據所處的不同環境而
改變體色。要是將牠放在黑色的瓷盆裡養的話，比目魚的身體會變成泥
色。要是放在有沙子的瓷盆裡養的話，不出幾分鐘，牠鉛色的體膚會變成
淡黃的白色。要是放在有海草的水缸裡，不出五分鐘，就會變成綠色。很
多人就像是「比目魚」──因為身邊的環境而改變自身的「道德」顏色。

一群身上帶著許多斑點的鴿子要是被放到一個無人居住的荒島上，不
需要過多久，就會變成相同的深黑的石板色。

「如果你想成為我的朋友，就跟我混吧。」這是很多損友經常表達的意
思，雖然他們沒有說出來。

「化學家告訴我們，只要一滴的碘酒就能讓 7,000 份的水變色。所以
一個邪惡的榜樣會帶來多麼廣泛的惡劣影響。」

「無論是水罐砸石頭還是石頭砸水罐，」西班牙的一句諺語說，「對水
罐來說都是一種傷痛。」

「一位手錶製造商對前來修表的先生說，這只手錶製造非常精美，但
是走得不準。手錶製造商將這只表反覆拆開與重裝了 20 次，都沒有發現
什麼毛病，但手錶就是走得不準。最後，他突然發現，有可能是手錶的平

衡針過於接近一塊磁石，當他將一根小針放在那裡試試時，發現自己的猜想是對的。平衡針離磁石太近了，因為磁石對手錶的其他部件的運行產生了影響，這就是造成手錶走得不準的原因。在全新的平衡針下，手錶終於走時準確了。如果一個人正常的心靈受到損友的影響，那麼他也會變壞了。」

「友善地對待所有人，」華盛頓說，「但與少數人深交，直到其他人贏得你的信任後，才放心去他們深交。」

「交友不宜甚廣，」一位睿智的父親對兒子說，「知己只要有一兩個就夠了。友善地對待所有人，但不要說別人的壞話。」

在我們所居住的地方，沒有比感覺到身邊都是陌生人或是缺乏共鳴的朋友更讓人感到寂寞的了。不知有多少流浪在異鄉，或是遭受失去親人的痛苦之極，都會對朗費羅在「馬加比的叛徒」一詩中所說內容感到共鳴：

> 「唉！今天，我寧願放棄所有東西，
>
> 只為見上朋友一面，聽一下他的聲音，
>
> 這會讓我的心靈感到寬慰。」

詹森曾對約書亞·雷諾德斯說：「如果一個人在人生的道路上不去結交新的朋友，那麼他很快會被落下，一個人應該時常去重溫過去的友情。」

著名的自然哲學家邁克爾·法拉第年輕時，他在給朋友的一封信裡這樣寫道：「一個朋友只有在道德上是正確的，才可能是一個良友。我曾在社會底層裡遇到真正的朋友，也曾在那些身處高位的人發現讓我鄙視的人。」

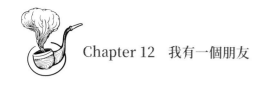

對那些不令你敬重的人，你是不可能和他們成為朋友的 —— 正是缺乏這種敬重讓你不去關心那些人的想法，當然，也不會讓別人去干涉你的想法。要是兩人太熟悉的話，是很難擁有長久的友情。

「什麼！」有人會大聲地說，「難道我們要像在溫室種植水果那樣去交友或是保持友情嗎？」是的，正是如此。如果在你的看來，朋友的價值比不上玫瑰香的葡萄，那麼我覺得即便你嘗試的話，也是浪費時間。很多人抱怨自己沒什麼朋友時，最好先問問自己付出了多大的努力。真正的友情是極為罕見的，因為這是可遇不可求的。保持你的友情吧。不要讓你在追尋名聲、金錢或是商業壓力下無法履行這個神聖的職責。

友情很像瓷器，如果能保持完好的話，是非常耐用與美麗的，可是一旦打碎的話，永遠都不可以彌補了。站在遠處，你可以看到這個瓷器依然是完好無損，但它再也無法裝熱水了，如果你依然認為這是完好無損的話，你就是自欺欺人。事實上，這個瓷器已經毫無用處了，只能放在架子上或是被人遺忘。瓷器越是做得精美與細緻，那麼這種損害就越是無法彌補。如果對方只是我們的熟人，那我們只需要表面恭維一下就能糊弄過去，直接放在某個不起眼的角落裡存放；如果是深交的話，之前的那種信任、良好的交談都已經一去不復返了，因為憤怒的言語會將友情這尊瓷器摔得粉碎，再也無法恢復到原先的狀態。瓷器上出現的裂縫是無法彌補的，你最好去找尋新的友情，而不要再花時間去彌補這段已經破碎的友情。

「善意能帶來的影響真是讓人驚訝，」莫茲利博士說，「任何事物，單純割裂地看，沒有好壞之分，可能會讓有些人變好，也可能讓一些人變壞。就像一塊扔進湖面的石頭，蕩起的漣漪在不斷擴散，直到岸邊。」

「你怎麼會這麼芬芳呢？」波斯詩人薩迪在嗅著泥土時說，「這種芬芳並不是源於我，」泥土回答說，「我一直培育著玫瑰。」因為玫瑰正是從這塊泥土上成長的。

「那些隨便寬恕你的人並不是你的朋友，」高古斯丁說，「也並不是每個打擊你的人就是你的敵人。我們最好還是懷著善意去愛別人，不要去欺騙別人。」

「人生的一大寬慰之事，」聖·安姆布羅斯說，「就是有一個能敞開心扉可以訴說心事的人，可以告訴你祕密的人，彼此坦誠交流，讓你感到陽光的溫暖，即便在灑淚之時也感到喜樂。你可以輕鬆地說：『我完全屬於你』，但這樣的友誼實在是太罕見了。」

「注意身邊的熟人，看看哪些人對你的錯誤保持沉默，看見你的缺點時依然安慰你，或是為你愚蠢的行為找藉口，因為這些人不是懦夫、奉承者就是蠢人。要是你覺得他們這些人是你的知己，那麼懦夫就會讓你身處危險的境地，奉承者會在你遇到困難時棄你不顧，但是那些蠢人是不會放棄你的。」

「兩名朋友絕交後，」費爾特姆說，「他們應該將彼此的祕密封存起來，然後更換鑰匙。」

「要是我能重回到學校時光，」加菲爾德說，「即便我有一座圖書館與大學裡很多優越的條件，但如果只給我安排一位普通的老師的話，我寧願選擇向一位睿智的老師學習，比如 20 年前的霍普金斯教授，像他那樣可以一個人在森林裡搭個帳篷。我想說，賜給我一個像霍普金斯教授這樣的老師，不要那些循規蹈矩的老師。」

「一旦與鮮活的心靈連接上，」惠普勒說，「你就會發現莎士比亞將諾

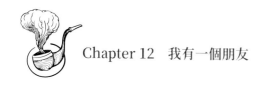

曼人的血液融入你的血液,將封建時代的體系注進你的思想裡。而彌爾頓
則會讓你的意志變得更加堅強。」

Chapter 13
理想

沒有比時刻按照遠大的理想去努力，不斷超越自己，更能鍛鍊我們的心智，更能增強我們的品格與拓展我們的思想了。

> 安於現狀的人很難有機會實現自己的夢想。因為他已經放棄了努力，等待著死亡了，墳墓上的草叢已經開始將他遮蓋了。
>
> —— 博維
>
> 自認為偉大之人，心中對偉大的標準必然是非常低的。
>
> —— 哈茲里特

「嘿，陌生人，」來自西南部的一個滿臉滄桑、身材瘦削的美國人在看到面容羞澀、手腳俐落與目光清澈的年輕人時問道，因為這位年輕人在一家大型的橡膠製品工廠的工作效率總是要比其他同事更高，「陌生人，到底是什麼目標促使你如此賣力地工作，超過其他所有人呢？」

「這麼說，你覺得我這麼賣力地工作是為了某個特定的目標嗎？」年輕人微笑著回答，雖然他知道這家工廠的老闆是實行按勞取酬，誰做得越多，得到的薪水就越高。

「小夥子，我就是這樣覺得。」這位來自西部的美國人回答說，「一個人的目標越高，他就會變得越聰明。就這麼簡單。雖然我這樣問有點好奇，但我還是想知道你的目標是什麼。」

「我的確有一個目標，」年輕人回答說，「這個目標讓我一輩子都為之不懈奮鬥。我不知道你是否想聽一下。」

「我知道，」美國人說，「但繼續說吧，我很擅長這些。」

「你是否認識一位願意為朋友死去的人呢？」

「這樣子啊，我認識一位阿肯色州人，他在與別人比武的時候將別人殺死了。」

「不是這樣的。而是為了一個朋友，甘願接受世界的懲罰，被世人憎

246

恨與鄙視，最後被殺死了。」

「我沒有這樣的朋友，」美國人回答說，「這不是太正常吧，不是嗎？」

「是的，這的確有點不正常，但是我的這位朋友長久以來一直為我的行為忍受著羞愧與各種指責。他被世人憎恨、威脅與毆打。他沒有一個屬於自己的家，身無長物，有的只是自己純真的心靈。他最後被那些憎恨他的人殺害了。」

年輕人接著說，「在他去世的時候，他身邊的一個人給我寫了一封信。他在心中寫下了臨終前對我的祝福。他說會寬恕我所做的一切，他比其他人更加愛我。」

「他根本不需要說出來啊！」美國人突然打斷他。

「他還愛著很多人，還有很多人誤解他。他希望做一件事，希望我能夠去找那些憎恨他的人，向他們說出他的愛意，希望能與他們和解。這就是我的目標。」

「陌生人，」美國人大聲地說，「難怪你能夠超越我們了。我不知道你有什麼能耐，讓你的朋友可以為你去死，但我知道你是一個幸運的人，因為你有這樣的朋友。你是不是經常想起這位朋友呢？要是不介意的話，我可以知道你這位朋友的名字嗎？」

「他的名字就是耶穌，」年輕人恭敬地回答，「他給我的信就是《聖經》。在他的幫助下，我在這裡努力賺錢，讓自己更好地傳播他的思想，讓世人能夠了解他。」

他們沒有時間繼續聊下去了，但年輕人知道這位來自西南部的美國人明白了自己的意思。第二天，美國人就離開原先工作的地方了，據說他去

了一個讓自己感到痛快的地方，再也沒有回來了。皮爾森在講述這個故事時說，三年後，那位年輕人完成了學業，準備到西部的一所教堂裡做布道演說，此時，他注意到一位身材高大、面容滄桑的人走進來，坐在長凳的一個角落裡，此人的面容有點熟悉，似乎說明過去他們有些關係。直到布道演說結束後，他走上前對年輕人說：「不止是你一個有目標的人才來到這麼偏遠地方。自從那次你跟我提起後，無論在什麼地方，我都在讀《聖經》。這段時間裡我在礦場裡做過，與美國的印第安人一道工作，告訴那些孩子有關《聖經》的故事，現在我要去加利福尼亞州了。朋友，握個手吧，不要忘記你的目標啊！」

基督耶穌的旨意在數個世紀裡不斷迴盪，讓「追求正義的人」為之不懈奮鬥。換言之，每個人都要有一個「目標」——擁有一個理想。

我認識一位女性，她優雅的舉止與高尚的品格讓每個認識她的人都為之仰慕。一天，她的一位朋友觸摸了她脖子上戴著的金色盒子，她不准任何人看到或是觸摸這個盒子。結果，這位朋友在盒子上發現這樣的字眼「我愛那些沒有見過這個盒子的人。」

「我希望將孩子交給你，讓你幫助教育一下。」在老師開門後，一位孩子的父親說，「在我所認識的頑固孩子裡，他是最壞的。」男孩坐在椅子上，老師安排了他做一些功課。沒過多久，老師走進他的身邊，把手輕輕地放在男孩的肩膀上，而男孩則害怕得急忙躲避。「怎麼了？」老師問道。「我以為你會打我。」學生回答說。「我為什麼要打你呢？」「因為我很壞。」「誰說你是個壞小子呢？」「爸爸、媽媽、每個人都這樣說。」「你可以做的跟其他孩子一樣好，如果你努力的話。」老師柔和地說。「我真的可以成為好孩子嗎？」男孩驚訝地問道。「如果可以的話，那我肯定能做好

男孩。」從那時起，男孩的人生發生了改變，他在學業上取得了很大的進步，在舉止方面非常得體，很快就受到別人的歡迎。後來，他成為美國最大一個州的州長。

其實，這位老師只是給了這位男孩一個全新的目標而已，鼓勵他要擁有信心，相信自己一定能夠成功。就是這樣一個簡單的行為，就徹底改變了男孩的一生！如果我們也能提升自己的目標，增強自信，那麼幾乎所有人都能比現有狀態更為強大的成功能力。

「已故的賀拉斯·梅納德當初在進入阿姆赫斯特學院就讀不久，就在自己房間的門口貼上一個大寫的『V』字母，很多學生都嘲笑他的做法，但是他置之不理，而是堅持把這個大寫字母放在那裡。在四年後的畢業典禮上，梅納德受邀發表告別演說。在接受了老師、同學的祝賀後，他希望他的同學能夠注意到那個掛在房間門口的大寫字母『V』，然後問他們是否知道這個字母所代表的含義。很多同學在思考片刻後，一起回答說『肯定是代表 Valedictory（告別演說）』。他說，是的，你們說的對。很多同學問他在把這個字母貼在門口的時候，是否就想到了這一天呢？他回答說：『是的，我想過。』」

沒有比堅持不懈去實現理想，不停地追求夢想，更能增強我們的心智，豐富我們的品格與拓展我們的思想了。追求理想在很大程度上能夠延伸我們的心智，讓我們感受到人生更為美好的東西。

我們的期盼就預示著我們的命運。生活不可能讓年輕人所有的願望都成真。大自然讓我們勒緊褲袋，唯恐我們不去工作。我們能夠永恆，取決於我們的追求與欲望。

對於追求光明的年輕人來說，總是有希望的。一個向上的理想就像樹木

對陽光有一種天然的傾向性，能夠讓它們克服重重障礙，不斷向上成長，直到它們從茫茫的森林裡探出頭來，在明媚自由的空氣裡抬起驕傲的頭顱。

艾利胡・布里特對他那些無知的同伴們說自己要去接受教育，遭到了嘲笑。一個像他這樣貧窮的少年，整天待在鞋匠店裡工作，談何接受教育呢？當時，他身上只有一本書，他將這本書放在帽子裡，但在這家骯髒的鞋匠店裡，他根本沒有接受教育的機會。他的雇主一開始反對他接受教育，認為這樣做會影響他在鞋店裡的工作，但他很快發現接受教育後的布里特因為學習到了更多知識，反而比之前提高了工作效率。

哈佛大學的皮博迪教授曾說，立下要成為一名有知識的人的信念，本身就算是接受了一半的教育。

如果一個貧窮男孩泛起要接受教育的念頭，那就讓他燃起心中的這把火吧，這會讓他夢想成真。

如果加菲爾德只是坐在那裡，空想著夢想成真的那一天的話，如果他一直保持這樣的狀態，他的一生都將是非常可悲的，但是他不斷努力，刻苦學習，讓自己的夢想成為現實，而不是等待著時運來幫助自己。當他想要到學校接受教育的時候，他會連續到森林裡砍 50 天的柴，只為賺取 50 美元可以上學接受教育。為了接受更高的教育，他曾做過打鈴人與清道夫，為自己籌措學費。當他終於上了大學，憑藉著堅定的目標與常人難以想像的毅力去學習，僅僅在三年的時間就完成了很多人六年都未必能完成的學業。像加菲爾德這樣的人能夠做好任何事情。對加菲爾德來說，當趕騾夫並不比當總統輕鬆一些，因為無論他做什麼，都要讓自己做到最好，取得一定的成績。他是一位具有夢想與遠大理想的人，憑藉著不可動搖的意志，最終實現了這些夢想。

馬格萊特・福勒說：「我很早就意識到生活的目的在於成長。」歌德曾這樣談到席勒：「如果我有兩個星期沒有見到他的話，就肯定會對他在這段時間裡所取得的進步感到驚訝。」我們都知道人總是在不斷地朝著更深、更廣與更寬的方向發展。每當我們與這樣的心靈交談的時候，總能覺得自己的知識面得到了拓展，目標變得更高一些，思想也更為深刻。這樣的心靈是不可能停止成長的，它必定要不斷地前進，從人的出生一直到死亡為止。

米爾頓曾覺得，要是他想創作一首英雄的詩歌，那他就必須要讓自己的人生成為一首英雄的詩歌。他說自己對知識的渴望是那麼的強烈，他從12 歲起就沒有放棄過學習，每天都是學習到深夜才入睡。

一個身體瘦弱的年輕女子，如何憑藉一己之力去創立一個遏制酗酒與惡習，並提升人類道德水準的機構呢？這一切都是因為威拉德女士擁有一個英雄般的目標。「我就像鐘擺一樣左右搖擺，這些年從沒有出現過猶豫，也沒有停下腳步。」在一萬個城鎮與城市裡，很多婦女聯合起來，抵制銷售酒精飲料，讓販酒飲酒成為一種讓人反感的行為。這其中的很大功勞都要歸功於威拉德女士的不懈努力。大家都知道，為了實現這個目標，她放棄了舒適的生活，從不放棄幫助那些深陷困境的人。雖然她身材瘦弱，但她堅持努力的力量是巨大的。有時，為了應對繁忙的工作，她要與10 位祕書一起工作。

威拉德女士在《肖陶擴雜誌》裡就「如何成功」向女性說明自己的心得。她說：「堅持你的特長，無論這是培育蔬果或是創作音樂，無論是繪畫或是雕刻，研究政治經濟或是處方料理等。要始終保持一個堅定的目標。」

Chapter 13　理想

　　「在我這懶散的一生，一個偉大的目標是我最好的朋友 —— 我的母親教會我的『接受教育』」。威拉德女士高尚的目標讓她的人生充滿了光榮，對她或是像她那樣的人來說，就好比是羅威爾所描述的世界 ——

「在我們瑣碎的煩憂與無聊之中，
深藏著我們的理想。
深深的盼望就像泥土，
在生活的大理石上漸漸成型。
讓全新的生活進入了吧，我們知道
欲望必須要能自由進出。
也許，願望也能如此，
幫助我們的心靈進入永恆。

「盼望是上帝對天國全新的意願，
而我們卻在塵世裡掙扎。
我們覺得，也許這樣還好吧，
安於現有卑微的生活。
但是，要是我們能看見心靈的全貌，
就會發現我們錯了。
生活必須從希望爬到另一個希望，
然後實現這個盼望。」

　　威拉德女士 —— 這位從小生活在貧窮裡的女性，最終憑藉堅持高尚的夢想，取得了成功，這個故事值得我們深思。成千上萬的男女都缺乏遠大的目標，每天只是過一天算一天，受制於環境，接受了這種命定的未來。

「據我的想法，」一位著名作家說，「女性的地位是根據她如何超越她所處的環境所決定的。任何環境都不能讓一顆堅定與認真的心靈為之動搖。」

著名畫家特恩納耗盡心血創作了一幅不朽的畫作，一位頗有地位的女士看了之後說：「特恩納先生，我看不到你這幅畫的特點在哪裡。」「啊，女士，」特恩納回答說，「難道你不希望自己能看到嗎？」

「榮耀屬於理想主義者，無論他們是哲學家或是詩人，」查品說，「他們透過在日常生活中的追求將偉大與卓越的夢想變成現實。他們讓我們遠離單純的感官生活。去感受真善美所帶來的美感，讓我們克制自私的情感。」

陶勒在評價一位 14 世紀時期的修道士所具有的心靈廣度時說，「據說，這位雕刻家在看到一塊粗糙的大理石時就感到非常氣憤，大聲說：『你身上隱藏著上帝的影子！』」因此，我們從人身上可以看到上帝的影子，他的影像是隱藏著的。

「這個柳丁屬於什麼類別的？」普魯士國王腓德烈手裡拿著一個柳丁，對一群小孩子說。「屬於植物類的。」一個小女孩回答說。

「那這個又屬於什麼類別的呢？」腓德烈從口袋掏出一塊金子問道。「這屬於礦物類。」那個小女孩回答說。

「我的孩子，那我又屬於什麼類別的呢？」他接著問，覺得小女孩應該會說「屬於動物類的。」但是小女孩猶豫了一會，覺得要是說國王屬於「動物類」的話，可能不大適合。「嗯，」小女孩說。「我的小公主，你回答不了嗎？」「國王陛下屬於天國類的。」女孩回答道。腓德烈眼中含著淚水，把手放在小女孩頭上，說：「上帝賜予我進入天國的潛能！」這位小女孩教會了國王以一種全新的方式去看待生活。

Chapter 13　理想

伏爾泰曾說，他的作品沒有一部是讓他完全滿意的。

喬治‧赫伯特說：「取法其上，得乎其中；取法其中，得乎其下。」

無論做什麼，將你的理想融入進去，將一種美感與和諧感注入進去，你就能立即從工匠變成一名藝術家。你之所以對自己被迫要做的工作感到不滿，是因為你以一種負重的精神去做。以一種藝術家的精神去做，明白在所有誠實的工作中都有一種美感，所有的勞累都會被愉悅所代替。我們應該以這樣的精神去工作，而不是單純為了工作本身，這能讓我們工作得更有尊嚴。很多農民開墾荒地或是設計師建造樓房時所具有的精神要比一國之君或是詩人創作偉大的史詩更為宏大。即便是在名人堂裡，要想找到那些始終能感受到和諧與美感的人，能看到金錢或是貿易之外的所具有價值的東西的人，也是非常少的。不少農民看到一個蒲式耳就是一個容器，看到卡車就是一輛車，再也看不到背後的東西了，所以他們只能一輩子當農民，而不是在農場裡發揮創意的人。

生活並不吝嗇，而是慷慨大度的。如果你覺得生活對你很吝嗇，那是你自己造成的。上帝的本意是讓人獲得榮耀的。在他的小溪下，鋪著鑽石，兩岸是美麗的花朵，蒼穹上還有繁星點點。他將榮耀拓展到整個實體宇宙 —— 太陽、月亮、星群及銀河系 —— 所有這些都在以一種宏大的方式運行，這一切是那麼深遠，那麼富於秩序。

總會有屬於我們的歡樂。上帝在這個世界灑滿真理，就像是一隻小鳥。一旦我們對此置之不理，當然會無所收穫，這些「小鳥」也會在那裡停一陣子，然後唱著歌飛走了。

我們每一個友善與愉悅的行為，都具有一種美感。一封非常得體，寫得很優美的信件，一個值得學習的教訓，完成了一次衣服的縫紉，都具有

一種美感。事實上，我們所做的所有美好事情，都會成為藝術品，裝飾著我們的生活。

遺憾的是，對正義的標準 —— 商界裡對道德理想的看法 —— 都只是在乎公眾是怎麼看他們的而已。別人認為什麼是對的，他們也認為是對的。

在人類歷史上，一些最為殘忍的行為都是那些善良誠實的人做的，他們認為自己所做的事情是對的，但他們的理想是那麼的低下與錯誤。

歷史學家告訴我們，在過去一些時代或是某些國家裡，公眾總會將錯誤的觀點認為是一種美德，而美德本身則被當成缺點去譴責。在歷史的某個時期，自殺被認為是一種榮耀，而在另一個時代則被視為一種重罪。在古代的斯巴達，偷竊這種行為還能得到獎賞。

柯頓・馬特寫了一本《行善》的書，這本書對富蘭克林產生了深遠的影響，讓他在塞倫看到 17 個人因為傳播巫術而被判處絞刑時感到高興。

腓尼基人曾將活活燒死他們的孩子視為一種責任。良心，一旦走向錯誤的方向，就必定成為這個世界最恐怖的敵人。

巴哈馬的一位殖民都督在將要回國時，提出無論本國人民有需要帶回來的，他都能拿回來。英國本土的回答讓他感到驚訝：「告訴他們拆掉燈塔，因為這些燈塔破壞了殖民地的繁榮。」結果拆掉燈塔之後，很多經過的船隻遭殃了。

理想決定我們人生的品格。沒有品格的理想對人來說是致命的。在這一點上，歷史上沒有例外。

一位客人去拜訪著名音樂家莫札特的兒子時說：「我想你應該從鋼琴或是小提琴上獲得不少樂趣吧？」「你怎麼會有這樣的想法呢？我不喜歡

Chapter 13　理想

音樂。我是一名銀行家，這才是屬於我的『音樂』。」說著，他用手拋出一塊金子，讓這塊金子自由下落，掉在櫃檯上。

　　對金錢的熱愛可以將我們的本性暴露出來。這可能激發一個年輕人勤奮去工作，讓他養成勤儉節約的習慣，培養自己的思想與謹慎的行事方式；而在他人身上則可能激發出相反的品格——讓人不擇手段地撈錢，變得卑鄙，視野變得狹隘，去進行無止境的投機行為。對金錢的熱愛——賺錢與花錢的方式——這是說明一個人的品格最好的方式了。如果他擁有高尚、慷慨或是堅強的素質，他就會超脫金錢對他的控制，成為金錢的主人。如果他心地不善，為人吝嗇、憑藉著欺騙的方式賺錢，那麼這些品格在他所有的行為裡都會流露出來。

　　看到一位聰明、富於智慧的年輕人花盡心思，日以繼夜、想盡一切辦法以不光彩的方式賺錢，利用職位之便去非法地撈錢，而沒有將自己優秀的特質、健康的身體用於成為一名誠實的商人或是製造商，或是去做其他一些對社會有用的職業，這難道不令人感到可惜嗎？當年輕人有能力實現更高層次的自己時，他有權利去追隨內心低俗的想法嗎？在他可以成為一名受人尊敬、對人類社會有價值的高尚之人時，他有權利去矮化自己的人格，扼殺自己的心智，讓道德水準處於一個低層次的狀態嗎？

　　我們前進的步伐指向什麼目標呢？難道庸俗與墮落的目標就能讓我們的人生受人尊重嗎？

　　上帝在每個人的心靈都隱藏著一些理想。有時候，人會在生活裡感覺到一種顫抖或是恐懼的欲望，逼迫著我們去做一些富有意義的事情。正是在我們找尋這個被隱藏的衝動時，我們才能走向卓越。

　　沒有比追求卓越之心更能讓人免於自我消耗的了。一個高尚的理想能

將我們從泥淖裡拯救出來。正是要在品格上不斷追求的熾熱情感，對卓越的孜孜追求 —— 只滿足於最好的心態，才讓我們的生活更富於價值。

也許，在今天的美國社會，無論是報紙、雜誌，或是引起社會轟動的事情的一個詞語 —— 這個詞語能夠掩蓋罪惡，也是很多人為自身錯誤的行為找藉口的理由。很多美國孩子從小就結結巴巴地說著這個詞語，這個詞已經成為很多人終身奮鬥的目標，當然，這個詞也包含了很多人犯下的罪惡，這個詞在聖經裡只提過一次（見《聖經》約書亞），它是「成功」。

我們的孩子從小抱著對成功的錯誤的概念與標準去做事情，這有什麼值得我們奇怪的呢？每個孩子從小就被父母要求「不斷進取」，要在這個世界上「出人頭地」、「賺多點錢」等。年輕人經常聽到這樣的話「沒有比成功更加成功的了」。對成功的錯誤的標準在我們這裡隨時可見，要是這些人不幸失敗了，他就會受到譴責。

現在，很多美國年輕人的偶像，就是那些身無分文來到芝加哥、紐約或是波士頓，卻在臨死時剩下百萬家財的人。這對他們來說代表著成功，難道不是這樣嗎？他們看見這個世界在圍著那些百萬富翁轉動，而沒有人去理會這些百萬富翁是怎麼賺到這些錢的。無論這些百萬富翁是怎麼賺錢、花錢或是留下多少金錢，很少有人會這樣問，這些有錢人是擁有很高尚的生活目標，或是他們目光狹隘，貪婪與只知道賺取金錢，但是沒人會問這些，只要他在臨死時能夠留下 100 萬美元，他就是一個成功人士。無論他的財富是否靠壓榨他的員工獲得；或是他所賺的每一分錢，都是以別人更加貧窮為代價的；無論他的所作所為讓自己的鄰居都受到毒害，讓每一寸土地都失去應有的價值；無論他的孩子在智趣或是道德上欠缺發展或是家庭生活很悲慘，只有他能留下 100 萬美元，他就是一個成功人士。大

眾的這種成功哲學是每個男孩從小就耳濡目染的，就像呼吸的空氣，所以他們也學著這樣的成功哲學處世。

不要這樣教育年輕人：「成功」地獲取財富與地位是獲得幸福的唯一途徑。

數百萬聰明的年輕人註定是要為他人服務的 ── 無論是幫助病者、窮人、不幸之人或是無助之人 ── 事實上，這些人可能沒有機會去接受很好的教育或是成為非常富有的人，但如果他們不按照世俗對成功的標準來衡量自己的話，就不會永遠生活在悲慘之中。很多貧窮女人在病房裡幫助病人或是做些卑微的服務，但她們要比很多百萬富翁更加成功。

美國的很多僕人認為自己所處的社會地位是非常不幸的，都希望自己能夠擺脫這樣的職業。想像一下，很多美國年輕人都想遠離的職業，卻是英國很多年輕人想要追求的職業。很多英國年輕人的理想就是到私人家庭裡當男管家。英國的僕人是一個感到知足、勤奮與自我尊敬的階層，但是美國這個國家的一大「痼疾」，就是追求財富的野心讓每個出生在這片土地上的人都或多或少受到了感染。我們總是夢想著一個沒有累贅與羞恥的地方。這樣的想法毒害著我們，所以我們這裡很少有很好的僕人。因為這些人的心思根本不在如何做好本職工作上。美國的年輕人要想如英國那樣擁有那麼高效的僕人，起碼也要等上一個世紀。我們向西邊拓荒的步伐越快，這種改變就會越明顯。

勇敢、富於英雄主義的人們在生活中都是無所畏懼的，他們能夠翻越困難的高山、貧窮的低谷與沮喪的泥沼，走上一條通往成功、美好與和諧的康莊大道，並最終實現了這個夢想。

如果生活的目標是正確的話，那麼就不可能出現多大的偏差。這個目

標可能不是完美的，但不可能是完全錯誤的，更不可能是部分錯誤的。當生活的目標是正確的話，那麼生活的規律或是觀念都要從屬於這個目標。若是我們的目標是錯誤的，那麼這些規律或是觀念根本就是毫無價值。

「理想刺激著人與命運抗爭。促使我們樹立偉大目標，擁有更加偉大成就的動力，就是上天賜予的力量。」

在「國王」號服役了一段時間後，納爾遜對海軍日常的規則變得很反感。在結束了對北極的探索及 18 個月的印度征程後，他的健康走下坡路了，精神與野心在慢慢消退，但是，納爾遜最終還是將自己拉回來了。他激昂地說：「我一定要成為英雄，偉大國王與國民一定會敬佩我的。」從那時起，這個堅定的信念就一直存在他的靈魂之中，再也沒有消退過。在尼羅河之戰的前夜，他對屬下軍官說：「明天的這個時候，我要麼獲得貴族的稱號，要嘛就被葬在西敏寺。」後來，他被賜封為男爵，一年的俸祿為 2,000 英鎊。雖然他在特拉法加戰役裡遭受致命傷，但他還是聽到了最後一門炮火向敵人發射過去的響聲。他臨終前說：「感謝上帝！我已經履行職責了。」

精神上的追求要比肉體上的饑餓更加急迫。很多人之所以「餓死」，是因為被別人奪去了思想的「食物」——無法接觸藝術、文學與歷史等方面的知識。不知有多少人的審美情趣因為在成長期沒有得到足夠的滋養而枯萎。

如果說雄心近似於驕傲，甚至等同於愚蠢的話，那這至少能夠讓人去為了一個高尚的目標而去努力。如果一個年輕人沒有雄心，就好比春天的樹木雖依然在抽芽、綻放花朵，但秋天卻沒有果實。

富於理想的人在潛移默化中提升著這個世界，當然他們的野心必須是

積極的。做一個有理想的人是錯誤的嗎？當然不是了。那些為了後代可以走上平坦道路而彎下腰鋪平道路的人，難道是錯誤的嗎？

理想主義者都是富於想像力，充滿生機與活力。他們能夠看到未來的前景，從未喪失做夢的能力。他們是這個世界充滿希望與快樂的泉源，散發出「正能量」──他們所激發出來的能量足以點燃祭臺上的「木炭」。

對理想主義者來說，實現「穿越大西洋帶來的隔阻」夢想之所以能成為現實，就是因為將自身的全部潛能都激發出來了。

掩埋一塊鵝卵石，它就會遵循地心引力的作用，永遠地埋在地下。埋下一粒橡樹的種子，它就會遵循更高發展的定律，不斷生長。在橡樹種子裡有一股超越於地心引力的能量。所有植物與動物都有一種不斷向上的傾向。大自然對所有生物輕聲絮語：「向上看！」所以，人身為萬物之靈，理應有一種朝向天宇的的力量。

「理想的人生與完美的人生一直縈繞著所有人的夢鄉，」菲力浦斯‧布魯克斯說，「我們總覺得內心有種東西在激發著我們前進。」

「強烈的欲望本身就能幫助我們將夢想轉化成現實。我們所懷揣的願望就說明我們有能力將這些事情做好。」

「你是否聽說過一個人終其一生忠誠地專注於一個目標，並且全身心投入進去的人，」梭羅說，「最終是無法成功實現這個目標的？如果一個人想要提升自己，難道他會做不到嗎？如果一個人追求英雄主義、慷慨的特質，追求真理、為人真誠的話，會發現自己一無所獲嗎？這一切努力都是白費的嗎？

你的渴望會成為你的靈感，你能滿懷熱情做好本職工作。想像一下，要是米開朗基羅在雕刻時沒有秉持自身的信念，不是想著大理石也是能如

人那樣呼吸，沒有想著要讓壁畫給自己帶來榮光的話，他能夠實現高尚的理想嗎？試想一下，在閱讀有關「岩石」故事的時候不是那麼專注與認真的話，他能夠讀懂上帝落在地球上的烙印嗎？想一下，如果克雷在鞋店裡工作時，沒有想著上帝注入他靈魂的愛意，缺乏為了改變他人生的使命而馬虎工作的話，他有可能成功嗎？為上帝真正服務的動機是那麼的宏大、激勵人心、強大與純真，能夠讓所有人提升到更高的層次。當我們為他誠心工作的時候，是不會有任何骯髒的。在上帝的意志力，你的身體與靈魂將有最為強大與自由的能力。正如柯布勒所說的：

> 「在人性的美好與罪惡之中，
> 我們能找到狂野與讓人震驚的海浪，
> 永不倦怠的聲響，
> 在海浪聲中時刻迴盪。
> 誰透過微暗的走廊與喧囂的鬧市，
> 將音樂住進心靈？
> 虔誠地將履行日常使命，
> 因為他們心靈的祕密，
> 就是神聖的行為不斷重複。」

「那個男孩想要成為一名有用的人，」一位老闆這樣評價那位名叫喬治‧柴爾德斯的男孩。正是這種想要成為對社會有用的人的念頭不斷讓我們提升自己。「我們不能允許自己墮落，因為我們具有很大的價值。快點爬得更高一些！」

在斯圖瓦特公司的一位領班去世時，一位搬運工前來應聘。「你為什麼過來？你只是一名搬運工。」斯圖瓦特問道。「我知道，但我已經了解這

份工作所需要的全部細節。我相信自己有能力做好這份工作。」斯圖瓦特拒絕了他。最後，這位搬運工在另一家企業獲得了一個職位。最後，他兼併了斯圖瓦特的公司。

將教堂看成是神聖的，卻將倉庫看成是世俗的做法，是最為致命的錯誤。無論是教堂或是倉庫，都一樣是神聖的。以基督精神去完成的工作都是光榮且高尚的。

斯波爾丁主教曾說：「如果我們對所做的一切工作做一個終極的思考，就會明白，工作不是為了讓自己獲得更多，而是讓自己變成更好的人；不是為了站在更高的位置，而是為了成為更有價值的人，不是為了名聲，而是為了追求知識。這種基督精神必將改變世界。」

一天，米開朗基羅來到拉斐爾的畫室，當時拉斐爾不在。他看見帆布上畫著美麗的圖畫，是一幅優雅的人像，但是某一部分卻是相對較小。他淘氣地拿起畫筆，在帆布下面輕輕寫下了一個詞「再大一些」。

「要有被世人銘記的願望，」查理斯·蘇姆納說，「並不是記住你是一名偉大的律師、醫生、商人、科學家、製造商或是學者，而是身為一名偉大的人被人銘記。」

我們必須要向上看，否則就會面臨死亡。

古代藝術或是中世紀的藝術品，現代看來依然是那麼優秀，這是因為前人對藝術的理想標杆是非常高的。古代藝術家基本上都是從事一些與宗教相關的藝術創作 —— 這種創作是對人精神的最高挑戰，而現代藝術相比而言就是一種褻瀆。朗費羅曾將這句銘言送給他的學生：「符合你自己的最高標準。」

在美國這片充滿機遇的土地上，很多人都被扭曲與不正常的欲望所擺

布，最終過著非常悲慘的生活，完全沒有發揮自己的價值。

不要努力去實現那些不可能完成的目標。你完全有能力去挖掘自己的潛能，但沒必要讓自己真的變成一國之君。很多人之所以感到失落，就是因為他們的目標超過了自身的實力，最終因為理想與現實之間的落差而備感失望。事實上，你可能相信自己有能力去做一個好人或是有作為的人，但這需要你建立在自我修養的夯實基礎之上。

另一方面，不要把一些瑣碎的東西當成你的目標，就好比俄國女皇安娜那樣，召集了俄國所有的天才只為建造一座冬宮。

「你當前所處的狀況，對你來說沒有任何職責可言。」卡萊爾說，「理想從來都是難以被人接近。是的，就在這個貧窮、悲慘與充滿逆境的環境裡，你堅定地站立著，這個地方就有你的理想。努力地將其實現吧，努力工作，相信自己，好好生活，獲得自由。我想跟那些傻瓜們說句話：『理想就在你身上！』」

有一首詩歌非常形象地說明了我們製造成功或失敗的能力。伴隨著抑揚頓挫的樂聲，這首詩歌講述了一名雕刻家站在一塊尚未雕琢的大理石前，手裡拿著鑿子，內心湧起了一個光榮的理想，他決定將這塊石頭雕刻成心中想要的形象。他日復一日地耐心雕刻，漸漸地，大理石上出現了他所夢想的形象的雛形。有時候，他手中雕刻的工具會不小心滑下來，那他一整天的工作就白乾了，但他依然鍥而不捨，最終他心中所想的形象化成現實。

但是，「還有一件事比實現夢想更有趣，那就是將現實理想化。」

啊！一個人能夠超越極限，
否則，天國就沒有存在的意義了。

—— 羅伯特・白朗寧

　　據說，從水螅到聖人，這期間需要永恆的抗爭 —— 正是一種永不滿足的神性在支撐著我們。

　　寇里爾博士說達爾文關於老鷹的進化論對我們是很有教益的。老鷹在有翅膀之前，就有一種想要翱翔天空的欲望了，經過漫長歲月的進化與適應大自然的競爭，最終，老鷹擁有了強大的前翼。左右翅膀的總長度有七英尺長，所以老鷹可以自由地在天宇間翱翔。對我們來說，每一種富於意義的嘗試與努力都是進化所需要的，就像老鷹的翅膀也是一步步進化過來的。

　　如果我們失去對卓越的熱愛，就算擁有最高尚品格的人也會很快墮落的。追求卓越的激情就是上帝的聲音，讓我們不斷前進，唯恐我們會忘記自身神性的起源，重回野蠻的過去。這個追求卓越的原則就是人類的「守護神」，就是上帝在人類心靈中的聲音，也是那個對每個行為發出「對」與「錯」的微弱聲音，更是上帝按照自身創造的我們，掉落在世間的「珍寶」。

　　在別人問及托瓦爾森是否有什麼事情讓他感到不滿時，他說：「我的天才正在沒落。」「這是什麼意思啊？」那人問道。「很簡單。這是我雕刻的耶穌塑像，這是我之前唯一讓自己感到滿意的作品。現在，我的理想總是始終讓我無法去實現，但我不能讓這種情況繼續下去，我一定要繼續努力實現我的夢想。」

　　比砌說，「一個人接受的教育越加充分，他就越渴望追求新的成就。這個世界出現了更為優秀的人，他也會要求自己成為那樣的人。那個勇於攀爬維吉尼亞「自然之橋」的勇敢年輕人，在比之前其他人所爬的更高處刻下了自己的名字。在刻完名字後，卻發現自己無法下去，要想下去的話，唯一的方法就是繼續往上爬，在橋的最高處找到安全的地方。在攀爬

人生的道路上也是如此，是沒有回頭路可走的。要麼繼續往上爬，要麼就掉下去。上帝在每個人的耳旁都訴說著這樣的話：「向上看！」

「更高一點！」幼兒抓住父母的膝蓋，顫顫巍巍地努力站直。這是幼兒第一次打破身體的限制，經過多次失敗，最後終於能顫巍巍地走路了。正是這種勇於「站直」的精神讓人變得偉大。

「更高一點！」學生在爬上了森林最高的一棵樹時，望著其他不敢爬上來的夥伴們驕傲地說。站在高處，他看到了遠處的田野、草地與他所在村莊的全貌。

「更高一點！」勤奮的青年在學習著哲學與自然科學。他抵制了很多誘惑，獲得了優秀的成績。在半夜的燭火逐漸暗淡的時候，他在走向「天國」的道路上找到了燈火與知識。即便當夜過三更，最後一個入睡的時候，他的靈魂依然不感到疲憊。

「更高一點！」他發出洪亮的聲音。為人氣概讓他顯得高大，許多聽眾以愉悅的心情聆聽著他的布道演說，他的言語流暢，聲音迴盪在教堂裡，就好像擁護自由與權利所發出的錚錚鳴響。當時間讓他的鎖變成了銀色，不論年少或是年老之人都尊敬他時，他依然懷抱著一顆慷慨寬容的心，為所有人的福祉著想。

「更高一點！」他已經到達了世俗聲響的頂峰，但他的精神依然像年輕時充滿了激情，雖然那光依然保持亮度，但已有點黯淡了。此時，他明白虛弱的身體在告訴他「離開的時候快要降臨了」，但他依然懷抱著希望，對永不消失的榮光充滿嚮往，這只有在神的指引下才能得到。

隨著歲月的流逝，讓自己變得更有層次，更有廣度與深度，克服人生沿途的困難，讓自己獲得更大的力量，感覺自己的潛能不斷得到激發，相

信真理住進自己的靈魂 —— 讓人生真正富於意義。

　　讓莫札特的靈魂如痴如醉的喜悅的美妙曲調在他腦海不時迴盪，這是凡人的耳朵聽不到的。他所譜寫的曲子，不過是那種更為和諧的樂音在他心靈裡留下的迴盪而已。

生而為贏，人生勝利的 17 條心法：

關於專注目標策略、積極品格塑造、培養自我意志的關鍵啟示，談論人生「贏」的價值

作　　者：[美] 奧里森·馬登（Orison Marden）

翻　　譯：關明孚

發 行 人：黃振庭

出 版 者：財經錢線文化事業有限公司

發 行 者：財經錢線文化事業有限公司

E-mail：sonbookservice@gmail.com

粉 絲 頁：https://www.facebook.com/sonbookss/

網　　址：https://sonbook.net/

地　　址：台北市中正區重慶南路一段六十一號八樓
815 室

Rm. 815, 8F., No.61, Sec. 1, Chongqing S. Rd.,
Zhongzheng Dist., Taipei City 100, Taiwan

電　　話：(02)2370-3310

傳　　真：(02)2388-1990

印　　刷：京峯彩色印刷有限公司（京峰數位）

律師顧問：廣華律師事務所 張珮琦律師

定　　價：350 元

發行日期：2023 年 06 月第一版

◎本書以 POD 印製

國家圖書館出版品預行編目資料

生而為贏，人生勝利的 17 條心法：
關於專注目標策略、積極品格塑
造、培養自我意志的關鍵啟示，談
論人生「贏」的價值 / [美] 奧里森·
馬登（Orison Marden）著，關明
孚 譯 . -- 第一版 . -- 臺北市：財經
錢線文化事業有限公司 , 2023.06
面；　公分
POD 版
譯自：Born to win.
ISBN 978-957-680-654-4(平裝)
1.CST: 成功法 2.CST: 自我實現
177.2　　112007649

電子書購買

臉書